アメリカ黒人とキリスト教

葛藤の歴史とスピリチュアリティの諸相

黒﨑真
Kurosaki Makoto

神田外語大学出版局

アメリカ黒人とキリスト教——葛藤の歴史とスピリチュアリティの諸相＊目次

序　章　宗教の二つの側面――抑圧的機能と解放の役割……9

第一部　黒人キリスト教信仰の歴史的展開

第一章　アフリカの文化的遺産……27
1　アフリカの宗教　29
2　中間航路のなかで　34
3　キリスト教との出会い　37
4　アメリカ黒人とアフリカの文化的遺産　43

第二章　奴隷制時代――「見えざる教会」……49
1　黒人のキリスト教受容の過程　50
2　「見えざる教会」　63
3　現実的対応　73

第三章　南北戦争後から二〇世紀前半まで――「見える教会」へ……81
1　南部での黒人教会の増加　82
2　ジム・クロウ（法的人種隔離制度）の確立　88
3　二つの対応　90
4　農村から都市への移住　96
第四章　公民権運動と黒人教会――待つ姿勢から行動主義へ……109
1　「再発見」――戦略的拠点、霊的活力の拠点　110
2　公民権運動の新たな展開　117
3　革新派の勝利　121
4　ブラック・パワー運動――さらなる革新の模索　126
5　キングがめざしたもの――未完の課題　136
第五章　二極化の現実と黒人教会……151
1　黒人教会の社会的、政治的領域への関心　152
2　黒人「プロ」政治家と黒人牧師　157
3　黒人社会の二極化と黒人教会　165

第二部　黒人共同体のスピリチュアリティ——その諸相

第六章　アメリカ黒人と「出エジプト物語」……177
1　黒人の想像力における「出エジプト物語」　178
2　「出エジプト物語」の援用　181

第七章　黒人教会の霊的活力……209
1　大衆集会に内在する宗教性　210
2　歌——霊的活力（1）　214
3　祈り——霊的活力（2）　219
4　説教——霊的活力（3）　223

第八章　ソウル・フード……233
1　ソウル・フードの定義　236
2　「ソウル」を込める　240
3　ソウル・フードという語の社会的背景　248

4　黒人共同体意識の表象としてのソウル・フード　254
第九章　ヒップホップ……265
1　ラップ音楽をめぐる論争　268
2　ラップ音楽における「スピリチュアリティ」　271
3　ストリートの神学　276
4　ラップ音楽における神意識　287
終　章　預言者と治癒者——キングとオバマ再考……297
1　「預言者」としてのキング　300
2　「治癒者」としてのオバマ　307
3　オバマによるキングの政治的使用　314
あとがき　325
写真・図　出典　(48)
註　(1)

【凡例】

・英文の引用文は、訳書などがある場合は、原則としてそれを使用する。ただし、本文の文脈に合わせて若干の変更を加えている箇所もある。それ以外のものは、筆者による訳となる。

・引用文中の〔　〕は、不足語および補足説明の挿入に使用する。ただし、原著や訳書に（　）がある場合は、それをそのまま使用する。

・本文中の（　）は、補足説明の挿入に使用する。

・「彼ら・彼女ら」という表記がより正確かつ適切とされる箇所もあるが、本文では「彼ら」に統一し、文脈に応じてこのなかに両性が含まれるものとする。

・聖書の引用は、原則として『聖書　新共同訳』（日本聖書協会）に拠る。

アメリカ黒人とキリスト教——葛藤の歴史とスピリチュアリティの諸相

序　章　宗教の二つの側面——抑圧的機能と解放の役割

アフリカ系アメリカ人（以下、黒人と記す）の歴史は、人種差別からの解放の歴史、アメリカ合衆国（以下、アメリカと記す）における人種間の社会正義をめざす歴史として知られている。この黒人による自由と平等の達成をめざす歩みにおいて重要な位置を占めてきたものは、宗教、とりわけキリスト教であった。しかし、黒人とキリスト教との関係には、つねに論争的な側面があった。すなわち、多くの黒人は、キリスト教に対して両面価値的《アンヴィヴァレント》な見方を有してきたのである。「いったいキリスト教は、自分たちの必要性を満たしてくれる宗教なのか」、「それは、自分たちを解放する源泉となり得るのか、それとも自分たちを抑圧し、白人支配を維持する手段なのか」——。黒人の歴史を通して、このような問いが絶えず発せられ、またそれに対する応答が試みられてきた。

奴隷制や、その後も続く南部の法的人種隔離制度と北部の実質的人種差別に直面した黒人にとって、キリスト教はそうした過酷な環境を「生き抜く」ための霊的活力となることが多かった。たとえば、奴隷制下の南部において、黒人奴隷を勇気づけ、絶望のなかに希望を見出す根拠を与えてきたものは、次の黒人霊歌の歌詞にあるような、神による救済の信仰であった。

主はダニエルを救い出したではないか、
救い出したではないか、救い出したではないか、
主はダニエルを救い出したではないか、
どうして主がみんなを救い出さないことがあろうか。
主はダニエルを獅子の穴から救い出した、
ヨナを鯨のお腹から、
そしてヘブライの子らを燃える釜戸から。
どうして主がみんなを救い出さないことがあろうか。(1)

そして、二〇世紀前半に南部農村から北部都市に移住した黒人が、荒廃した都市の環境のなかでもなお希望を保ち続けることができたのも、次のゴスペル音楽にあるような、神の導きに対する信仰ゆえであった。

尊き主よ、私の手を取ってください。
私を導き、私を立たせてください。
私は疲れはて、弱く、ぼろぼろです。
嵐の間もずっと、暗闇のなかでもずっと、
光へと私を導いてください。
私の手を取って、尊き主よ、故郷へと導いてください。(2)

キリスト教はまた、黒人が社会正義のための公然たる抗議行動に出る動機づけともなってきた。一九五〇～六〇年代の公民権運動において指導的役割を果たしたキング牧師（一九二九―一九六八）は、次の点を強調した。

私は公民権指導者である前に、福音の説教者でした。説教者であることが私の最初の召命であり、それは今も変わらない最大の献身対象です。ご存知のように、私が公民権問題でやっていることはすべて、実は私が牧師職の一部と考えて、やっていることなのです。私には、キリスト教の牧師職において卓越した業績を成し遂げること以上に、人生において別の野心は何もありません。私にはいかなる政治的職務のために争う計画もありませんし、説教者以外になろうとする気

持ちもまったくありません。(3)

そして、一九五五年一二月五日、アラバマ州モンゴメリーでバスボイコット運動を行なうために黒人教会で開かれた大衆集会において、キング牧師は次のように演説した。

私がモンゴメリーのあらゆる場所に、そしてこの国のいたるところに知ってもらいたいことは、私たちがキリスト教徒であるということです。私たちはキリスト教を信じています。私たちはイエスの教えを信じています。今晩私たちが手にしている唯一の武器は、抗議という武器なのです。(4)

時代は下って現大統領バラク・オバマ（一九六一―）は、自伝『マイ・ドリーム』（二〇〇四）のなかで、黒人教会が現在も黒人コミュニティにおいて重要な位置を占めていると書いた。(5) 彼は、シカゴのサウスサイド地区でコミュニティ・オーガナイザーとして働こうとしたとき、その地区に住む黒人牧師に協力を求めなければならなかった。当時まだ宗教に対して疑念を抱いていたオバマは、ある黒人牧師の紹介でトリニティ教会のジェレマイア・ライト牧師を訪ねる。トリニティ教会の礼拝にはじめて参加したオバマは、そのときの経験を次のように記している。

そして〔ライト牧師の説教「希望を持つ勇気」のなかで語られた〕「希望」という言葉に、私は何か特別なものを感じた。市内に何千と数える教会の、十字架の下で、一般の黒人たちの人生の物語が、ダビデやゴリアテ、モーセ、ファラオ、獅子の穴から生還したキリスト教徒や、乾いた骨の谷で奇跡を見たエゼキエル〔旧約聖書に登場するユダヤ人預言者〕の物語と重なっていくのを想像した。流血、自由、希望にまつわるこれらの物語は、私たちの物語となり、私自身の物語となった。流れた血も、涙も、私たちのものだ。そして黒人教会は、これらの物語を未来の世代に、より大きな世界に伝えて行く役割を果たしている。私たちの試みや勝利は、特異でありながら普遍的であり、黒人のものでありながら、それ以上の意味を持っている。(6)

「希望を持つ勇気」を説くライト牧師と、それに反応して叫び声を上げ、椅子から立ち上がり、拍手して応答する会衆との呼応が高まるなか、男の子がポケットティッシュを渡してくれるまで、「〔私は〕自分の頬に涙が流れているのに気づかなかった」と、オバマは後年そのときの感動を表わした。

しかし、黒人とキリスト教との間にはもう一つの関係、すなわち後者が前者に対して抑圧的機能を果たしてきたという側面があったことも無視されてはならない。それは、キリスト教が支配者の宗教として黒人にもたらされたという歴史的事実に起因する。一六世紀初頭から約四世紀にわたる大西洋奴隷貿易を通して、これに従事した西ヨーロッパ人は、アフリカ人を奴隷として扱ってよいとする根拠をキリスト教に求めた。すなわち、「異教徒」であるアフリカ人は、キリスト教に改宗することによって魂の永遠の救いを得られるのであり、この恩恵を考慮するならば、彼らが奴隷として肉体的に従属させられることは取るに足らない問題である、とされたのである。さらに、アメリカ南部で発展する奴隷制のもとで、白人プランター（ここでは、奴隷を所有する農園主の意）は聖書を根拠に奴隷制を積極的善として擁護した。その過程で白人プランターは、黒人がアフリカの歌やダンスやドラムを含む宗教的行為を行なうことを禁止し、しばしば日曜ごとにプランテーション（大農園）の一角に黒人奴隷を集め、奴隷制が神の摂理であること、また奴隷は奴隷主に対して義務を負うことを理解させるための宗教指導を施した。このように、キリスト教は黒人に従属を教えるための道具として機能し、黒人はこれを受容するよう強いられたのである。

こうした歴史的経験ゆえに、キリスト教は黒人の自由と解放の源泉になり得ないのではないかという疑問が、黒人のなかに絶えず生じることになった。たとえば、一八三九年にアフリカン・メソジスト監督教会の主教ダニエル・アレクサンダー・ペイン（一八一一―一八九三）は、黒人奴隷のなかにキリスト教に対する不信感を抱く者がいたことを、次のように語っている。

奴隷たちは、主人たちによって行なわれている抑圧によく気づいています。そうしたなか、彼らは、こうした主人たちが主の礼拝日になると聖なる場所〔教会〕で礼拝しているのを見ます。彼らは、主人たちがキリスト教への信仰を告白しているのを聞きます。主人たちが福音を説いているのを見ます。こうした主人たちが家族のなかで祈りを捧げているのを耳にします。それでいて、彼らには、抑圧と奴隷制はキリスト教と矛盾していることがわかっています。だから、彼らは宗教そのものを一蹴し、主人たちを笑い物にし、神の善にも正義にも不信感を抱きます。そうです、私は彼らが神の存在すら疑うのを目にしてきました。私が話していることは、他の誰かが私に教えてくれたことではありません。そうではなく、奴隷たち自身から私が自分で見て聞いてきたことなのです。[7]

（傍点――原文はイタリック）

キリスト教に対する不信感は、奴隷解放後も黒人のなかに存在し続けた。二〇世紀に入り、とりわけ一九三〇年代から北部都市で勢力を増しはじめた黒人イスラーム教組織「ネイション・オブ・イスラーム」（The Nation of Islam、以下、ＮＯＩと記す）は、黒人の本来の宗教はイスラーム教（政教一致を基本的な性格として持つことから、「宗教」を意味する「教」をつけずに「イスラーム」とするのがより正確とされる。ただし、本書では慣用に従い「教」をつける）であり、キリスト教は「白人の宗教」にほかならないと説いた。一九五〇年代にＮＯＩの指導者イライジャ・ムハンマド（一八九七―一九七五）は、黒人聴衆に次のように問いかけた。

奴隷主たちが彼ら〔黒人たち〕に〔キリスト教〕教会の扉を開いてから一〇〇年の間、彼ら〔黒人たち〕はそのことで精神に異常を来たしてきました。彼らは〔次のような〕健全な考え方をしてこなかったのです。もし白人種のキリスト教会に自分たちを救う力が一つでもあるというのなら、なぜその力（the POWER）はいまだに奴隷主の子らから自分たちを自由にしていないのか？　なぜ自分たちは、今ごろになって彼ら〔奴隷主の子ら〕に公民権を物乞いしているのか、その公民権は憲法によってどの市民にも与えられているはずのものなのに？(8)

宗教史家ヴィンセント・ハーディングは、一九六〇年代後半に「ブラック・パワー運動」が高まりを見せた一九六七年に、黒人とキリスト教との関係について、次のように書いた。

> この両面価値は別に新しいものではない。それは私たちのなかに最初からあった。というのも、私たちが最初にアメリカのイエスに出会ったのは奴隷船の上だったからである。イエスの名前が讃美歌のなかで歌われるのを耳にする、その一方で、私たちは、何千単位で命を落とし、デッキ下の悪臭漂う船倉に鎖でつながれ、恐怖と病気そして家族と故郷の悲しい記憶とともに閉じ込められたのである。デッキから飛び降りサメの餌食になろうというとき、私たちは船の頑丈な側面にイエスの名が刻まれているのを見た。女たちが船室でレイプされたとき、彼女たちは本棚に聖書があるのに気づいたに違いない。イエスとの最初の接触は決して慈悲深いものではなかったのだ。しかも、恐怖はアメリカの土地でも続いたのである。だから、この国の歴史を通して、多くの黒人はこのイエスを拒絶してきた。むしろ奇跡なのは、これほど多くの黒人がイエスを受け入れたということのほうだった(9)。

多くの黒人がイエスを受け入れたことは、ハーディングがいうように「奇跡」的なことだった。彼らは、本来の信仰箇条を人種関係に適用するならば、キリスト教は解放の源泉になり得ると信じたのである。しかし、黒人のなかには、キリスト教を「白人の宗教」であるとみなして拒絶し、アフリカの伝統的宗教に回帰する者、無神論者となる者、イスラーム教を保持する者、イスラーム教に改宗する者もいた。そうした者たちは、キリスト教とはどのように解釈されようとも、結局のところ、黒人を抑圧する源泉にほかならないのではないかという疑問を投げかけた。

本書は「キリスト教は解放の源泉か、それとも抑圧の源泉か」という問いに、黒人はどのような応答を試みてきたのかという観点から、黒人とキリスト教との関係を追うことを目的とする。アメリカにおいて、圧倒的多数の黒人はキリスト教徒になった。しかし、彼らは一枚岩ではなかった。キリスト教または黒人教会が黒人コミュニティに果たすべき役割をめぐっては、黒人キリスト教徒の内部でも見解の相違があり、それは緊張関係を生んだ。黒人キリスト教徒の内部におけるそうした緊張関係は、非キリスト教勢力から加えられるキリスト教批判や黒人教会批判に対し積極的な応答を迫られたとき、いっそう高まった(10)。しかし、そのような緊張関係も、結果的に、キリスト教信仰や黒人教会を黒人コミュニティにとって意味あるものにしていくための力として、今日にいたるまで作用してきたのである。本書では、黒人とキリスト教をめぐるそのような過程を、歴史的展開を縦糸として、「スピリチュアリティ」の諸相を横糸として描きたいと考えている。

本書は、二部構成となる。

第一部「黒人キリスト教信仰の歴史的展開」では、大西洋奴隷貿易の時期からはじめて、一九五〇〜六〇年代公民権運動の時期までの歴史的展開と、一九七〇年代以降の黒人教会の現状と課題を概観する。

第一章「アフリカの文化的遺産」では、大西洋奴隷貿易における黒人とキリスト教との出会いに焦点をあてる。アメリカ黒人はキリスト教を受容することになるが、アフリカの宗教的遺産を完全に失ったわけではなかった。この点に照らし、アフリカの伝統的宗教の特徴とはどのようなものか、またアメリカ黒人がキリスト教を受容するにあたり、アフリカの宗教的遺産はどのような形で継承されたのかを検討する。

第二章「奴隷制時代――『見えざる教会』」では、アメリカの奴隷制時代を対象とする。北米英領植民地において、またアメリカ独立後の南部において、白人プランターは黒人の奴隷化とキリスト教化とをどのような論理で両立させたのか。これに対し、黒人はキリスト教をどのように解釈し、自分たちの信仰を獲得するにいたったのか。その際、黒人のキリスト教信仰において核に位置するものは何であったか。奴隷制下において、いったい奴隷は自分たちのキリスト教信仰をどのような空間や手段を通じて保持したのか。こうした点を吟味する。

第三章「南北戦争後から二〇世紀前半まで――『見える教会』へ」では、南北戦争後から二〇世紀前半までを扱う。奴隷解放後の南部再建期（一八六五―一八七七）において、南部で急速に増えていった黒人教会は、黒人コミュニティのなかでどのような役割を担ったのか。その後、南部で確立する法的人種隔離制度に、黒人教会と黒人牧師はどのように対処したのか。二〇世紀前半に起きた黒人の南部農村から北部都市への大移住、また南部農村から南部都市への移住によって、黒人教会の礼拝形式や黒人牧師の指導力はどのように変化したのか。こうした点を論じる。

第四章「公民権運動と黒人教会――待つ姿勢から行動主義へ」では、一九五〇〜六〇年代を対象とする。この時期は、公民権運動において黒人教会と黒人牧師の積極的な行動が顕著となる一方で、NOIなど、非キリスト教勢力からの黒人教会と黒人牧師の指導力に対する批判も高まった。キング牧師のキリスト教実践を軸に、公民権運動と黒人教会との関わりを考察する。

第五章「二極化の現実と黒人教会」では、一九七〇年代から現在までを扱う。公民権運動以降、黒人社会内部の多様化に伴い「解放」の意味が一様ではなくなるなか、また黒人の政治参加が進むなか、黒人教会が社会的、政治的領域において果たす役割はどのように変化したのか。黒人中産階級と黒人貧困層の二極化が進むなか、特にインナーシティ（inner-city）の黒人若者との関わりにおいて、黒人教会が直面する課題とは何か。こうした点を検討する。

第二部「黒人共同体のスピリチュアリティ――その諸相」では、黒人コミュニティとキリスト教との関係について、特に「スピリチュアリティ」に焦点をあて、より個別的なテーマに即して考察する。

「スピリチュアリティ」(spirituality)という用語は聖書に起源を持ち、現在の英語の語根である“spirit”は、「息、風、霊」を意味する。旧約聖書では、神が「命の息」を吹き込むことにより人間(アダム)が誕生する。人間は、神の霊、すなわち命の息によって生かされる存在である。新約聖書でも、神の本質は霊と規定される。神の霊、すなわち聖霊(holy spirit)は、復活したイエスと一体となって、弟子たちに聖霊の息吹を吹きかける。聖霊はまた、あらゆる命の源として、人間に働きかける。このように、キリスト教における「スピリチュアリティ」は、人間単独で成立することはなく、神との関係によってのみ成立する概念である。この文脈における「スピリチュアリティ」の訳語には、通常「霊性」があてられる。

「スピリチュアリティ」という言葉はまた、現在ではキリスト教を含む伝統的宗教(religion)の枠内では捉えきれない現象を総称する概念としても用いられる。この言葉は、終末期医療、自己啓発、ヒーリング音楽による「癒し」など、さまざまな領域で使用されており、そのような場面で用いられる「スピリチュアリティ」は、神との関係がなくとも成立し得る概念であるところに特徴がある。すなわち、生きる意味、内的強さ、心の平安、自己変容などを、見えないもの全般——超越的なもの、他者、自然、世界など——とのつながりに求める点で、この文脈における「スピリチュアリティ」は「精神性」により近い。

本書では、アメリカ黒人のキリスト教信仰の問題を中心に扱うことから、「スピリチュアリティ」

をこの言葉の原義に即して、神そしてイエスとの関係のなかで成立する概念（＝霊性）として用いる。ただし、本書の個別的テーマのなかでは、文脈に応じて「スピリチュアリティ」をキリスト教（伝統的宗教）の外側の現象、すなわち「精神性」により近い営みとして用いる箇所もある[11]（たとえば、第九章）。

第六章「アメリカ黒人と『出エジプト物語』」では、黒人の想像力のなかで旧約聖書中のイスラエル人のエジプト脱出物語が重要な位置を占めてきた点に注意を向ける。なぜ黒人はこの物語に魅了されてきたのか。その理念的側面を整理したあと、黒人の歴史的歩みのなかで彼らがこの物語をどのように援用してきたのかを描く。あわせて、この物語がアメリカ社会に持つ今日的意味を論じる。

第七章「黒人教会の霊的活力」では、黒人教会の歌、祈り、説教の伝統について掘り下げる。一九五〇～六〇年代の公民権運動において、黒人指導者や黒人大衆を支えた霊的活力は、黒人教会の歌、祈り、説教の伝統に由来するものであったことを指摘する。その具体的な様子を、アラバマ州モンゴメリーで行なわれたバスボイコット運動（一九五五―一九五六）を通して見る。

第八章「ソウル・フード」では、黒人の食文化とアイデンティティの問題を取り上げる。黒人の伝統的料理は、なぜソウル・フードと呼ばれるのか。「ソウル（魂）を込める」とはどういうことか。ソウル・フードは黒人のキリスト教信仰、黒人教会、そして黒人のアイデンティティとどのように関わっているのか。こうした点を探る。

第九章「ヒップホップ」では、ラップ音楽に光をあてる。ラップ音楽は、一般的には「世俗」を歌い、「聖」なる次元を扱う宗教とは対極に位置する音楽とみなされるが、「スピリチュアリティ」の次元を持つことを指摘する。ラップ音楽を素材にして、インナーシティの黒人若者が持つ「スピリチュアリティ」を探るとともに、彼らのスピリチュアルなメッセージが黒人教会に対してどのような問いを投げかけているのかを考察する。

終章「預言者と治癒者——キングとオバマ再考」では、二〇〇八年大統領選挙におけるバラク・オバマ大統領の誕生をキング牧師の夢の成就とみなす論調に対し、両者を単純に重ね合わせることはできないこと、そしてキングの夢はなおも未完であることを指摘する。つねに政治の外に身を置いたキングは、「牧師」の立場から貧者に同一化し、アメリカ政府を相手に、人種差別と貧困と軍国主義の「三重の悪」を克服しないかぎり、アメリカは神の裁きをうけると断罪する「預言者」としての役割を担った。これに対し、アメリカ主流政治の中枢に位置するオバマ大統領は、「政治家」の立場から中産階級の視点に立ち、政治的妥協を受け入れつつ保守とリベラルの亀裂、人種・エスニック集団間の亀裂を修復し国民を統一する「治癒者」としての役割を担っている。このように両者の社会的役割と政治的立場は大きく異なっているため、キングの未完の夢を成就に近づけるためには、オバマ政権に対しても「三重の悪」を想起させ、その克服を迫る「預言者」の存在は不可欠である。その意味で、キングとオバマとの関係、すなわち「預言者」と「治癒者」との関係は、対照的でありながら、同時に相互補完的であると論じる。

黒人に対する呼称として「アフリカ系アメリカ人」が定着してきている現在、黒人教会は「アフリカ系アメリカ人教会」(African American Church) と表記されることが多い。しかし、"Black Church" のように、今日なおも「黒人の」(Black) という形容詞が用いられる。本書でもその訳語としての「黒人教会」を用いる。この教会が、白人《ホワイト》による黒人《ブラック》への人種差別との関係において発展してきたという歴史的文脈を無視できないからである。そして、本書の関心は、基本的に「白人/黒人」の人種関係の歴史をひもとくことにあるので、「アフリカ系アメリカ人」や「アフリカ系アメリカ人教会」という呼称の代わりに、「黒人」や「黒人教会」を使用するのがふさしいと考える。[12]

第一部

黒人キリスト教信仰の歴史的展開

第一章　アフリカの文化的遺産

今日のアメリカ黒人は、一六世紀初頭から一九世紀半ばまでの約四〇〇年間にわたり、西ヨーロッパ人によりアフリカから運ばれた者の子孫である。この間に、一〇〇〇万人から一二〇〇万人にもおよぶアフリカ人が強制的に南北アメリカ大陸に運ばれ、過酷な労働に従事させられた。のちにアメリカ合衆国となる地域にわたったアフリカ人は、およそ五〇万人である。南北アメリカ大陸に運ばれた人々の多くは、西アフリカの人々であり、より正確には、北はセネガル川（北緯一五度）から南はアンゴラ（南緯一五度）にいたる地域に住んでいた人々であった。[1]奴隷船で運ばれたアフリカ人は、文化の継承という点において多くの困難に直面した。なぜなら、彼らは家族や親族との結びつきを断たれ、民族的、言語的な集団を解体されたからである。とはいえ、彼らはアフリカの文化的遺産を完全に奪

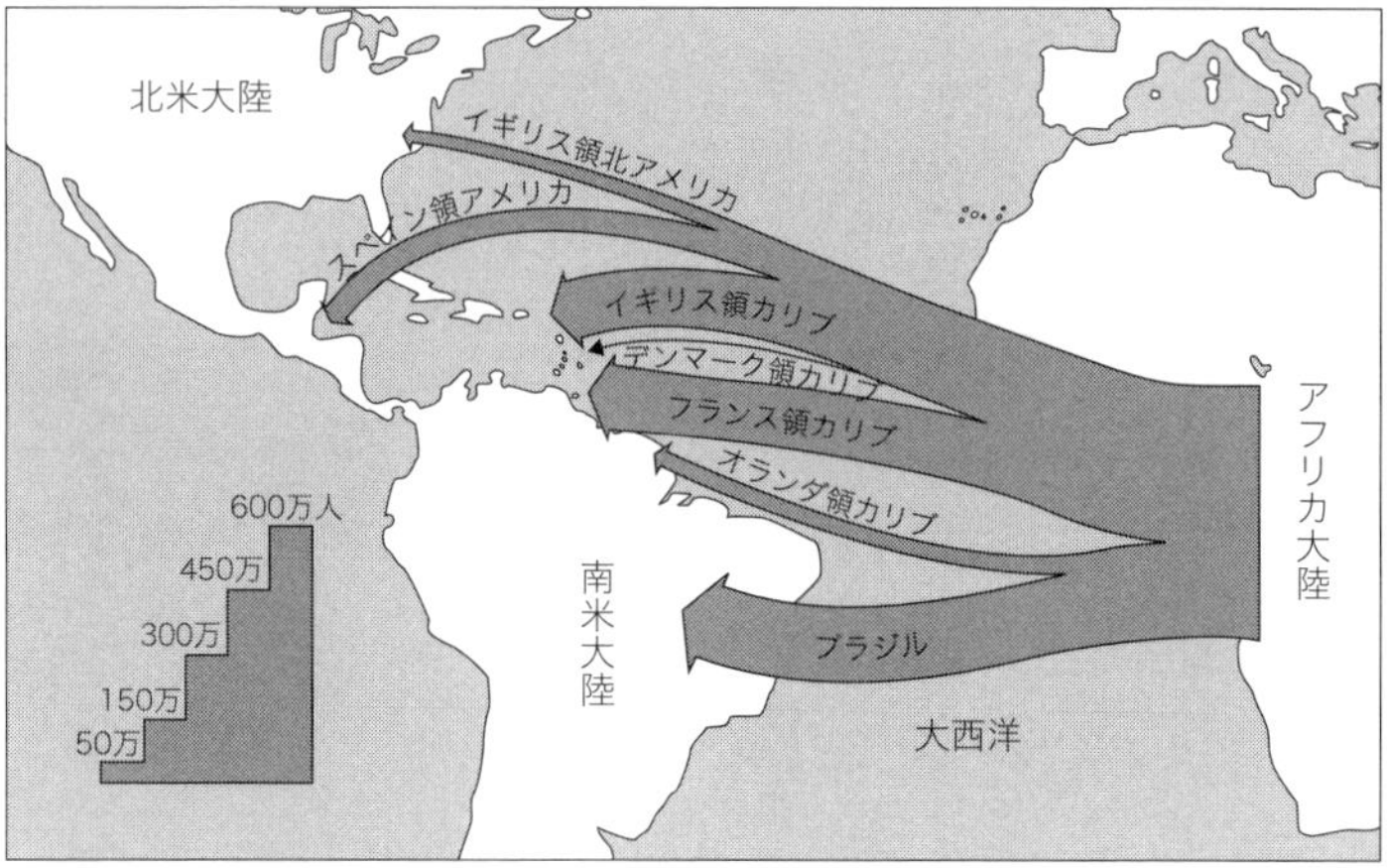

アメリカ大陸に運ばれた黒人奴隷（1701 ～ 1810 年）

われたわけではなかった[2]。

南北アメリカ大陸にわたったアフリカ人が携えてきた文化的遺産の一つは、宗教であった。出身民族の異なる奴隷同士の文化接触によって、また南北アメリカ大陸に西ヨーロッパ人がもたらした文化や先住民の文化との接触によって、アフリカの宗教的遺産は変容し、それぞれの地域で新たな信仰として創造されることになった。たとえば、ブラジルやキューバやハイチの場合、それぞれカンドンブレ、サンテリア、ヴードゥーといった民間信仰が発展したが、それらはキリスト教や先住民の信仰などの影響を受けながらも、アフリカの神々の影響を色濃く反映させるものとなった。これに対し、合衆国の場合、黒人がキリスト教を受容する過程で、アフリカの神々は消えることになった[3]。しかし、それによって黒人のキリスト教信仰のなかにおいて、アフリカの宗教的遺産が完全に失われるということはなかった。したがって、黒人のキリスト教信仰は、西ヨーロッパ人がもたらしたキリスト教と、アフリカの宗教的遺産とが融合したものとみなすことができる。

そうであるとすれば、黒人のキリスト教信仰の歴史的展開を見るにあたっては、まずアフリカの伝統的宗教を見ることからはじめなくてはならないだろう。以下では、アフリカの伝統的宗教の特徴、大西洋奴隷貿易におけるアフリカ人とキリスト教との出会い、合衆国においてアフリカの神々が消えることになった要因、そして、黒人のキリスト教信仰のなかに認められるアフリカの文化的遺産について、順に検討してみたい。

1　アフリカの宗教

キリスト教およびイスラーム教

アフリカ大陸は広大である。そこには、民族固有の宗教のほかに、古くからキリスト教やイスラーム教も存在していた。

キリスト教は、その誕生初期からアフリカに存在した。とはいえ、その地域はエジプト、スーダン、エチオピアといった北アフリカ地域にかぎられた。そして、七世紀にイスラーム教が誕生し拡大すると、アフリカにおけるキリスト教の拡張は押しとどめられることになった。

キリスト教が伝わった地域はもう一つある。それは、西アフリカ沿岸のコンゴ河口域であり、一五世紀末にポルトガルが進出したときである。ポルトガル人によるカトリックの伝道は、この地域で当時繁栄を誇っていたコンゴ王国の王家が改宗したことで、部分的に成功した。しかし、これに対し王国内の首長たちによる反キリスト教の動きも起こったため、キリスト教は民衆の間に十分浸透することはなかった。この地域の人々のほとんどは、民族固有の宗教を信仰し続けた。(4)

キリスト教徒の数と比べると、奴隷とされた人々のなかにはイスラーム教徒が多くいた。イスラーム教は、七〜八世紀にかけてキリスト教勢力と戦いながら拡大し、北アフリカ全域と北東アフリカ沿岸部にまで広がった。北方のイスラーム教徒との交易と通商路を通じてイスラーム教は南下し、一一世紀までにはサハラ砂漠の南に沿った西アフリカ地域にまで伝わった。サハラ砂漠の南に成立したマリ王国(一二四〇ごろ—一五五〇ごろ)やソンガイ王国(一四六四—一五九一)は、いずれもイスラーム教を受容することになった。

アフリカの伝統的宗教

キリスト教やイスラーム教を受容した場合であっても、アフリカのほとんどの民族は、基層部分においては各民族固有の宗教を維持し続けた。(5)したがって、大西洋奴隷貿易によってアメリカ大陸に運ばれた奴隷の圧倒的多数は、民族固有の宗教を信仰していたということができる。こうした民族固有の宗教を「アフリカの伝統的宗教」と呼ぶことにする。

大西洋奴隷貿易の対象とされた西アフリカ地域は、北から南までの距離にしておよそ六〇〇キロの範囲におよぶ。主要な民族だけを取り出してみても、ヨルバ族、フォン族、イボ族、アシャンティ族、スス族、ウォロフ族、セレール族、マンディンゴ族、フラニ族、バコンゴ族、ティオ族、ムブンドゥ族などがいた。それぞれの民族は血族関係に根ざした信仰を育んできたことから、西アフリカの人々の信仰には民族間で差異があり、この差異はまた、民族内においても認められた。このように、西アフリカの宗教は多様性を有していた。しかし、その一方で、西アフリカの人々の信仰、世界観には、以下に挙げるような共通性が認められることも指摘されてきた。(6)

まず、西アフリカの人々の宗教には、最高神が存在した。最高神は、その呼び名は民族ごとに異なるが、その位置づけは万物の創造主、宇宙の絶対的な支配者、維持者であった。とはいえ、最高神は人間の日常生活には直接関与しないとされ、この役目を担うのは、最高神と人間との中間、すなわち天上と地上との間の空間に存在する神々であった。こうした神々のなかには序列があり、高位の神々は最高神の分身、子、仲間であった。西アフリカの人々は、こうした神々を最高神と人間との間を取り持つ媒介者と考えた。その結果、日常生活において人々が注意を払ったのは、最高神ではなく、神々ということになった。

神々は無数に存在した。西アフリカのいくつかの民族の間では、自然の力や自然現象と結びつけられた神々の集団があった。たとえば、大地の神々は豊穣をつかさどるとされた。水の神々は湖、川、海に住むとされた。他の神々は木立、洞窟、山岳、風、動物などに宿るとされた。人々は、こうした神々が世界を秩序づけており、人間の幸や不幸に関わると考えた。こうした神々は、人間に善意と悪意があるのと同じように、慈悲深くもあれば、害悪をもたらす存在でもあると捉えられたため、人々はこうした神々を適切な形で祀り、これらに供物をそなえ、良好な関係を維持しようと努めた。

神々の神殿を管理し、適切な儀礼を行なう役目を担うのが司祭であった。司祭はまた、熟達した占い師であり、薬草医でもあった。神々と人間との媒介者には、霊媒師もいた。霊媒師は通常、儀礼の最中に音楽、ドラム、歌に誘引されて憑依された状態となり、憑依されている間は霊の代弁者となり、霊の世界からのメッセージを人々に伝えた。司祭、占い師、霊媒師その他の専門家になるためには、召命を受け、何年にもわたる訓練が必要であった。専門家になるための知識や技術は、文字文化を持たないアフリカにあっては、口頭伝承により受けつがれた。

神々に加え、西アフリカの宗教において強力な霊を構成したのは、祖先であった。西アフリカでは、祖先は遠い昔に亡くなった者も、最近亡くなった者も敬われた。なぜなら、祖先は共同体において生まれ変わると考えられたからである。祖先が敬われた理由はほかに、それが霊的存在であるぶん、人間より神々に近い存在であり、神々と人間との媒介者になれると考えられたからでもあった。

祖先は日常の問題に干渉し、神々との媒介者となり、家族を守り、豊穣や健康を子孫にもたらしてくれると信じられた。しかし、人間と祖先との関係は、いつも円満とはかぎらなかった。もしある家族や共同体に病気や不幸が訪れた場合、それは祖先や最近亡くなった死者の霊が、儀礼や埋葬のやり方に不満を持っていると捉えられた。西アフリカの人々はこのように、健康や幸福も、病気や不幸も、霊的な原因によって引き起こされると考えたのである。

西アフリカの人々の宗教生活においていま一つ欠かせなかったものは、呪術（マジック）であった。人々は苦悩、不幸、病気などは妖術（ウィッチクラフト）や邪術（ソーサリー）のような超自然的作用で引き起こされると考えた。したがって、こうして引き起こされた問題については、同様に霊的な解決策が必要であるとされ、この役目は治癒師が担うことになった。治癒師は、病気や不幸の霊的原因をつきとめ、草や医療に関する幅広い知識に基づき、必要な処方を施した。もっとも、人々は何よりも予防こそ最も効果的であるとの考えに基づいて、村、家、その他の場所に魔よけを置く、お守りを携行するなどした。人々は、こうした物品にも霊力は宿り、病気や妖術などから自分を守ってくれると信じた。

西アフリカの人々の宗教儀礼をみると、その不可欠な構成要素の一つとして、祈りがあった。祈りは、健康、治癒、富、繁栄を願って個人的に行なわれる場合もあれば、司祭、占い師、呪医、家長、長老などにより組織的に行なわれる場合もあった。特に組織的な祈りの場合、祈りの言葉は代々、口頭伝承で受け継がれてきた。

祈りに加えて、宗教儀礼に密接に組み込まれていたものに音楽があった。この音楽の形式には、複雑なリズム、シンコペーション（切分法。強弱の位置を本来の場所からずらしてリズムに変化を与えること）、即興によるメロディ、呼びかけ《コール》と応答《レスポンス》などの特徴がみられた。踊り、ドラム、歌は神々や祖先を礼拝する際の本質的な要素であった。たとえば、特定の神に憑依されると、霊媒師は歌と音楽に合わせてその神を表わす特定のステップを踏み、神からのメッセージを伝えた。このように、踊りはドラムや歌と結びつきながら、西アフリカの人々の信仰表現において本質的要素を構成していた。ここから、西アフリカの宗教は、「踊る宗教」とも呼ばれた。

以上のように、西アフリカの人々は、聖と俗を区別しない統合的世界観を生活の基盤に据えていたということができる。西アフリカで奴隷とされた人々は、奴隷船で南北アメリカ大陸に運ばれる過程で、こうした文化的遺産の多くを奪われることになったのである。

2 中間航路のなかで

アフリカから南北アメリカ大陸に奴隷を運ぶ航路は、ヨーロッパ、アフリカ、アメリカの三大陸間で行なわれた貿易の中間にあたったことから、中間航路（ミドル・パッセージ）と呼ばれた。奴隷とされた人々にとり、中間航路は、航海そのものの苛酷さのみならず、民族固有の文化の大部分を失うことを決定的にした点において、最も悲惨な体験であった(7)。

中間航路の旅は、一カ月から三カ月を要した。奴隷は通常は裸にされ、船のあらゆる空間を利用して積みこまれた（成人女性の場合は腰まわりを覆うものを与えられることもあった）。一般的に奴隷一人に与えられた空間は、幅が四〇センチ程度、長さが一八〇センチ程度、高さが六〇センチ程度であった。女性と子供は鎖をはずされたが、男性は二人一組で足首を鎖でつながれてならべられた。

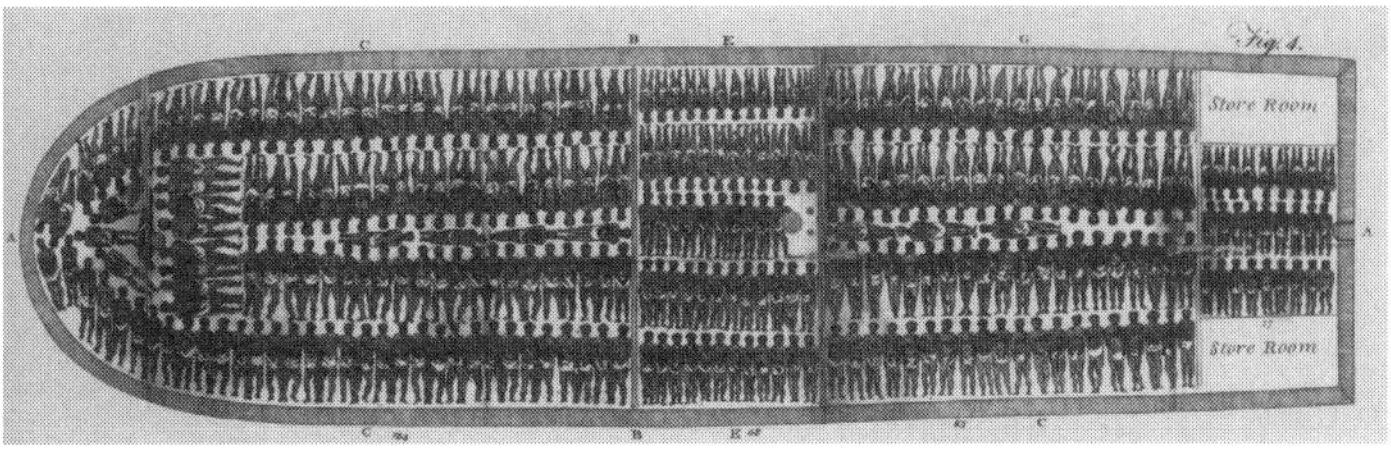

奴隷船の内部

奴隷は、食事を朝方と夕方の二回与えられた。米、トウモロコシ、キャッサバ、そら豆などが基本食であった。栄養は十分ではなく、しばしばビタミンC不足から壊血病となった。奴隷は二週間に一度、甲板で海水のシャワーを浴びせられ、また蚤《のみ》がわかないよう二週間に一度、頭髪を刈られた。乗組員は、奴隷が甲板に出されている間に船倉を清掃した。

しかし、奴隷の健康と衛生面に対する船長と乗組員のこうした「配慮」も、奴隷の健康と船倉の衛生維持にはあまり役立たなかった。たとえば、船倉には奴隷が用を足すためのバケツがいくつか置かれていたが、すし詰め、かつ暗室状態のなかでバケツから遠い者が利用するのは無理であった。結局、奴隷はその場で用を足し、船倉はきわめて不衛生となった。加えて、悪天候の際には空気孔も閉じられたため、船倉は耐えられない暑さと悪臭で満たされ、奴隷の間に赤痢や熱病などが発生し、死亡につながった。平均すると一七世紀中は、奴隷船での死亡率は一五から二〇パーセントとなった。船の構造が改善され、航行速度も速くなった一八世紀以降は、死亡率は五から一〇パーセントに低下した。(8)

中間航路での死亡率は、航海の過酷さを物語る一つの指標である。しかし、奴隷が体験した真の恐怖は、こうした統計値からだけでは推し量れない。特に、精神面での喪失は著しかったに違いない。慣れ親しんだ共同生活、慣習、親類関係から突如切り離され、人間性を奪われ、将来も予測できない状況に置かれることは、肉体的苦痛以上に精神的苦痛を伴った。それは、奴隷の生命を奪うことさえあった。

船上では「固定性憂うつ症」と呼ばれる症状があった。これは、奴隷に対する食事、取り扱い、衛生状態を適切にしたとしても、奴隷が次々と死んでいく症状だった。ある奴隷船に同乗した医師は、死んだ奴隷の三分の二に、生きる意欲のはなはだしい低下による食事の拒否、消化力の低下による腹痛や赤痢の発生、そして最後に死にいたるという形で、症状の進行が認められると報告した(9)。

奴隷はしばしば、朝食後に甲板の空いたところで踊るよう命じられた。船長は、踊りが奴隷を固定性憂うつ症から守り、壊血病の予防に効果があると考えたのである。男奴隷の場合は足枷《あしかせ》をされたまま踊らされたため、それは跳ねる程度のものであった。奴隷は踊りとともに、歌うようにも命じられた。ある奴隷船に同伴した医師は、「奴隷は悲しみの歌を歌うのだ。彼らの病気や、鞭で打たれる恐怖、飢え、故郷の思い出等が、よく歌われるテーマだった(10)」と報告した。

精神的なもの以外に奴隷のなかに見られた反応として、状況が許せば彼らは反乱を起こした。多くは鎮圧されたが、成功する場合もあった。しかし、奴隷船を奪っても、奴隷は船の操縦方法がわからなかったため、結局は全員が死亡するにいたることもあった。また、奴隷のなかには、海に飛び込むなどして自殺する者がいた。死ぬことで故郷に帰ることができると考えたのである。

3　キリスト教との出会い

中間航路におけるアフリカ人の経験は、徹底した非人間化とアフリカの文化的遺産剝奪の試みと呼べるものであった。しかし、奴隷とされた人々は、中間航路においてもう一つの経験をした。キリスト教との出会いである。中間航路でアフリカ人が出会ったキリスト教は、彼らにはきわめて敵対的で残忍な宗教と映るものであった。

キリスト教と奴隷制

まず注目しなければならないことは、大西洋奴隷貿易は宗教的動機と不可分であったことである。それは黙示録的なヴィジョンと密接に結びついたものであり、これは当時の西ヨーロッパ人の多くが共通して持っていたものだった。すなわち、イエス再臨と最後の審判が近づいており、その際に必要なことは、世界のすべての人々にキリスト教の福音を説くことであるというものである（新約聖書「マタイによる福音書」二八章一八―二〇節、「ヨハネの黙示録」七章九―一〇節）。これは、彼ら自身の救済の問題とも関わっていた。自己の救済は、異教徒をどれだけ改宗できるかにかかっている、と彼らは考えたのである。最後の審判を前に、できるだけ多くの異教徒の魂を救うことは、自分が永遠の命を得るための条件ともみなされた。西アフリカの人々は「異教徒」とみなされたことから、彼らも改宗の対象

となったのである。(11)

このような宗教的動機とならんで、アフリカ人を対象とする奴隷貿易を促進した要因には、次の聖書解釈があった。すなわち、キリスト教徒が異教徒を奴隷とすること自体は、西ヨーロッパの歴史において、大西洋奴隷貿易以前からさして問題とされることはなかったのである。旧約聖書「レビ記」二五章四四—四六節は、その根拠とされた。(12)

しかし、あなたの男女の奴隷が、周辺の国々から得た者である場合は、それを奴隷として買うことができる。〔中略〕彼らをあなたの息子の代まで財産として受け継がせ、永久に奴隷として働かせることもできる。しかし、あなたたちの同胞であるイスラエルの人々を、互いに過酷に踏みにじってはならない。

この聖書解釈に従えば、「異教徒」とみなされたアフリカ人を奴隷とすることは、西ヨーロッパ人にとり、さして問題となるものではなかった。

こうして、異教徒の魂を救うことと、異教徒を奴隷とすることは、アフリカ人を対象とする奴隷貿易において、矛盾することなく結びつくことになった。すなわち、「異教徒」であるアフリカ人は、洗礼により魂が永遠に救われるという恩恵を受けることができる。さらに、そのようなアフリカ人は、アフリカという「暗黒大陸」から救い出され、西ヨーロッパ文明により啓蒙される機会を与えられる。

こうした恩恵の大きさに比べれば、奴隷としての肉体的従属は取るに足らない問題である。[13]西ヨーロッパ人の多くが持っていた、キリスト教の観点から大西洋奴隷貿易を正当化する主要な論理とは、このようなものであった。

一四五二年に、ローマ・カトリック教皇ニコラウス五世は、ポルトガル王に彼が征服するすべてのイスラーム教徒と世界の異教徒を奴隷制のもとに置く権限を与えた。一四九三年には、教皇アレクサンデル六世が、同様の権限をスペイン王にも与えた。奴隷貿易の港となったナント（フランス北西部）、ボルドー（フランス南西部）、リスボン（ポルトガル首都）、セビリア（スペイン南部）、バイーア（ブラジル東部）、そしてルアンダ（アンゴラの都市）では、奴隷商人のほとんどはカトリック教徒であった。その後の歴代教皇のなかには、奴隷に対する苛酷な搾取のあり方に憂慮を表明し、より人間的な扱いを勧告する者もいたが、奴隷制そのものを批判するまでにはいたらなかった。それは、一八八八年の教皇レオ一三世の回勅を待たなければならなかった。[14]

イギリスでは、一八世紀後半に入るまで、国王、政府、教会、一般世論のいずれもが奴隷貿易を支持した。リヴァプール、ロンドン、ブリストルなど奴隷貿易の主要な港では、奴隷商人のほんどは英国国教徒だった。イギリス人で最初に南北アメリカ大陸に奴隷を運んだのはジョン・ホーキンズ卿（一五三二―一五九五）という人物で、一五六二年から六七年にかけてのことであった。彼が所有した奴隷船（「ジーザス・オブ・リューベック号」）の別名は、「よき船イエス」(Good Ship Jesus) であり、これは宗教的動機との結びつきを象徴していた。「信仰心の厚い」ホーキンズ卿は、乗組員に対し、主への祈

りを毎日捧げ、互いを愛すよう命じたとされる。(15)

今日よく知られている讃美歌「アメイジング・グレイス」を作詞したイギリス人のジョン・ニュートン（一七二五―一八〇七）は、元奴隷商人であった。彼は、いくども死に直面するが奇跡的に生かされたという経験を契機に回心し、牧師となり、その後は奴隷貿易廃止に尽力した。ニュートンは、晩年に奴隷商人であった当時を回顧し次のように書いているが、それは奴隷貿易に携わったキリスト教徒の一般的な見解であったといえる。

私が、この仕事〔奴隷貿易〕を長い間にわたって不快であると思っていたことは確かです。しかし、思うに、現在と同じように、当時もこの仕事を違法であり、間違いであると考えていたならば、もっと早くこの仕事をやめてしかるべきであったでしょう。ところが、この点に関しては、私は一点の良心の咎めをも感じてはいませんでしたし、またそのような考えを友人から一度たりとも示唆されたことはなかったのです。私が行なったことは私の無知のなせるわざでした。というのも、私はこの仕事を神の恩寵が私に分け与えてくださった職業と考え、良心の面から心掛けていたことといえば、奴隷が私の管理下にある間は、彼らを、私自身の安全への配慮が許すかぎり、可能なかぎり人間的に扱うことでした。(16)

中間航路においてアフリカ人が出会ったキリスト教は、まずもって奴隷貿易と奴隷制を肯定するものであった。それは、彼らにはきわめて抑圧的な宗教と映ったに違いない。この出会いは、彼らの原体験の一部を構成することになり、以後も、彼らとその子孫のキリスト教理解に影響をおよぼすことになった。

反奴隷制のキリスト教

しかし、西ヨーロッパ人のキリスト教信仰のなかには、もう一つの側面があったことも見ておかなくてはならない。すなわち、奴隷貿易と奴隷制に反対するキリスト教徒がいたことである。この動きが出てくるのは、ようやく一七世紀後半からであったが、次第に勢力を増し、最終的には奴隷貿易と奴隷制を廃止に導く力の一つとなった。

初期の反対者は、クエーカー派（キリスト友会）であった。一七世紀半ばにイギリス人のジョージ・フォックス（一六二四―一六九一）が創始者となって誕生したクエーカー派は、アフリカ人も含め、すべての人は神の前に平等であり、等しく「内なる光」を受けることができると信じていた。とはいえ、一六七一年にジョージ・フォックスがアメリカ（当時まだ英領植民地）を訪れ奴隷制反対を訴えた際には、彼の声はほとんど効果を持たなかった。奴隷制反対の声は、いまだクエーカー教徒内でも少数であり、一八世紀半ばまでは、アメリカにおいても、イギリスにおいても、多数のクエーカー教徒が奴隷を所有していたのである。しかし、クエーカー教徒による奴隷貿易と奴隷制に反対する活動は、一七五〇～六〇年代以降強まった。クエーカー教徒で奴隷制を支持する者は、キリスト友会の権限ある地位から排除されることになった。一七八七年、イギリスではクエーカー教徒が中心となり、ロンドンで「奴隷貿易廃止協会」が結成された。この協会は、英国国教徒やメソジスト派、また議会議員の一部を巻き込みながら反対運動を展開し、その努力は一八〇七年の奴隷貿易廃止法の実現に結びついた。アメリカでもクエーカー教徒による反対運動が活発化し、一八三三年にはそれに触発される形で、フィラデルフィアで「アメリカ反奴隷制協会」が創設された[17]。

奴隷貿易と奴隷制に反対する初期のキリスト教徒の多くは、クエーカー派のほかに、長老派、メソジスト派、バプテスト派など、英国国教会に反対するノン・コンフォーミスト（非国教徒）のなかに見出された。こうした人々は、体制側によって周辺化され、自らも信仰上の迫害を受けていた。もちろん、各教派の内部は、反奴隷貿易と反奴隷制で統一されていたわけではない。教会の立場は、その教会が置かれている地域の集団的規範に大きな影響を受けたからである。その結果、ほとんどの教派は、奴隷制の是非をめぐり意見が激しく分かれ、無傷ではいられなかった。独立戦争によってイギリスから独立した合衆国において、各教派内の意見は自由州の北部と奴隷州の南部との間で激しく対立し、最終的に多くの教派が南北に分裂することになった。たとえば、奴隷制の是非をめぐり、メソジスト派は一八四四年に、バプテスト派は一八四五年に、そして長老派は一八五七年に分裂した[18]。

中間航路を経験したアフリカ人とその子孫は、自分たちにきわめて敵対的で抑圧的なキリスト教に出会う一方で、自分たちに味方し友好的なキリスト教にも出会うことになった。西ヨーロッパ人がもたらしたキリスト教のこの二側面は、アメリカ黒人がキリスト教に対し両面価値を抱く背景となった。

4　アメリカ黒人とアフリカの文化的遺産

白人文化の影響

中間航路を経て南北アメリカ大陸に運ばれた奴隷は、頭のなかや身体感覚として記憶していたアフリカの文化的遺産を保持しつつも、西ヨーロッパ人がもたらしたキリスト教とその文化の影響を受けないわけにはいかなかった。合衆国となる地域に運ばれた奴隷について見ると、いくつかの要因からその度合いは強く、黒人のキリスト教信仰が発展する過程で、アフリカの神々は次第に消えることになった[19]。

フィリップ・D・カーティンの推定によれば、一四五一年から一八七〇年の期間に九五六万六一〇〇人の奴隷がアフリカから西半球の諸国・地域に輸入されたが、合衆国となる地域に運ばれた奴隷は、わずか五〇万人であった。この地に連れてこられた黒人奴隷の場合、過酷な労働を強いられたとはいえ、比較的恵まれた食環境と温暖な気候が重なり、病気による死亡率は低下した。奴隷の男女比も極端に不均衡とはならなかったため、黒人奴隷人口の増加は、比較的早い時期に自然増によるものに転じた。合衆国となる地域に最初に到着した黒人は北米英領植民地時代の一六一九年とされるが、チェサピーク湾地域（首都ワシントンDCの東に位置）では一七二〇年代に、サウスカロライナ、ジョージア、フロリダ地域では一七六〇年代に自然増へ転じはじめた。奴隷貿易は一八〇八年に禁止されるまで続いたが、このころまでに奴隷人口の多くは西アフリカやカリブ海地域からの輸入によってではなく、ほとんどがアメリカ生まれの黒人で占められるようになった。一八〇八年に二〇〇万人だった黒人奴隷人口は、南北戦争（一八六一―一八六五）までに四〇〇万人に増えたが、このような増加はほとんどが自然増によるものだった。[20]

次に、白人と黒人との接触の程度も、アフリカの文化的遺産の残存度に影響した。合衆国の場合、一〇〇人以上の奴隷を持つプランター（農園主）は少なく、プランテーションの多くは二〇人に達しない小規模なものであった。[21] 小規模なプランテーションでは、プランターも奴隷と肩をならべて働いた。その結果、合衆国では、黒人と白人が接触する機会が日常生活において頻繁に起こった。これが、合衆国生まれで英語と白人文化を理解する黒人世代の増加と相俟って、黒人がキリスト教を含む白人文化を取り入れる機会を増やすことにつながったのである。

アフリカの文化的遺産の継承

合衆国では、黒人の多くがキリスト教を受け入れた。しかし、それは白人のキリスト教のたんなる模倣ではなく、むしろ黒人が祖先から受け継いだ世界観に照らしつつキリスト教を解釈した結果、彼ら自身が聖書とキリスト教のなかに、自己の必要性を満たす啓示を積極的に見出すことができたからである。アフリカの伝統的宗教と白人のキリスト教との間には、教義と儀礼の両面において類似性よりも違いのほうが多かったとはいえ、両者の間には、黒人奴隷が共通基盤を見出せるだけの類似性がしていた。[22] 一般的なレベルでは、アフリカの伝統的宗教とキリスト教は、重要な信仰のいくつかを共有していた。

アフリカ人にとって完全に異質とは映らなかったであろうキリスト教の基本的教義の一つは、神に対する信仰であった。キリスト教の神は、父、万物の創造者であり、これはアフリカの最高神の考え方に一致していた。また、キリスト教の父と子（イエス・キリスト）と聖霊という三位一体の教義も、最高神の分身として神々が存在するというアフリカの信仰に照らせば、理解できないものではなかった。ただし、アフリカの神々の数に比べて、キリスト教の三位一体の神は少ないと感じられることもあったであろう。

教義面での類似性は、ほかにも認められた。来世が存在するという考え方も、キリスト教とアフリカの伝統的宗教の両方にあった。また、神への祈りの重要性も、両宗教で高い位置を占めていた。さらに、アフリカ人は、キリスト教の原罪という教義には違和感を覚えたかもしれないが、神の怒りや罰を招くような行為を「罪」とみなす教義は、神々との適切な関係を維持しなければ災いを招くというアフリカの信仰と部分的に重なるものであった。このように、一般的レベルではあれ、アフリカの信仰とキリスト教の教義との間にいくつかの重要な類似性が存在したことは、合衆国に運ばれた奴隷とその子孫がアフリカの信仰を完全に捨てることなく、むしろそれを基盤にキリスト教を解釈し、受容することを可能にしたのである。

黒人がキリスト教を受容するにあたり、儀礼面においてはアフリカの文化的遺産の重要な部分が継承された。すなわち、口頭伝承の伝統、祈りの伝統、音楽形式などのなかに、アフリカの文化的遺産は受け継がれたのである。合衆国では奴隷がドラム（太鼓）を使用することが各地で禁止されたが、奴隷は代わりに手拍子やチャント（唱和）によって、西アフリカの儀礼において必須とされたドラムと同じドライブ感（疾走感や躍動感）を出した。歌い方も、西アフリカの影響を受けていた。すなわち、呼びかけ《コール》と応答《レスポンス》、複雑なリズム、シンコペーション、音から音へのスライド、同じ言葉の繰り返し《レペティション》などを伴う表現方法である(23)。

礼拝中に参加者が恍惚状態に陥る、気絶するといった現象は、キリスト教のなかにも認められるものである。しかし、礼拝中に黒人参加者にこの現象が起こる場合、それは西アフリカの儀礼の一部である憑依の伝統を受け継ぐものであったとみなすことができる。ただし、西アフリカの儀礼において、この現象は参加者ではなく霊媒師にしか起こらないという点では違いがあり、この点で文化変容が認められた。

また、踊りも西アフリカの影響を受けた。「リング・シャウト」と呼ばれる踊りである。この踊りは、黒人が皆で大きな輪を作り、腕を広げて、腰と身体をゆするように振りながら足を引きずり、時計の針と反対の方向にゆっくりと回るものであった。最初はゆっくりと歌いながら回るが、手拍子や足を踏み鳴らすことでリズミカルになり、歌は叫び（シャウト）へと高まっていくという特徴を持つ「リング・シャウト」は、「踊る宗教」とも形容される西アフリカの文化的遺産を受け継ぐものであった(24)。

さらに、黒人説教者の説教スタイルも、西アフリカとの関連性が認められた。西アフリカには、グリオ（griot）と呼ばれる高位の職業人がいた。グリオは語り部であり音楽家であったが、優れた記憶力によって村や家族の歴史を記憶し、詩的で巧みな弁舌と楽器の使用によって、それを代々語りついだ。合衆国において黒人説教者は、聖書に関する知識、物語を語る卓越した技術によって、黒人奴隷のなかで指導者的存在となったが、彼らの音楽的資質をまとった説教スタイルは、多くの点でグリオの口頭伝承スタイルを受け継ぐものであった[25]。

*

のちに合衆国となる地域の場合、運ばれた奴隷数の少なさ、合衆国生まれの黒人世代の増加、さらに白人との頻繁な接触といった要因が、アフリカの文化的遺産との距離を次第に遠くさせ、アフリカの神々を徐々に消失させる力として作用し、それは結果的に黒人がキリスト教を受容しやすい環境を作り出すことになったといえよう。しかし、その場合でも、アフリカの文化的遺産は完全にはなくならなかった。合衆国の黒人もまた、その一部を継承し再創造しながら、キリスト教信仰を発展させていくことになった。次章で、この点を詳しく見ていくことにする。

第二章　奴隷制時代——「見えざる教会」

本章では、奴隷制時代における黒人とキリスト教との関係を追う。北米英領植民地において、またアメリカ独立後の南部において、白人プランター（農園主）は黒人の奴隷化とキリスト教化とをどのような論理で両立させたのか。これに対し、黒人はキリスト教をどのように解釈し、自分たちの信仰を獲得するにいたったか。その際、黒人キリスト教信仰の核に位置するものは何であったか。奴隷制下において、奴隷はいったい自分たちのキリスト教信仰をどのような空間や手段を通じて保持したのか。こうした問いを検討していきたい。

1　黒人のキリスト教受容の過程

植民地時代

北米英領植民地における最初の黒人は、一六一九年にオランダ船によってヴァージニア（アメリカ東部）のジェームズタウン植民地（一六〇七年建設）に運ばれた二〇人である。しかし、彼らは奴隷としてではなく、当時植民地の労働形態の主力をなした「年季奉公人」として働いた。年季奉公人制度は、渡航費を持たない白人が仲介業者を通して費用を肩代わりしてもらい、その代わりに一定期間をプランターのもとで労働に従事する制度であった。年季奉公人は、過酷な労働環境下に置かれたとはいえ、通常は七年以内には自由人となり、土地を得て自立することができた。黒人も年季奉公人となり得たことは、この時期の黒人の身分に流動性があったことを示している。

しかし、一七世紀半ばまでに、労働力需要が変化した。タバコ栽培の発展に伴い、ヴァージニア植民地の労働を年季奉公人だけで満たすことができなくなったのである。カリブ海域や南米ではすでに奴隷貿易が本格化していた。そこで、ヴァージニア植民地では、黒人奴隷の輸入と黒人の終身奴隷身分の合法化が検討されはじめた。

しかし、これには厄介な問題が伴った。英国から入植したプランターは、キリスト教徒を奴隷とすることは英国法によって禁じられていると考えていたのである。奴隷がキリスト教に改宗すれば、その者は解放されなければならない。しかし、これはプランターの経済的利害とは明らかに矛盾した。この時期にヴァージニア植民地にいた黒人は少数であったが、西アフリカから直接輸入されたのではなく、カリブ海域などをいったん経由して入ってきており、カトリックの洗礼を受けている者もいた。彼らのなかには、改宗を根拠に自由身分を争う訴訟を起こす者さえいたのである。(1)

では、この問題はどのようにして解決されたのだろうか。それは、奴隷を西アフリカから直接輸入することによってであった。すでに見たように、西アフリカの黒人は「異教徒」とみなされたため、奴隷化は問題とはならなかった。しかし、彼らが改宗した場合はどうなるだろう。そこで、次のような規定ができた。すなわち、洗礼は奴隷身分を変更しない、と。キリスト教の福音は魂の救済のみを扱うのであり、奴隷制といった社会制度は福音が関わる真の問題ではないとされたのである。この原則に沿って、一六六七年ヴァージニア植民地議会は、奴隷の身分は洗礼によって変更されないという法律を作った。北米にできた他の英領植民地も、一八世紀初頭までにはこれに倣った。(2)各植民地でこのような規定が設けられたことで、黒人に対する伝道はようやく着手できるようになった。

奴隷に対する伝道を最初に行なったのは、英国国教会である。それは、特に一七〇一年に「外地における福音普及協会」(Society for the Propagation of the Gospel in Foreign Parts、以下、福音普及協会と記す)が結成されることで本格化した。とはいえ、福音普及協会による奴隷への伝道活動は、いくつかの理由からあまり成功しなかった。何よりも、プランターの関心はもっぱら経済的利益にあり、黒人の魂の救済にはなかった。また、洗礼と奴隷の身分規定に関する法律ができたとはいえ、改宗した奴隷は反抗的になるのではないかということが懸念された。さらに、物理的な障害も存在した。福音普及協会は、改宗にあたり難解な「使徒信条」（古代教会以来、現在までカトリック教会とプロテスタント諸教派で共通に用いられている、キリスト教信仰を表明する定式の一つ）や「教理問答《カテキズム》」（洗礼志願者や信徒に対し、基本的教理を解説する書で、多くは問答形式をとる）を記憶し理解することを求めたが、西アフリカから直接輸入された人々は英語を理解できなかったため、これはまず不可能であった。その結果、福音普及協会による奴隷への伝道熱は、一八世紀の半ばまでには冷めていった。(3) 黒人のキリスト教化が成功するには、英語と白人文化を理解するアメリカ生まれの黒人人口が増えることが不可欠の条件だったのである。

第二次大覚醒と黒人の回心

黒人のなかに一定の回心者が出たのは、一七三〇年代末から四〇年代にかけてアメリカ北東部ニューイングランドを中心に起きた「大覚醒」と呼ばれる信仰復興運動においてであった。しかし、その規模は小さく、黒人のなかに多数の回心者が出たという点では、一七九〇年代から一八三〇年代にかけて起きた「第二次大覚醒」のほうが重要である。この信仰復興運動は、一八〇〇年代のはじめを頂点に、中部大西洋岸のニューヨーク州から西はオハイオ州にかけて、また南部大西洋岸のヴァージニア州やノースカロライナ州から西はケンタッキー州やテネシー州にかけての高南部（アッパー・サウス）と呼ばれる地域で起こった。(4)

第二次大覚醒は、アメリカがイギリスからの独立を達成したのち、西へフロンティアが拡大し、開拓者のなかに宗教的希求が生じることで起きたものだった。すなわち、開拓者は、辺境地での孤独で困難な生活に対する霊的支えや道徳的改革を渇望する一方で、礼拝を行なう場所や正規の牧師が圧倒的に不足するという問題に直面していたのである。この運動の主力を担ったメソジスト派やバプテスト派は、各地を牧師が巡回し、数日間にわたるキャンプ・ミーティング（野営天幕集会）を開きながら伝道を行なった。両教派は伝道にあたり、救済における個人の努力の価値を強調し、人間はその社会的地位に関わらず救済を受ける資格を持つという立場をとった。このような救済観は、牧師が不足がちで、何でも自力で解決しなければならなかった開拓者の生活様式に合致するものであった。と同時に、両教派が白人だけでなく、数としては少数だった自由黒人とそれ以外の黒人奴隷に対しても伝道活動をする動機ともなった。

この信仰復興運動は、いまだサウスカロライナ州、ジョージア州、アラバマ州、ミシシッピ州、ルイジアナ州など深南部（ディープ・サウス）と呼ばれる地域に住む黒人奴隷にまで十分届くものではなかったが、運動が起きた地域に住む黒人のなかに多数の回心者を生んだ。これには、いくつかの理由があった[5]。

まず、メソジストとバプテストの両教派が重視したのは、使徒信条や教理問答を暗記するといったプロセスではなく、個々人の内面における回心体験であった。両教派は、人間の魂はその社会的地位に関わらず神の前に平等であるとみなす傾向にあった。そのため、奴隷も回心体験を共有できるとし、キャンプ・ミーティングでは、人種混合の参加者に対し説教することをいとわなかった。両教派の平等主義的な姿勢は、それがたいていは魂の救済の問題に限定されたとはいえ、黒人には魅力的に映ったのである。

次に、牧師の説教は、教義の複雑な説明が極力省かれ、主情的な語り口と単純な言葉で、天国と地獄を鮮明に描き出し、悔い改めてイエスを唯一の救い主として受け入れるよう説くものであった。このような説教は、ほとんどが文字を読めず、またアフリカの口頭伝承の遺産を受け継ぐ黒人にとって、キリスト教を身近なものにした。キャンプ・ミーティングでは、牧師による主情的な説教に対して、参加者は白人も黒人も恍惚状態となり、歌、祈り、叫び、うめきで応答した。このような応答形式も、アフリカの伝統的宗教との類似性があり、黒人には親しみやすかった。

さらに、両教派が説教の資格を黒人に与えたことは、黒人がキリスト教に積極的に関わることを可能にした。この信仰復興運動において、両教派は学歴のある牧師を必ずしも求めなかった。神学的な訓練を受けていることより、回心体験と弁舌の才能が重要とされたのである。したがって、回心体験とそれを熱心に説く弁舌の才能があれば、奴隷ですら説教することが許された。これらに加えて、第二次大覚醒の時期までに、英語と白人文化を理解するアメリカ生まれの黒人が増加していたことも、黒人のなかに多数の回心者を生み出す背景となった。

メソジスト派とバプテスト派は、一七八〇年代に奴隷制に反対する立場を明確に打ち出した。この時期は、アメリカ独立戦争に伴い自由を求める気運が強く、北部では奴隷制が順次廃止されていった。南部においても、タバコ栽培が行き詰まりをみせたことから、奴隷制は自然消滅するという見方が顕

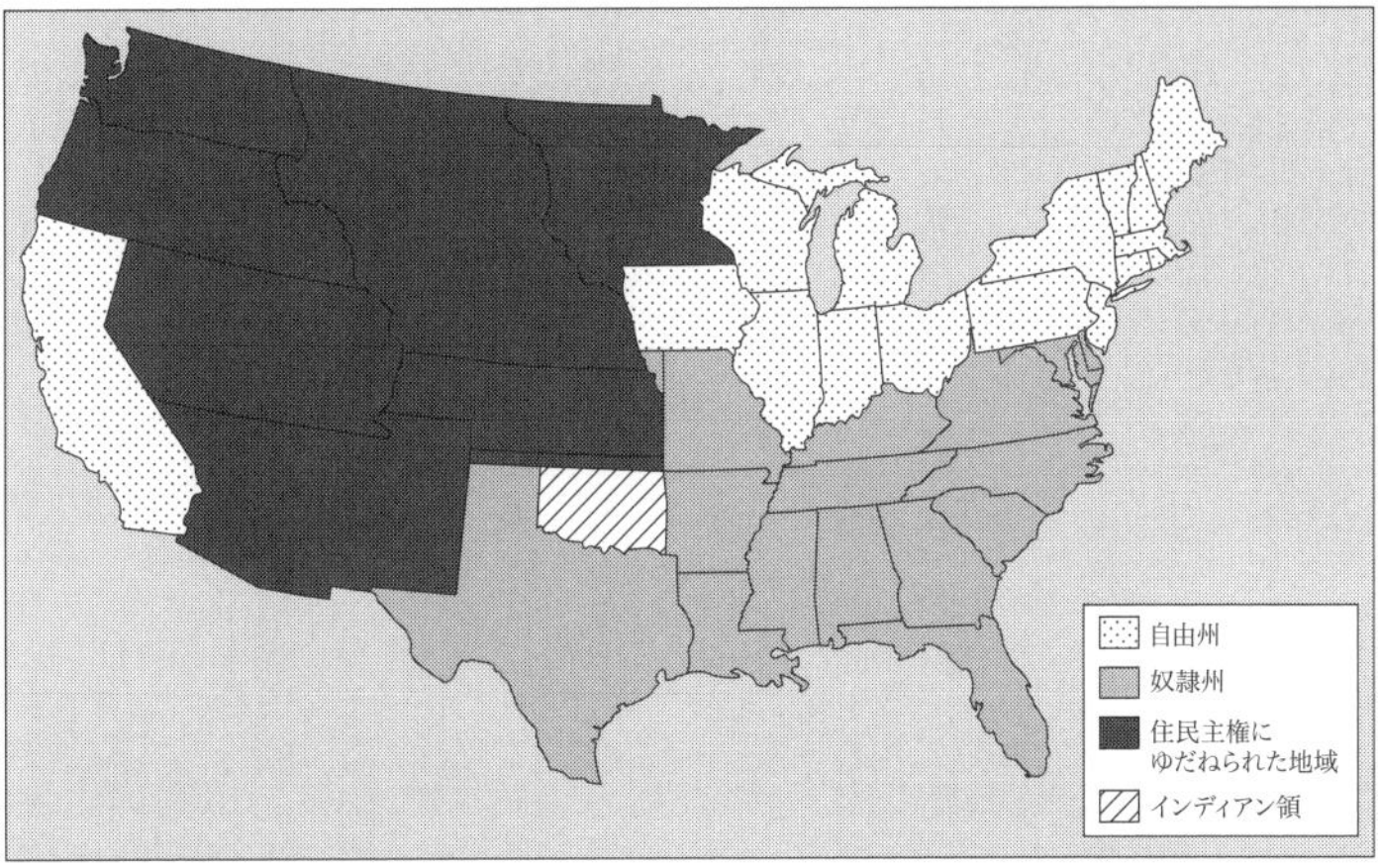

自由州と奴隷州（1860年）

著になった。こうした社会情勢を背景に、一七八〇年にメソジスト派は、奴隷制を「神と人間と自然の法に背き、社会にとって有害なもの」と断罪し、一七八四年には、奴隷が一定の年齢に達した場合、しかるべき通告後一二カ月以内に奴隷を解放する法的文書を作成しないメソジスト派の奴隷所有会員を除名すると決めた。バプテスト派も、南部全域にわたって同様の行動を起こした[6]。両教派のこのような姿勢は、第二次大覚醒とならんで、黒人にキリスト教を受容しやすいものとしたといえよう。

とはいえ、奴隷制が自然消滅するとの見通しは、一七九三年に綿花の繊維と種子を簡単に分けることのできる綿繰機（コットン・ジン）が発明されたことで、もろくも崩れ去ることになった。綿花生産地は、アメリカの国土が西へ拡大するのに比例して、急速に拡大していった。その範囲は、一八二〇年代には大西洋岸のサウスカロライナ州、ジョージア州であったが、一八三〇年代にはメキシコ湾岸のアラバマ州、ミシシッピ州にまで、さらに一八六〇年にはルイジアナ州、テキサス州、アーカンソー州、ミズーリ州、ケンタッキー州、そしてテネシー州におよんだ。この拡大がどれほど大規模なものであったかは、一八六〇年までに世界で生産される綿花の三分の二がこうした南部諸州によっていたという数字が物語っている。[7] つまり、南部諸州は奴隷の労働力なしには経済的に成り立たない地域となったのである。その結果、奴隷制に依存する南部諸州において奴隷に対する伝道を行なおうとすれば、伝道者は、奴隷制を堅持したいというプランターの利益を損ねない形で福音を説く方法を探らなければならなかった。南部での伝道をめざす牧師は、メソジスト派もバプテスト派も、次第に奴隷制反対の立場を撤回し、逆に聖書は奴隷制を擁護するという立場をとるようになっていった。

奴隷に対する宗教指導

一九世紀以降、奴隷制が拡大する南部で行なわれるようになったのは、奴隷に従順と勤労を教えるための宗教指導であった。それは、特に一八二〇年代以降、奴隷人口が急増する深南部において本格化した。

プランターは、すでに奴隷管理のためのいくつかの方法を持っていた。[8] 一つは、南部各州で作られた一連の奴隷法（slave code）である。それらによれば、奴隷は所有者の個人的財産であるとされ、奴隷には財産を所有する権利や契約を結ぶ権利、訴訟を起こす権利、他の黒人が関係する事件に関して裁判で証言する権利、法的に結婚する権利がなかった。奴隷はまた、読み書きを習うこと、許可証を持たずに居住区外に出ること、白人の隣席なしに五人以上の奴隷が集会すること、アフリカの歌や踊りや呪術的行為を行なうことなどを禁止された。さらに、反乱や逃亡を企て失敗した奴隷は、見せしめとして鞭打たれるか、焼印を押されるか、投獄されるか、場合によっては死刑にされた。

もう一つは、奴隷の態度に応じて特権を与えることであった。反抗や逃亡を試みる奴隷に対しては鞭打ちの罰が加えられる一方で、割りあてられた仕事をきちんとこなす奴隷や、プランターの信頼を得るために努力する奴隷には、特別な食物や衣服、通行証の所持、菜園の耕作権、ナイフや狩猟用の銃の使用権などの特権が与えられた。プランターは、特権を享受できる機会を用意しておくことで、従順で勤労な奴隷を育てようとしたのである。

奴隷管理方法として新たに着目されたものが、宗教指導である。一九世紀に入ると、プランターの間では、宗教指導が奴隷を従順にし、プランテーション経営に利益となるという見解が支持されるようになった。しかし、奴隷に対する宗教指導が注目された理由は、それだけではない。北部では一八二〇年代以降、奴隷制即時廃止運動（アボリショニズム）が高まりはじめた。その際、奴隷制廃止論者による奴隷制反対の論点の一つが、プランターは奴隷の魂の救済に無関心であるというものだった。また、伝道活動に従事する者も、奴隷が反乱を起こす原因は、プランターが奴隷のキリスト教化を怠ってきたからであると論じた。(9) こうした批判をかわし奴隷制を擁護するため、プランターは奴隷に対するキリスト教化と宗教指導に力を入れはじめたのである。

一八二〇年代以降、南部では、奴隷の魂の救済に関心を寄せる伝道者と、奴隷制を堅持したいプランターとが折り合いをつける形で、一つの支配的な福音理解が生まれた。それは、奴隷主と奴隷それぞれの魂の救済は、両者が互いに義務を果たすうえに成り立つというものであった[10]。そのための中核を担った聖句は、次に引用する新約聖書「エフェソの信徒への手紙」六章五―九節であった。

奴隷たち、キリストに従うように、恐れおののき、真心を込めて、肉による主人に従いなさい。人にへつらおうとして、うわべだけで仕えるのではなく、キリストの奴隷として、心から神の御心を行ない、人にではなく主に仕えるように、喜んで仕えなさい。あなたがたも知っているとおり、奴隷であっても自由な身分の者であっても、善いことを行なえば、だれでも主から報いを受けるのです。主人たち、同じように奴隷を扱いなさい。彼らを脅すのはやめなさい。あなたがたも知っているとおり、彼らにもあなたがたにも同じ主人が天におられ、人を分け隔てなさらないのです。

この福音理解は、奴隷主と奴隷との関係を家父長制に基づいて解釈するものであった。すなわち、奴隷は親に対するように奴隷主に従う義務を負い、反対に奴隷主は子供に接するように奴隷を公正に扱う義務を負う。黒人に対するキリスト教化と宗教指導は、この関係を奴隷に理解させるために必要であり、奴隷主と伝道者双方の任務となる。このような議論が支配的となったのである。

この議論を補強するために、プランターと伝道者はほかの聖句も引用した。それは都合よく解釈されたものであり、典型的なものとして、「創世記」九章二〇―二七節にある「ハムの呪い」があった。

これは、ノアの三人の息子セム、ハム、ヤフェトのうち、ハムが父ノアの裸を見たことから、ハムの子孫は呪われて、奴隷となって兄弟たちに仕える運命を担うことになったという話である。「ハム」にはヘブル語で「暑い」「黒い」という意味が含まれているとされた。次に、これと「創世記」一〇章六節の「ハムの子孫は、クシュ、エジプト、プト、カナンであった」とが結びつけられた。「クシュ」（＝エチオピア）とエジプトと書かれていることから、ハムは黒人種とされた。[11] こうして、黒人種が奴隷として他の人種に仕えることは神の摂理にほかならないと説かれたのである。

奴隷に対するキリスト教化と宗教指導は、聖書から必要な部分だけを選び出し、模範的説教集や教理問答を作成し、それを奴隷の前で白人巡回牧師などが説くという形で進められた。奴隷主と奴隷の相互の義務を説く聖句を引用することにより、奴隷の魂の救済に関心を払いつつ、奴隷を従順、敬虔、勤労な働き手に変えようとする宗教指導は、プランターにとって、一連の奴隷法とならんで奴隷管理のための重要な手段の一つとなった。プランターは、しばしば日曜ごとにプランテーションの一角に設けた礼拝場なる場所に奴隷を集め、奴隷教育専門の白人巡回牧師を通じて宗教指導を施した。

奴隷の対処法

では、奴隷は、プランターによる奴隷管理にどのように対処したのだろうか。奴隷のなかには、プランターの意図が功を奏し、宗教指導による教えを信奉する生き方を選ぶ者もいた。しかし、大多数の奴隷の対処法は異なった。それは、プランターの前では従順を装いつつ、同胞との間ではキリスト教に基づく人間の平等と社会的被抑圧者解放の思想を持ち続ける、というものであった。

大多数の奴隷は、奴隷制を肯定する神は本当の神ではないということを直感的に理解していた。加えて、アフリカの伝統的宗教意識である聖と俗を区別しない統合的世界観を携えてきた黒人にとって、聖と俗、魂と肉体を区別するプランターのキリスト教は、このアフリカ的遺産を否定する教えであった。その結果、奴隷のなかにはアフリカの宗教やイスラーム教を守り通す者がときどきいた。しかし、大多数の奴隷は、プランターのキリスト教は歪曲されたもので、どこかに本来のキリスト教があると想像した。奴隷はそれをしばしば、プランターが手にしている「あの聖書のなかにもう一つの聖書が入っているにちがいない」といういい方で表現した[12]。

プランターによる徹底した奴隷管理の試みにも関わらず、奴隷は自分たちの必要性を満たすキリスト教信仰を徐々に生み出していった。それを可能にした要因の一つは、綿花生産地の拡大に伴い、一八一〇年ごろから一八六一年にかけて起きた奴隷の国内取引であった。この期間に、奴隷の需要が減る高南部から奴隷の需要が高まる深南部に向けて、一〇〇万人以上の奴隷が強制的に集団移動させられたのである。この強制移住は、「第二の中間航路[13]」とも呼ばれる過酷なものであったが、同時に第二次大覚醒においてキリスト教の平等主義的な教えに触れた高南部の奴隷が深南部に流入し、いまだキリスト教に触れる機会の少なかった現地の奴隷と接触し、プランターが説くものとは異なるキリスト教を広める機会ともなった。このほかに、北部に存在した自由黒人によって設立された黒人教会が果たした役割も大きかった。北部の黒人教会は、「地下鉄道[14]」と呼ばれる奴隷の逃亡を助けるネットワークを支援したが、逃亡奴隷を北部に導く過程で、キリスト教は奴隷制に反対するという信仰を密かに奴隷に伝えたのである。

黒人キリスト教信仰の核心

黒人奴隷が知り得たキリスト教の福音に関する情報は、断片的なものであった。しかし、さまざまなルートを通して得た断片的情報に想像力を加えながら、キリスト教を自分たちの必要に応じて再解釈することは可能であった。ここに、黒人固有のキリスト教信仰が生まれることになった。では、黒人奴隷が生み出したキリスト教信仰とは、どのようなものだったのか。神学者ジェイムズ・H・コーンの指摘を中心に要約してみよう[15]。

黒人奴隷は、奴隷の苦役に打ちひしがれていたイスラエル人がモーセに導かれてエジプトを脱出するという旧約聖書の「出エジプト記」を通して、神が二つのことを約束していると考えた。第一に、神はこの世における人間の不正を積極的に正す、正義の神であること。第二に、神は社会的被抑圧者の側に立つということであった。とりわけ、黒人奴隷は新約聖書「ルカによる福音書」四章一八―一九節を、神が社会的被抑圧者の解放に関心を持っている証拠とみなした。

主の霊がわたしの上におられる。貧しい人に福音を告げ知らせるために、主がわたしに油を注がれたからである。主がわたしを遣わされたのは、捕らわれている人に解放を、目の見えない人に視力の回復を告げ、圧迫されている人を自由にし、主の恵みの年を告げるためである。

黒人奴隷は、神はまた、愛の神であると理解した。旧約聖書では、イスラエル人は神との契約を何度も破るが、神はそのたびごとに契約を更新した。これは、神が民を愛していることの証拠であり、神のこのような愛はイエスを通してすべての人に等しく与えられることになった、と彼らは考えた。新約聖書のなかで特に注目されたのは、次の聖句である。すなわち、「ガラテヤの信徒への手紙」三章二六―二八節――「そこではもはや、ユダヤ人もギリシア人もなく、奴隷も自由な身分の者もなく、男も女もありません。あなたがたは皆、キリスト・イエスにおいて一つだからです」――である。黒人奴隷は、奴隷制とは神の前に人間は皆平等であるという教えを否定するものであり、神はその愛ゆえに、遅かれ早かれ自分たちを解放すると考えた。この場合の「早かれ」とは地上的解放を、「遅かれ」とは終末論的な解放を指した。神の愛は、こうして神の正義と結びつけられた。

黒人奴隷は、とりわけ十字架上の刑死にいたるイエスの具体的な受難、そしてイエスの復活に感銘を受けた。彼らは、イエスが何らの弁明も許されないまま十字架につけられ処刑されたことに胸を打たれた。なぜなら、彼ら自身も、何らの弁明も許されないまま酷使され、鞭打たれ、家族を引き裂かれ、時に死刑とされてきたからである。黒人奴隷には、イエスの受難と死が自分たちの境遇に重なって映った。それゆえ彼らは、イエスは自分たちが受けている肉体的、精神的苦痛や死の意味をわかってくれる友なのだと考えた。さらに、黒人奴隷はイエスの復活という出来事に心打たれ、そして勇気づけられた。彼らはそれを、神がいつの時代であっても弱者や貧者とともにあることを告げるための出来事にほかならないと捉えたのである。その結果、黒人奴隷は、神であり友であるイエスは、黒人の苦難を共有し、奴隷解放のために最後までともに闘ってくれると考えた。このように、黒人奴隷はキリスト教を自分たちの経験に照らして再解釈することで、それを奴隷解放のための信仰へと変えたのである。かくして、黒人奴隷が見出した聖書の言葉や物語は、比喩《メタファー》として彼らの世界観を根本から規定することになった。

2　「見えざる教会」

では、黒人奴隷によって再解釈されたキリスト教信仰は、具体的にどのような方法で保持されたのだろうか。それは「見えざる教会」(16)と呼ばれる、秘密の礼拝集会を通してであった。秘密の礼拝集会は、あるときは奴隷宿舎の一部屋で夜遅く開かれ、またあるときは特に神聖で呪術的性質を持つとみなされた一群の樹木に接する野外などで行なわれた。

「見えざる教会」という呼称は、プランターからは見えない、秘密にされていたというところから来ている。奴隷制という徹底した非人間化と家族破壊の試みにさらされるなかで、奴隷にとっての中心的課題は、いかにして生き残り、かつ自分たちの人間性とコミュニティ意識を保つことができるか

「見えざる教会」

であった。それを可能にしたものが、「見えざる教会」であった。夜明けから日没までの間、奴隷は洞察力、忍耐、機知、とぼけ、ユーモアなどを総動員して、プランターが望むような従順な奴隷を演じた。しかし、奴隷は日没になると、密かに「見えざる教会」に集まった。奴隷は、秘密の礼拝集会において互いに交わり、自己のキリスト教信仰を公然と告白し、日々の抑圧経験によって鬱積した感情を発散し慰め合い、そしてときに逃亡や反乱の計画を立てた。黒人奴隷にとって「見えざる教会」は、社会的結合の場、表現の自由の場、避難所、抵抗の拠点であった[17]。

秘密の礼拝集会における本質的要素は、歌、祈り、説教であった。これら三要素は、黒人が奴隷制を生き抜き、自己の人間性とコミュニティ意識を保持するための霊的活力を得る源泉であった。

黒人霊歌の意味

秘密の礼拝集会における第一の要素は、「霊歌」であった。

霊歌の形式はさまざまであるが、そこには中心的メッセージがあった。コーンはそれについて、「神による奴隷制からの被抑圧者の解放が、黒人霊歌における中心的神学概念である」（傍点——原文はイタリック）と指摘する。[18]

奴隷の関心は、社会的被抑圧者の解放に対する神の関与を強調している聖書の言葉や物語に集中した。奴隷は、旧約聖書に登場する「出エジプト物語」、獅子の穴に入れられたダニエルの物語になぞらえて、正義の神は奴隷制を見過ごすことはないとする信仰を、次のように歌った。

ああ、メリーよ、もう泣くな、嘆くな、
ああ、メリーよ、もう泣くな、嘆くな、
ファラオの軍勢は溺れてしまった、
だからメリーよ、もう泣くな。[19]

奴隷はまた、イエスが黒人の悩みを負い、抑圧のなかで生きる孤独の痛みを耐え忍び、また和らげることを可能にしてくれる友であると認識し、次のように歌った。

イエスはわれらの友、
最後までわれらを保ちたもう、

だからイエスと少し話すだけで、
うまくいくようになる。(20)

奴隷はさらに、次のような、一見すると相矛盾するかに思える歌詞を含む歌を歌うこともできた。

誰も私の悩みを知らない、
主イエスのほかは誰も知らない、
誰も私の悩みを知らない、
グローリ、ハレルヤ！(21)

奴隷はこの歌において、自己を解放が成就される最終地点に置き、そこから現在を見ていた。イエスがともにいてくれるとすれば、いつかイエスが自分を「約束の地」に連れて行き、その約束された未来の地点に立てば、現在の奴隷状態は過去の出来事となる。奴隷は、このような形で想像力を活用することができたために、「誰も私の悩みを知らない」と歌いつつも、同時に現在の奴隷状態を一時的に超越して「グローリ、ハレルヤ！」と喜びの声を歌うことができた。

黒人霊歌においては、神が超自然的な手段によって奴隷を奴隷制から救い出すという点が強調された。しかし、奴隷は神による解放と救済を受動的に待ち望んでいただけではなかった。黒人霊歌に用いられる聖書的言語には、「地下鉄道」や逃亡の計画などに言及する暗号的意味が込められている場合があった。

「天国」はしばしば黒人が「約束の地」とみなした地上の場所、すなわちアメリカ北部諸州、カナダ、アフリカを意味した。「麗しき凱旋車よ、ゆっくり走れ」という黒人霊歌は、「地下鉄道」を利用した馬車による逃亡の考えの比喩《メタファー》であった。また、奴隷が「わたしがヨルダン川のかなたを見ると」と歌うとき、彼らは北部自由州と南部奴隷州の境界をなすオハイオ川を念頭に置いていた。奴隷が「そっと出ていけ」と歌うとき、その日には秘密の礼拝集会があることを意味した。(22) このように、黒人霊歌は奴隷が地上的自由を求めて神とともに積極的に行動しようと望んだことをも示すものであった。

祈りの意味

秘密の礼拝集会における第二の要素は、「祈り」であった。歴史家G・P・ローウィックは、ある元奴隷の証言を次のように報告している。

主人は、決して私たちが教会に行くことを許してくれませんでしたが、私たちは礼拝のための大きな穴倉を畑のなかに持っていました。白人たちが奴隷の礼拝を好まなかったので、黒人たちはそのようなやり方をしたのです。奴隷たちはつねに、神さまに自由になれますようにと祈ったものです。(23)

黒人牧師で神学者のハロルド・カーターは、このような祈りの行為が、奴隷の生存に不可欠な要素であった点を、次のように説明する。

黒人が人生から抜け出す方法として集団で自殺に頼ろうとはしてこなかったという事実は、部分的には祈りによる内的発散に起因している。祈りは人生における挫折、怒り、苦しみ、悲しみを取り除く方法となってきたのである。(24)

祈りもまた、黒人霊歌と同様に、奴隷的拘束という絶望的状況の只中《ただなか》にあってなおも希望を見出そうという試みであった。したがって、祈りはたんに言葉を発するというだけのものではなく、神の臨在を体験する行為にほかならなかった。カーターは次のように書いている。

祈りは、ここでは、言葉が発せられる以上のことを意味した。それは、体験されるべき出来事にほかならなかった。発せられる言葉と同様に重要なことは、何が起きたのかという心的態度であった。(25)

奴隷は、祈りによって聖霊の働きを直接体験することができた。それは、遅かれ早かれ成就される神による解放の未来がどんな感じかを、祈りの出来事自体のなかで前もって味わうという体験である。(26)

奴隷たちの祈りの集会を目撃した者による次の回想は、この点を例証している。

彼らは説教し、祈り、歌ったものです。それと、叫びもしました。彼らが霊の強力な力を帯びて起き上がり、手を叩き、その場をぐるりと歩き廻っているのが聞こえました。彼らはこう叫んだものです。「栄光で満たされた。古き良き信仰で心が満たされた」。数日にわたって彼らのなかに霊の強力な作用があるのを見ました。(27)

この回想はまた、歌と祈りと説教の三つが不可分の関係にあった点をも示している。歌と祈りは別々のものではなく、ともに黒人の苦難に照らして理解された、神に関する表現であった。実際、祈りの言葉は歌の歌詞と相互に交換可能であった。(28)奴隷は讃美歌集や祈禱書を持っていなかった。そのため、歌も祈りもたいてい奴隷の霊的、肉体的希求に応じて、その都度即興的に作られた。祈りにリズムがつけば歌となり、歌の歌詞はまた祈りとなった。奴隷の感情が最高潮に達し、それらが叫び声となるとき、両者の境界線はなくなった。歌うことは祈ることであり、祈ることは歌うことであった。したがって、黒人霊歌は祈りの言葉でもあったのである。たとえば、次の黒人霊歌は祈りでもあった。

主はダニエルを救い出したではないか、

救い出したではないか、救い出したではないか、
主はダニエルを救い出したではないか、
どうして主がみんなを救い出さないことがあろうか。

かくして、神の歴史への介入と、社会的被抑圧者の奴隷的拘束からの解放が、秘密の礼拝集会における祈りの主要なメッセージということになった。

説教の意味

秘密の礼拝集会における第三の要素は、「説教」であった。黒人説教者にはプランターが公認する者もいたが、それ以外の黒人奴隷のなかからも説教者は生まれた。彼らは、何らかの方法で聖書の知識を身につけたことによってその地位についた。「見えざる教会」において黒人説教者は、聖書とキリスト教に関する知識があることに加えて、奴隷会衆が望む説教をする能力によって同胞から尊敬を集め、黒人奴隷の中心的指導者となった。

黒人説教の形式は、黒人霊歌の形式から大きな影響を受けていた。黒人宗教歌の研究者であるワイアット・T・ウォーカーは、次のように説明する。

黒人説教は伝統的に文字的（literary）であるよりも聴覚的（auditory）である。すなわち、それ

は精神（mind）へのルートとして視覚（eye）に訴えるよりも、第一義的には心（heart）へのルートとしての聴覚（ear）に訴えることを目ざしている。説教は読むことによってよりも聞くことによってのほうが楽しむことができるのである。したがって、黒人説教の聴覚的性格は音楽的資質をまとっており、そこにはいろいろな速さと強調、さらには「音階」（key）になっていると思われるほどの明確な抑揚が見出される。それは古風な説教者も新式の説教者もともに、音楽のリズムの力がメッセージを担っていると認識しているためであろう。これは十分考慮に値することである。(29)

黒人説教の力点は、語りを通して聴衆を高揚させ、説教者と聴衆との間にコミュニケーションを生み出してコミュニティ意識を高めることに置かれた。説教者は、いろいろな速さや抑揚、同じフレーズのリズミカルな反復を駆使し、会衆に語りかけた。会衆は、説教者の語りを通して神の臨在を感得し、「そうです」（Yes）、「繰り返して」（Repeat that）、「アーメン」（Amen）などの言葉で説教者に語り返した。説教の最中、説教者と会衆との間にはこうした相互の語り返し、すなわち「呼びかけと応答」（call and response）が起こった。その結果、両者の間には一体感が生まれ、聴衆は説教者から霊的活力をもらうと同時に、説教者も聴衆から霊的活力をもらうことができた。(30)

黒人説教のこのようなスタイルと同様に重要なことは、黒人説教が持つ、霊性の次元であった。いつ終わるともしれない奴隷制の只中《ただなか》にあって、黒人奴隷が聞きたい説教とは、神は確実に自分たちの問題に関与していること、そして最後には自分たちは確実に自由になれることを説くものであった。そのような説教を可能とするために、黒人説教者は、自己を神による解放の成就という未来の地点に置き、その地点から現在を眺めようと試みた。黒人説教者は、自分が預言者モーセと同じように神の許しで「約束の地」を見たといったたぐいの実存的体験を物語ることにより、神による自由と解放の到来がどのようなものかを説教の出来事のなかで前もって会衆に擬似体験させたのである。その結果、奴隷は、現在の悲惨さのなかに神による解放の未来が一瞬突入してくる感覚にとらわれた。(31) この体験こそ、奴隷が奴隷制を生き抜くための霊的活力となった。

このように見てくると、秘密の礼拝集会において、歌、祈り、説教は、その本質において同一の試みを行なっていたことが理解される。それは、自由と解放をめざす奴隷の現在の営みを、過去や現在の悲惨さに基づいてではなく、神による解放の成就という最終到達地点から規定しようという試みであったといえよう。

プランターの監視の届かない空間において、プランターの「歪曲されたキリスト教」ではない「本来のキリスト教」を知っているという確信や、説教、歌、祈り、踊り、仲間の信仰証言などを共有することは、奴隷のなかに共通の過去と記憶、共通の未来、連帯意識を形成し、「一つの民」としてのアイデンティティを生み出した。その結果、奴隷の関心は、必然的に「見えざる教会」に集中した。プランターによる公認の日曜礼拝が週一回であったのに対し、奴隷自身による秘密の礼拝集会は、週に二、三回開かれた。こうして「見えざる教会」は、奴隷にとり唯一かつ重要な社会組織となった。

3　現実的対応

南部の「見えざる教会」

奴隷は、神は社会的被抑圧者の解放に関与し、いずれ奴隷制を根絶すると信じていた。問題は、「いつ」そして「どのように」であった。この点に関し、奴隷の応答は主として二つの態度となって表れた。第一は、神の介入を待つという態度であり、第二は、神への信仰を積極的に証《あかし》しようと公然たる行動に出るという態度であった（証《あかし》する＝神の恩恵を人に伝える）。プランターの圧倒的権力を前に、たいていの奴隷は第一の態度をとった。彼らはプランターの前では従順を装いつつ、同胞との間では自己のキリスト教信仰を保持した。

とはいえ、神の介入を待ちながらプランターの前では従順を装うという二重の演出は、ときとして奴隷の心理に否定的に作用する場合もあった。奴隷が仮面をまとい、プランターの前では愚かで、無知で、主人なしでは生きられないといった子供のような存在を演じているうちに、その仮面自体が本当の自分になってしまうことがあった(32)。したがって、神への信仰を積極的に証《あかし》しようと逃亡や反乱など公然たる行動に出る奴隷の存在は、従順を装う黒人がしばしば陥る信仰の揺らぎを矯正する働きがあった。

その一例が、奴隷による反乱である。南部社会を震撼させた大きな奴隷反乱は、一八〇〇年のガブリエル・プロッサーの反乱、一八二二年のデンマーク・ヴィージーの反乱、そして一八三一年のナット・ターナーの反乱であった。この三つには、奴隷解放のために武装蜂起することは神の意志であると信じる黒人説教者によって計画、指導されたという共通点がある[33]。

一八〇〇年夏、ヴァージニア州ヘンリコ郡で、奴隷プロッサーは約一〇〇〇人の奴隷を組織し武装蜂起を試みたが、陰謀は事前に発覚し、プロッサーと彼の三〇人の仲間が絞首刑となった。一八二二年、サウスカロライナ州チャールストンで、ヴィージーは七月に二つの武器庫を襲って武装蜂起する計画を立てたが、事前に発覚し、ヴィージーを含む三五人が絞首刑の判決を受けた。一八三一年、ヴァージニア州サザンプトン郡で、ターナーは自己を奴隷解放のために神に選ばれた者と信じ、八月二一日に天候の異常現象を神の啓示と捉え、数人の奴隷と反乱を起こした。その後七〇人を超える奴隷が加わり、六〇人近い白人を殺害したのち、反乱は鎮圧された。奴隷から「預言者」と呼ばれたターナーは、他の一九人とともに絞首刑となった。

一方で、逃亡を神の意志であると信じる奴隷もいた。たとえば、フレデリック・ダグラス（一八一八―一八九五）やハリエット・タブマン（一八二二―一九一三）である。ダグラスは、北部への逃亡に成功すると、奴隷制廃止運動の全国的指導者となった。「女モーセ」と呼ばれたタブマンは、北部への逃亡に成功したのち、南部に一九回潜入し、その首に高額の賞金をかけられながらも、三〇〇人を超す奴隷の逃亡を手伝った。

奴隷のこのような逃亡を手伝ったのが、北部の自由黒人が作った黒人教会であった。アメリカ独立戦争から南北戦争の期間において、アメリカの黒人全体に占める自由黒人の割合は、どの時期もおおよそ一〇パーセント程度であり、その多くは北部にいた。北部の黒人教会も、神の前における人間の平等、神による社会的被抑圧者の解放という信仰を保持しており[34]、白人の奴隷制廃止論者の協力を得ながら、「地下鉄道」を使って逃亡奴隷を北部に導いた。その過程で、こうした信仰を南部の「見えざる教会」に伝えたのであった。

北部の黒人教会

かくして、北部の黒人教会は、神の正義、人間の自由と平等を熱心に説く拠点となった。たとえば、アフリカン・メソジスト監督教会の創始者リチャード・アレン（一七六〇―一八三一）の生涯に、その姿を垣間見ることができる。北部の黒人は自由身分だったとはいえ、彼らは教会政治（運営および管理）に関与できず、礼拝では後部や中二階に設けられた黒人席に座らされ、パンとぶどう酒による聖餐式では、白人が終えるまで待たされた。一七八七年、フィラデルフィアの聖ジョージ・メソジスト監督教会において、教会内のこうした人種差別に直面したアレンは、この教会を離れた。教会内の人種差別に抗議するとともに、宗教表現の自由を確保するためには黒人自身が管理する組織が必要だと考えたアレンは、一七九四年に黒人教会の先駆けとなるマザー・ベテル・アフリカン・メソジスト監督教会を創設し、黒人教会という場から白人に向かって本来のキリスト教、愛、兄弟愛、正義、人間性を訴えようとした。彼は、白人がこれに正しく応答して黒人を平等に扱うようになるならば、黒人教会と白人教会は再び統合され得るとも考えていた。

アレンは、神がいずれ奴隷制を廃止すると信じていたが、黒人自身もそのために行動すべきだと考えた。とはいえ、彼は「いかなる手段に訴えても」という奴隷制廃止論者ではなく、新約聖書の「ルカによる福音書」六章二七―二九節――「敵を愛し、あなたがたを憎む者に親切にしなさい」――に依拠して、黒人は奴隷制には反対しなければならないが、同時に奴隷主を愛することもキリスト教徒としての義務であるとした。(35) したがってアレンは、奴隷制廃止は物理的暴力によらず、道徳的説得によって白人の良心を覚醒させることによるべきだとした。

北部の黒人牧師のなかには、「いかなる手段に訴えても」と説く者もいた。ヘンリー・ハイランド・ガーネット(一八一五―一八八二)も、その一人だった。彼は、白人長老派教会から独立するのではなく、そのなかにとどまって活動した。しかし、彼はそのことゆえに黒人としてのキリスト教的確信を妥協させるということはせず、一八四三年、ニューヨーク州バッファローで「アメリカ合衆国の奴隷に対する演説(36)」と題する当時最も戦闘的な演説を行ない、白人キリスト教徒の偽善性、神の審判、奴隷主の悔い改め、そして奴隷自身の抵抗を説いた。

ガーネットは、神がいずれ奴隷制を廃止すること、奴隷自身がそのために行動すべきであることを説いた点において、アレンと同じだった。しかし、彼が説いた行動とは、物理的暴力をも肯定するものであった。彼は、奴隷たちに向かって「あなたがたのモットーを抵抗！ 抵抗！ 抵抗！ とせよ」と訴え、「福音の精神は戦争や流血に反対している」ため、できれば物理的暴力を行使したくないとする。しかし、彼は新約聖書の「ヘブライ人への手紙」九章一二、一三節――「〔キリストは〕御自身の血によって、ただ一度聖所に入って永遠の贖《あがな》いを成し遂げられたのです」、「血を流すことなしには罪の赦《ゆる》しはありえないのです」――に依拠し、奴隷主が道徳的説得に応じないならば、奴隷制の罪を贖うためには武装による流血もやむなしと説いた。

> 流血なくして贖いが行なえる見込みはほとんどない。血を流さなければならないのなら、すべてを一度に流そうではないか――奴隷として生きるよりは、むしろ自由人として死になさい。(37)
>
> （傍点――原文はイタリック）

北部の黒人牧師のなかにはまた、政治行動とは別の領域から黒人の自由獲得に貢献しようとする者もいた。たとえば、アフリカン・メソジスト監督教会の主教ダニエル・アレクサンダー・ペイン（一八一一―一八九三）である。ペインも奴隷制を嫌悪し、一八三九年のある記事に次のように書いた。

> 私は奴隷制に反対する。それが黒人を奴隷化するという理由からではなく、それが人間を奴隷化するという理由からである。(38)

しかし、奴隷制廃止はいまだ遠くに感じられた。そこでペインは、神は自身の予定表にしたがって最終的には奴隷制を廃止するがゆえに、神を信頼し、その介入を待ち続けるよう奴隷を励ました。その間、ペインは神から自分に与えられた任務が、フレデリック・ダグラスに代表される奴隷制廃止の政治行動にあるのではなく、自由黒人の教育と道徳レベルの向上にあるとした。

神がある業《わざ》を実行されるとき、神はそれを実行する人をお選びになる。〔中略〕フレデリック・ダグラスに対して彼の専門分野が決められたように、ダニエル・アレクサンダー・ペインに対してもそうである。(39)

自由黒人のなかには無知、貧困、犯罪、病気などが認められるとして、黒人が白人と同じ自由と市民権を獲得することは難しいとする議論が白人側にあるなかで、ペインは誠実、倹約、節制、勤労が黒人に人間としての自尊心を与えるだけでなく、黒人のアメリカでの自由達成に不可欠であるとした。そして、黒人一般の教育、道徳レベルの向上と、教養ある黒人牧師育成の重要性を強調したのである。

*

南部の奴隷制のもとで、キリスト教はプランターによって奴隷管理の道具として使用された。奴隷は、魂の救済を得るためには奴隷主に従う義務があると説くキリスト教を受容することを強いられたのである。しかし、大多数の奴隷は、プランターが説くキリスト教を歪曲されたものであるとみなし、アフリカから受け継いだ世界観を基盤に、北部の黒人教会を含むさまざまなルートを通して得たキリスト教の福音に関する断片的情報に想像力を加えながら、自分たちの必要性に照らしてキリスト教を再解釈した。その結果、彼らはキリスト教のなかに、奴隷解放のための霊的活力を与えてくれる積極的側面を見出すにいたったのである。こうして奴隷が生み出したキリスト教信仰は「見えざる教会」と呼ばれる秘密の礼拝集会において保持され、育まれることになった。以後、南北戦争によって奴隷が解放されるにいたるまで、「見えざる教会」は奴隷にとって唯一の社会組織として機能し、そのなかで黒人説教者は、奴隷会衆に日々の生活を生き抜くための指針を与える指導者として中心的役割を担うことになった。

その一方で、奴隷のなかには、プランターによる宗教指導を通じてキリスト教に不信感を抱き、キリスト教を「白人の宗教」であるとみなして拒絶し、アフリカの伝統的宗教に回帰する者、無神論者となる者、イスラーム教を保持する者もいた。こうした奴隷がつねに存在したことは、以後も黒人のなかに「キリスト教は解放の源泉か、抑圧の源泉か」という問いを絶えず生み出す余地を残すことになっていくのである。

第三章　南北戦争後から二〇世紀前半まで
——「見える教会」へ

本章では、南北戦争後から二〇世紀前半までの黒人キリスト教信仰の展開過程を追う。南部再建期に南部で急速に増えていった黒人教会は、黒人コミュニティにおいてどのような役割を果たしたのか。その後、南部で確立する法的人種隔離制度に、黒人教会と黒人牧師はどのように対処したのか。二〇世紀前半に起きた黒人による南部農村から北部都市への大移住、また南部農村から南部都市への移住によって、黒人教会の礼拝形式や黒人牧師の指導力はどのように変化したのか。こうした問いを検討することが中心的課題となる。

1　南部での黒人教会の増加

南北戦争において北部が勝利したことにより、奴隷は解放されることとなった。一八六五年から一八七七年にいたる時期は南部再建期といわれ、南北戦争において連邦を離脱し、南部連合（The Confederate States of America）として戦った南部諸州を連邦に復帰させるための一連の政治的、経済的、社会的措置が取られた。一八六五年の憲法修正第一三条により、奴隷制は正式に廃止された。黒人は一八六八年の憲法修正第一四条により市民権を保障され、一八七〇年の憲法修正第一五条により選挙権を保障された。この期間には、多くの黒人が選挙登録を行ない、二人の黒人連邦上院議員と二〇人の黒人連邦下院議員が選出された[1]。

南北戦争と奴隷制の廃止は、「神は遅かれ早かれ社会的被抑圧者を解放する」という黒人のキリスト教信仰が成就された出来事であった。黒人はこれを神の御業《みわざ》と捉え、神に向かって声を高めて次のように歌った。

奴隷の鎖はついに切られた、
ついに切られた、ついに切られた、
奴隷の鎖はついに切られた、

私は死ぬまで神を讃美しよう。(2)

南部では、奴隷制時代の「見えざる教会」は「見える教会」へと変化していった。南部において黒人教会が急増した理由は、大きく二つあった。一つは、奴隷制時代に「見えざる教会」で秘密の礼拝を行なっていた黒人が、解放後は自分たちの教会を持ちたいと切望したことである。もう一つは、解放直後に十分な生活手段も生活保障もなかった黒人にとっては、飢餓から抜け出し、子供に洗礼を授け、子供と大人に教育を施し、病人を看取り、死者を埋葬するための新たな相互扶助組織の設立が急務となったことである。奴隷制時代に奴隷の唯一の社会的結合組織が「見えざる教会」であったことから、解放後に新たに要請された相互扶助活動は、当面黒人教会が担うことになった。したがって、南部の黒人教会は、たんに魂の救済に関わる場としてだけでなく、黒人の社会活動の全領域に関わる組織として機能することになった。

南部黒人は、大部分がバプテスト派、次いでメソジスト派を教派に選んだ。第二次大覚醒において両教派が黒人を引きつけたことが、これと関係していた。同時に、両教派が他の教派よりも大幅に教会の自治的運営を許していたことも、南部黒人が実際に教会を作るうえで両教派に引きつけられた要因だった。

バプテスト派の場合、各教会は完全に独立していた。各教会はこの前提のもとに、伝道や出版など協力が必要な分野にかぎり、中央組織を通して活動するとの立場をとっていた。神に召し出されたと周囲が認めれば、誰でも牧師になることができたし、牧師は聖書に関する知識さえあれば、教育も絶対条件ではないとされた。(3) バプテスト派の場合、個人は自由に教会を建て、そこで自由な説教と礼拝を行なうことができた。こうした理由から、バプテスト派は南部において急速にその数を増やすことになった。

メソジスト派の場合、厳然たるヒエラルキーが存在していた。牧師を任命するのは主教、司祭であり、牧師となるには一定の教育――当時は文字が読める程度――が要求された。そのため、メソジスト派の黒人牧師の教育レベルは、バプテスト派のそれより一般的に高かった。それでも、中央組織からの統制は緩やかであった。なぜなら、中央組織が統制を強めすぎれば、黒人会衆は皆バプテスト派に移ってしまうからであった。したがって、メソジスト派の場合も、各教会は比較的自由な運営活動を許されていた。こうして、黒人教会全体の割合から見ると、バプテスト派は約六割、メソジスト派は約二割半ということになった。(4) なお、黒人バプテスト諸教派と黒人メソジスト諸教派は、白人バプテスト諸教派と白人メソジスト諸教派とは別個に、全国大会や州協議会など独自の中央組織を持つことになった。特に南部においては、その後確立する法的人種隔離制度ゆえに、これらの黒人組織と白人組織は通常ほとんど接触をもたないことになった。(5)

南部再建期の間、黒人教会は黒人牧師を中心的指導者としながら、黒人コミュニティにおいて多様な機能を果たした。たとえば、医療施設が十分にない地域では、黒人教会がスペースと介護を提供した。誰かが死亡した際には、黒人牧師と教会員で葬儀屋の役目を果たした。黒人児童の教育施設が十分に確保できない場合には、黒人教会が日曜学校において場所と時間を提供した。南部諸州が黒人児童の教育のために出す公的資金はわずかであった。そのため、黒人児童の学校を設立するにあたっては、連邦議会が設置した「解放民局」（一八六五年から一八七二年まで、食糧支給、医療提供、没収地と放棄された土地の管理、元奴隷主と元奴隷の労使関係の調停、初・中・高等教育のための学校設立などの事業を行なった）の取り組みのほかに、北部の白人慈善団体や白人宗教団体から寄付を募ることが必要となった。これは、黒人牧師が黒人教会で講演会や夕食会などを主催することを通じて募られた。さらに、黒人教会は政治集会の場となり、選挙に際し、どの候補者に投票すべきかについて情報交換をする場ともなった。その際に黒人牧師は大きな役割を果たし、教会員にどの候補者を支持すべきか指針を与え、ときに自らも出馬した。黒人牧師はこのほかに、地元白人政治家との交渉にもあたった。(6)

以上のように、奴隷解放後南部に出現した黒人教会は、黒人の社会生活の全領域に密着していたために、黒人コミュニティにおける唯一の社会組織として重要視されるにいたった。黒人コミュニティでは、「私は〇〇の教会に所属している」といういい方が、その者のアイデンティティを確立した。(7)この事実は、黒人コミュニティに占める黒人教会の決定的位置を証明するものであるといえよう。そして、黒人牧師は黒人コミュニティにおいて絶対的ともいえる指導力を有していた。二〇世紀前半の黒人の社会学者・思想家であったW・E・B・デュボイス（一八六八―一九六三）は、著書『黒人のたましい』（一九〇三年）において次のような指摘を行なったが、それは事実をいい得たものであった。

――〔黒人〕説教者は、黒人によってアメリカの土壌のうえに発展させられた最もユニークな人格である。指導者、政治家、雄弁家、「首領（ボス）」、策士、理想家、――彼は、これらすべてなのである。さらにまた、いつの場合も、あるときは二〇人、またあるときは一〇〇〇人の数にのぼる人間の集団の中心でもある。ある種の巧妙さと深く根づいた真面目さとの結合、それに臨機応変の才と完璧な能力との結合が、彼をまわりのものから傑出せしめ、彼がその卓越性を維持するのを可能にするのである。(8)

他方、黒人牧師の質という点に関しては、問題点も認められた。黒人牧師職には資格、人格、行動、伝道に関する基準がほとんどなかったために、聖職にふさわしい者が牧師になるとはかぎらなかった。すなわち、黒人牧師職はその者に一定の権力や名声や富をもたらすがゆえに、この種の世俗的打算から牧師となり、自己保身にしか関心を示さない者もいた。一九世紀末から二〇世紀初頭にかけて最も影響力のあった黒人の教育者・思想家であるブッカー・T・ワシントン（一八五六―一九一五）は、人種問題に対して適応主義的なアプローチを採用したため、その後、先述したデュボイスに批判されることになった。しかし、その彼であっても、この種の黒人牧師の存在を指摘し、彼らに厳しい批判の眼差しを向けた。

当然のことながら、黒人でわずかでも教育を受けた者の大部分は、教師か説教者になった。この二つの職業についた人のなかには、有能で、熱意に燃えた、神のような男女もたくさんいるにはいたが、それでも、大多数は教育と説教を、生活費を稼ぐための一つの安易な道として受け取っていた。〔中略〕いちばん被害を受けた職業は聖職者だった――今日では、ずいぶんよくなってきてはいるが、今もって被害を受けている――。というのは、無知なばかりか、多くの場合、不道徳な人たちが、「神に召されて道を説くのだ」と臆面もなくいったからである。解放されて間もないころには、たいていの黒人が、字が読めるようになると、読めるようになってから二、三日もしないうちに「道を説くようにとの神のお召し」を受けたのであった。(9)

黒人牧師の質は徐々に改善されていく。しかし、まもなく南部で法的人種隔離制度が確立すると、黒人がなることができる専門職の種類は制限されることになった。そのため、黒人の専門職というと教師か牧師であるという状況は、一九三〇年代にいたるまで続いた。二〇世紀初頭には、南部黒人の専門職のうち、黒人牧師は実に五〇パーセントを占めていた。(10) 別の統計では、一九三〇年の黒人人口は、アメリカ全人口の九・六パーセントであったのに対し、黒人牧師はアメリカの全牧師の約一七パーセントを占めていた。(11)

2　ジム・クロウ（法的人種隔離制度）の確立

黒人に自由と平等の達成に向けて大きな希望を与えた南部再建は、一八七〇年代後半に北部が人種問題への関心を失い出すと、後退しはじめた。それまで南部に駐留していた連邦軍はその後撤退し、南部の政治は南部に委ねられることになった。これにより、一〇年間あまり続いてきた南部再建は挫折した。黒人が期待した「四〇エーカーと一頭のラバ」という土地の分与が実現されなかった点は、南部再建の最大の弱点であった。その結果、黒人の多くはシェアクロッパー（地主から家屋、耕地、農具、家畜など農耕必需品を借り、その代償として収穫物の三分の一から三分の二を地主に支払う分益小作人）として、南部白人プランターの土地に再び縛りつけられることになった。

連邦軍が撤退した南部では、二つの方法で白人社会の優位性が確立されていった。第一は、クー・クラックス・クラン（Ku Klux Klan）など白人優越主義団体による黒人への威圧行為であった。目立った行動に出る黒人に対しては、家屋の焼き討ちやリンチなどの制裁が加えられた。

第二は、ジム・クロウ法（Jim Crow）と呼ばれる、一連の人種分離法の制定であった。一八九六年に連邦最高裁が「分離すれども平等」（プレッシー対ファーガソン訴訟）の判決を下すと、南部はこれを後ろ盾に、法的人種隔離制度を確立していった。黒人の投票権は「合法的」に剝奪され、学校、交通機関、劇場、レストランなど、あらゆる公共施設が人種分離された。こうして、一九世紀末から一九二〇年代にかけて、南部では白人社会の優位性が確固たるものとなり、黒人は人種関係において「どん底」と呼ばれる状況に置かれることになった。
南部白人社会は、法的人種隔離制度を強固なものとするにあたり、黒人コミュニティの指導的地位にある黒人牧師に目をつけ、これに一つの役割を期待した。それは、白人社会と黒人社会の上下関係を固定化させ、かつ両社会の距離を安全につなぎとめておくための媒介者、調停者の役割であった[12]。宗教社会学者のベンジャミン・E・メイズとジョーゼフ・W・ニコルソンは、次のように書いている。

黒人牧師と黒人教会はこの目的のための道具となった。そして、最も多く用いられた方法は、その「正しい」教義〔魂のみの救済や来世での報い〕を説く黒人牧師を後押しし奨励して、〔体制を脅かすことのない範囲内で〕黒人にその黒人牧師の教会で宗教的自由を許すことであった。緊張関係が高まると、こうした黒人牧師たちは、コミュニティの白人指導者たちの忠告を黒人会衆に伝えるためにあてにされた[13]。

南部白人社会が期待する役割をこなす黒人牧師には、教会の建築費や改築費、衣類、金銭、車など、さまざまな報酬が用意されることが多かった。物的報酬がない場合は、黒人コミュニティの正統な代弁者であるとの認知が白人指導者から与えられた。そして、分をわきまえた黒人教会には、白人から最大限の寛容が約束されることになった。

他方、体制に抗議せよと説く黒人牧師には、白人から暴力による制裁が加わった。そのような黒人牧師の教会は、焼き討ちにあう場合すらあった。そのため、こうした黒人牧師も、黒人牧師を体制側に取り込もうとする南部白人社会の直接的、間接的な働きかけと無縁ではいられず、とりわけ地元で長年牧師をする黒人牧師の場合、好むと好まざるとに関わらず、白人指導者との何らかの癒着関係に巻き込まれることになった。南部白人社会は、財力と暴力という二重の圧力でもって、黒人牧師に体制維持の一部となるよう直接的、間接的に働きかけた。このような働きかけは、二〇世紀半ばまで続くことになった。

3　二つの対応

ワシントンの場合——適応主義

南部再建の挫折と法的人種隔離制度の確立は、黒人のなかに再び信仰の危機をもたらした。それは、キリスト教の神が正義かつ社会的被抑圧者の解放に関与しているとするならば、黒人の苦難はなぜかくも長く続くのかという、実存的問いである。一九世紀末から二〇世紀前半にかけて、黒人は自己の内面においてこの信仰の危機を完全に解決することはできなかった。そのなかからは、キリスト教を捨てる者や黒人教会から身を引く者も出た。

しかし、このような信仰の危機にも関わらず、黒人の神への信頼は、つねに神への疑問にまさった。(14)とすれば、問題は神が「いつ」そして「どのように」社会的被抑圧者解放のために働くかということになった。この点に関する黒人の応答は、奴隷制時代と同様に、主として二つの態度となって表れた。第一は神の介入を待つという態度であり、第二は神への信仰を積極的に証《あかし》しようと公然たる行動に出るという態度であった。

南部黒人の多くがとったのは、神の介入を待つという態度であった。南部黒人にとって中心的課題は、何よりも法的人種隔離制度という苛酷な環境をいかに生き抜くかということであり、黒人教会は第一義的にはそのための避難所として機能したのである。そのうえで、一九世紀末から二〇世紀初頭にかけて、南部黒人の多くが黒人の地位向上の哲学として支持した考え方が、黒人思想家のブッカー・T・ワシントンが唱える「適応主義」であった。

ワシントンの適応主義とは、法的人種隔離制度が不動のものとなった状況下において、黒人の地位向上のためには、何よりも白人の助けを借りながら黒人自身が手に職をつけ、中産階級的価値観である自助と倹約と精励を実践することにより、経済的に自立することが大切だとする主張だった。黒人が中産階級的価値観を身につけ、レンガ造りや荷馬車作りなどの実業訓練を受け、アメリカ社会に貢献できることが示されれば、白人は次第に黒人を主流社会に受け入れるようになるであろう、とワシントンは考えたのである。そのために白人からの助力が不可欠だと考えるワシントンは、南部白人との和解を重視し、黒人は南部白人の感情を逆なでするような公民権獲得をめざす政治的運動を控えるべきであると説いた。一八九五年九月にアトランタで開かれた綿花博覧会でワシントンが行なった演説は、実質的に人種分離を是認するものであった。

したがって私たち黒人は、生活の最上部からではなく、最も底のところからはじめなければなりません。〔中略〕純粋に社会的なあらゆる事柄においては、あなた方と私たちは手の指のように分離させることができますが、相互の発展に必要不可欠なあらゆる事柄においては、あなた方と私たちは一つの手なのであります。(15)

しかし、ワシントンは、未来において黒人は自由を達成できるであろうと固く信じていた。彼はそれを長い目で見ていた。現世代の黒人が実業訓練により経済的に自立するようになれば、その子供や孫の世代は公民権獲得のための運動に身を投じることも可能となろう、と彼は考えたのである。(16) 次に、ワシントンは、白人が黒人の劣等性を証明するために用いたソーシャル・ダーウィニズム（ダーウィンの生物進化論を人間社会に適用し、適者生存の原理により、社会は徐々に理想的状態へと進化するとする理論）をまったく逆に解釈した。黒人は奴隷制と人種隔離制度という最も抑圧的で過酷な環境下にあってもなお、生き残る能力を示してきた。このことは、黒人が劣等人種ではないことを証明している。それゆえ、ワシントンは未来において必ず黒人は白人と同じ自由を獲得するであろうと信じていた。(17)

ワシントンには、南部のバプテスト派の黒人牧師の間に多数の追随者がいた。それゆえ、一八八一年に彼がアラバマ州に開校した実業訓練学校「タスキーギ校」は、「非公式のバプテスト組織」であるといわれた。(18) 適応主義は未来における人種統合をめざすものであったから、黒人も白人も神の前にあって平等であるとする黒人のキリスト教信仰と何ら矛盾しなかった。また、適応主義は政治行動に消極的であったが、これは神を信頼しその介入を待つという黒人教会のキリスト教信仰における一つの応答形態と一致した。したがって、南部の大部分の黒人牧師と黒人教会は、ワシントンの適応主義を支持することができた。彼らは、神は奴隷制を廃止したように、法的人種隔離制度もいつか必ず廃止するであろうと信じていたのである。

しかし、適応主義の採用は、ときとして黒人牧師と黒人大衆に否定的に作用する危険性があった。すなわち、南部白人の前であまりにも長きにわたり分をわきまえて満足していると装っているうちに、それ自体に慣れきってしまうということがしばしば起こった。神学者コーンの以下の指摘は、この点を的確に捉えたものである。

　神がなしとげたもうことへのあまりにも大きな信頼は、しばしば来世的人生観を作り出し、不正と苦難に直面して受動性を助長することになる。そのことが南北戦争のときからマーティン・ルーサー・キングの到来までの時期に大多数の黒人に起こったことである。(19)

こうして、適応主義を採用する黒人牧師と黒人教会は、神への信仰を積極的に証《あかし》すべく公然たる行動に出るべきだと考える少数の黒人牧師や抗議を唱える世俗の黒人指導者からは、しばしば社会変革に無関心ないし無力であるとの批判を受けることになった。

デュボイスの場合——積極行動主義

法的人種隔離制度下の南部において、神は「いつ」そして「どのように」社会的被抑圧者解放のために働くかという点に関し、少数の黒人牧師のなかには第二の態度、すなわち神への信仰を積極的に証《あかし》しようと公然たる行動に出る者もいた。こうした黒人牧師は、北部の一部の黒人牧師たちとともに、W・E・B・デュボイスを主要な代弁者とする公民権団体「全国黒人向上協会」(National Association for the Advancement of Colored People 以下、NAACPと記す)を支援した。

デュボイスは当時、ワシントンの適応主義というアプローチを最も強力に批判した黒人思想家の一人だった。黒人に公民権獲得や高等教育を諦めさせるようなワシントンの教養は黒人解放運動の障害となる、と彼は反論した。デュボイスは、レンガや荷馬車の作り方だけを教えるような実業訓練だけでは、近代社会がいかなるものかを理解し、黒人の子供を教育できる人間を送り出すことはできないと論じ、特に「才能ある十分の一」が教養を身につけ、黒人コミュニティを導いていくことが重要だとした(20)。

一九〇五年、デュボイスは指導的地位にある黒人をカナダのナイアガラフォールズに集め、人種差別撤廃のための運動を展開しようとした。翌年の会合で採択された決議文のなかで、デュボイスは以下のように述べた。

私たちは、完全なる人間の権利をほんの少し欠いても満足しない。私たちは、自由に生まれたアメリカ人が持っている政治的、市民的、社会的な一切の権利を要求する。私たちは、これらの権利を手に入れるまでは、どんなことがあっても抗議をすることをやめず、アメリカの耳を打つことをやめぬつもりである。私たちが行なっている闘いは、私たち自身ばかりでなくて、すべての真のアメリカ人のためのものである。(21)

一九〇九年に白人リベラルの支援を得てニューヨークを本部に結成されたNAACPは、デュボイスの精神を継承した組織であった。NAACPは、黒人の悲惨な生活状況をアメリカ世論に訴え、リンチ反対や選挙における人種差別反対のキャンペーンを行ない、黒人の有権者登録を増やす活動を展開した。現状変革を志向する黒人牧師は、法廷闘争という戦術によって黒人の地位向上をめざすNAACPを背後から支えた。これは北部では比較的容易だったが、南部では大きな危険を伴った。しかし、彼らはNAACPの会合場所として黒人教会を提供し、そのなかには支部の役員となる者もいた。

4　農村から都市への移住

二〇世紀前半に起きた重要な出来事は、農村から都市への黒人の移住であった。一九一四年から二〇年にかけて、北部都市に移住した黒人は、五〇万人とも一〇〇万人ともいわれる。さらに大規模な黒人の大移住は第二次世界大戦期に起こった。一九四〇年代から七〇年代までの間に、五〇〇万人の黒人が北部都市に移住した。南部黒人の北部都市への移住と同時に、南部農村から南部都市への移住も起こった。その結果、一九〇〇年には全黒人人口のうち九〇パーセントは南部に居住し、一〇人に七人は農村に居住していたが、一九七〇年までに、黒人人口のうち南部に居住する者は半分となり、四分の三は都市に居住するようになった。[22]

北部都市の黒人教会

①混合型説教スタイル

黒人の北部への大移住は、北部の主流黒人教会の礼拝形式や黒人牧師の指導力にいくつかの顕著な変化をもたらすことになった。第一に、バプテスト派やメソジスト派など、北部の主流黒人教会の礼拝形式に変化をもたらした。すなわち、ゴスペル音楽と「混合型」(mixed type) 説教スタイルの浸透である。

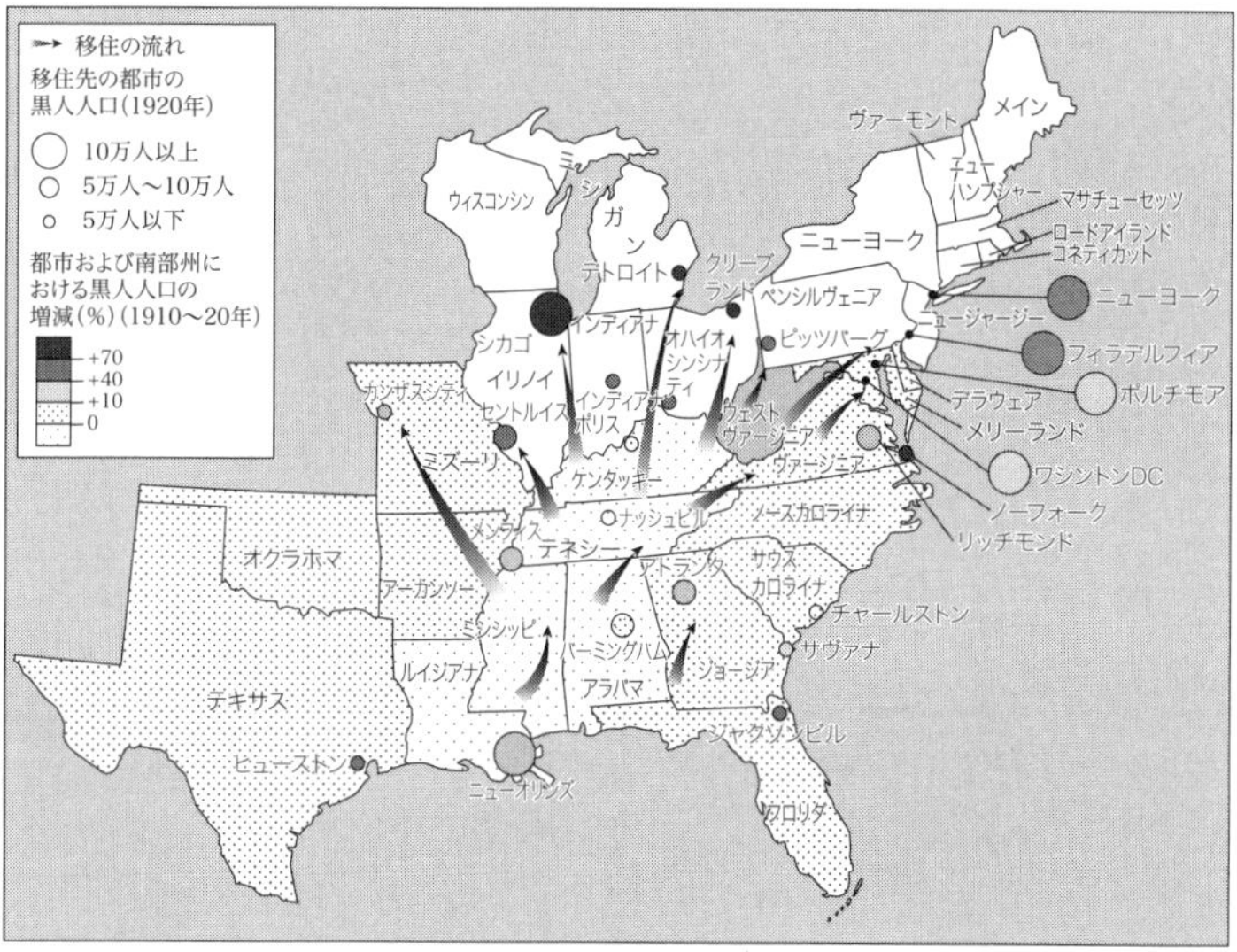

グレート・マイグレーション（20 世紀前半）

シカゴを発祥地とするゴスペル音楽は、南部農村出身の黒人移住者が北部都市の荒廃した社会環境に直面するなかで、なおも自己の信仰と希望をつなぎとめようとする文脈から生まれた。ゴスペル音楽は、キリスト教信仰を歌いつつも、ブルースのリズムと感情表現が取り入れられ、ピアノ、ギター、その他の楽器を伴った。そのため、この音楽は当初、品格を重視する北部の既存の黒人教会からは「世俗的」と敬遠された。しかし、北部の既存の黒人教会も、大量の移住者が北部の都市生活に適応できるよう手を差し伸べる過程で、彼らが好んだゴスペル音楽を取り入れざるを得なくなっていき、その結果、一九三〇年代までに、ゴスペル音楽は主流黒人教会の礼拝に組み込まれるにいたった。[23]

　主流黒人教会の説教スタイルにも変化が生じた。北部と南部の説教形式が融合して、知的側面と感情的側面の両方を含む「混合型」とでも呼べる説教スタイルが生まれた。北部の既存の黒人教会の説教は、白人主流教会のそれに近いもので、「標準的」な英語を使用し、静的で講義のような知性を重視するものであった。これに対し、南部農村の黒人教会における説教は、方言を使用し、叫びやうめきなどを伴う、きわめて主情的なものであった。

黒人の北部への移住は、南部農村の説教スタイルを北部都市にもたらした。当初、南部農村の説教スタイルを敬遠した既存の黒人教会も、移住者との意思疎通を円滑にするためには、その説教スタイルを部分的に取り入れざるを得なくなり、その結果、北部と南部の説教スタイルが融合し、知的にも感情的にも満足できる「混合型」の説教スタイルが生まれることになった。通常、「混合型」の説教の場合、最初は準備原稿をゆっくりと読むところからはじまり、徐々に原稿を離れ即興的となり、口調も速くなり、かつ感情的になっていくという特徴が認められた。

この説教スタイルを踏襲する黒人牧師は、状況に応じて知的側面と感情的側面の両方を使い分ける能力を有したことから、黒人エリート層から黒人下層階級までの幅広い層に訴えることが可能となった。「混合型」の説教スタイルは、一九四〇年代までには北部の主流黒人教会（主として中産階級の黒人教会）の説教スタイルとして定着するにいたった。[24] たとえば、一九五〇～六〇年代の公民権運動で指導者となったキング牧師は、南部のジョージア州アトランタにおいて父が牧師を務めるエベネザー・バプテスト教会で育ち、その後北部のクローザー神学校を経てボストン大学神学部大学院へと進学し博士号を取得したが、彼の説教スタイルは、この「混合型」の説教スタイルを踏襲するものであった。

②社会的福音

第二に、黒人の北部への移住は、その結果として社会的福音（Social Gospel）を強調する黒人牧師の登場に結びついた。[25]シカゴ、ボストン、そしてニューヨークのアフリカン・メソジスト監督教会で牧師を務めたレヴァディ・C・ランソムや、ニューヨークのアビシニアン・バプテスト教会の牧師を務めたアダム・クレイトン・パウエル・シニアなどが、こうした黒人牧師の典型であった。

社会的福音神学は、もともとアメリカにおいて一九世紀末から二〇世紀初頭に登場した白人プロテスタントの自由主義神学（科学の発展に照らし、合理的思考法を聖書解釈や神観に適用する神学的立場。人間の本性を善ととらえ、神の霊的働きに対する人間の建設的応答によって、歴史は進歩するという楽観主義的世界観をもった）のなかから出たものである。それは、北部の急速な工業化と都市化によって、労働者の劣悪な労働条件や児童労働などの問題が深刻になった当時のアメリカ社会において、福音を個人の魂の救済だけでなく社会の救済にも関係づけようとする取り組みであった。社会的福音の唱道者は、教会は社会変革の推進力となるべく、預言者的役割を果たさなければならないと力説した。この場合の預言者的役割には、神の言葉を預かり、絶えず神の真理と社会的現実との隔たりを警告して人々に神の裁きと悔い改めを説くといった古典的な意味での役割に加えて、コミュニティが抱える政治上、社会上、経済上の問題に積極的に関与する行為も含まれていた。社会的福音神学は、社会変革への関心というその性格によって、たんなる神学運動にとどまらず、現実の場での社会運動となり得た。[26]

黒人の北部への大移住は、一方では北部都市の黒人中産階級を増やし、黒人の社会正義への意識を高めることにつながった。北部都市には、南部に比べれば、教育の質、投票権の行使、政治活動、言論出版活動、多様な社会組織の形成において、より自由な社会的空間が存在したからである。たとえば、一九二〇年代にニューヨークで「ハーレム・ルネッサンス」という名で開花し、他の地域にも広がった黒人の文学、演劇、音楽など多面にわたる芸術活動は、このような自由な都市空間を基盤としていた。

しかし、他方で北部の大多数の黒人は下層階級であった。彼らは、白人労働者以上に劣悪な生活環境に置かれた。黒人は不況になれば最初に解雇されたし、たいていの場合は労働組合からも排除されており、住宅、雇用、教育という日常生活全般にわたる目に見えない人種の壁によって、実質的に分離されていた。

黒人下層階級が置かれたこのような社会環境を背景に、北部の黒人牧師のなかからは、社会的福音を人種問題に適用しようとする者が現れた。一九二〇年代までに、プロテスタント系の神学校のうちほぼ半分は、自由主義神学の影響下にあった。一九三〇年までに、都市部では神学系の学士以上の学歴を持つ黒人牧師の割合が、黒人牧師全体の一八パーセント強となった。(27) 黒人牧師のなかで神学を学ぶ者は、牧師全体からすればまだ少なかったとはいえ、そうした者は社会的福音神学の影響を受けることになった。何よりも、社会的福音神学には、黒人キリスト教信仰の伝統との類似性が認められた。すなわち、正義の神は魂と肉体両方の救済に関わるとする考え方や、その信仰を証《あかし》するために公然たる行動に出るという実践が、黒人キリスト教信仰の伝統にはあった。したがって、社会的福音の黒人牧師は、人種問題という文脈に照らして、白人の社会的福音神学を再解釈した人々であった。

社会的福音の黒人牧師は、自己の教会においては、雇用斡旋、デイケアセンター、幼稚園、成人の教養クラス、オーケストラ、社交クラブ、スポーツ・イベント、青年用イベントなどを企画し、礼拝以外に相互扶助的なサービスを黒人コミュニティに提供した。それと同時に、彼らはNAACPや「全国都市同盟」(National Urban League　以下、NULと記す)といった公民権団体の活動を支えた。NULは一九一一年に結成され、南部農村から到着した黒人が都市生活に適応するのを助け、黒人の中産階級への上昇を容易にするため、職業訓練と社会福祉の分野で活動する団体であった。

③黒人民族主義の擡頭

第三に、黒人の北部への大移住は、主流黒人教会に対して批判的な黒人民族主義の擡頭を生んだ。北部における黒人中産階級の割合は、一九五〇年までに黒人人口の二四パーセントにまで上昇した(28)が、それでも大多数の黒人は下層階級のままであった。このような状況は、社会的福音の黒人牧師、NAACPやNULなどの努力にも関わらず、黒人下層階級のなかに挫折感や焦燥感を生み、民族主義的感情が噴き出す温床となった。一九一〇年代には、ジャマイカ出身のマーカス・ガーヴェイ(一八八七—一九四〇)が唱えたアフリカ帰還運動(第六章第二節参照)が、北部都市の下層黒人の心を捉えた。しかし、一九三〇年代以降、特に下層黒人を引きつけたのは、NOI(ネイション・オブ・イスラーム)

であった。

ＮＯＩの起源は、一九一三年にノーブル・ドルー・アリという人物がニュージャージー州ニューアークではじめた、「ムーリッシュ・サイエンス・テンプル・オブ・アメリカ」というイスラーム運動にある。まもなく活動拠点は、ピッツバーグ、フィラデルフィア、デトロイト、そしてシカゴに広がった。アリは、黒人の本来の宗教はイスラーム教であるとして、黒人にキリスト教の名前を捨てイスラーム教の名前に変えるよう説いた。その後、アリを継承する形で、ウォレス・Ｄ・ファードが一九三〇年にデトロイトでＮＯＩを創設した。ファードは、黒人であることを誇りとするよう説き、黒人自身に必要な知識をイスラームの立場から学ぶための初等教育機関を建てた。しかし、彼は一九三四年夏に突然失踪し、イライジャ・ムハンマド（一八九七―一九七五）がその後継者となった。ムハンマドは、一九四六年からシカゴを本拠地に活動し、自分をアッラーの使者であると名乗り、ＮＯＩにおいて唯一絶対の権威となっていった。ＮＯＩは、キリスト教とは「白人の宗教」であり、黒人抑圧の源泉にほかならないと説き、主流黒人教会に挑戦することになった。[29]

南部都市の黒人教会

北部への黒人の大移住によって北部の主流黒人教会に起きた変化は、部分的に南部の都市の黒人教会についてもあてはまった。南部農村では、引き続き主情的な礼拝形式が保持されたものの、南部の都市では黒人中産階級がわずかずつ増え、その結果、中産階級の黒人教会では、ゴスペル音楽と「混

エベネザー・バプテスト教会（ジョージア州アトランタ）

合型」の説教スタイルが浸透しはじめた。

南部の黒人中産階級の割合は、一九五〇年までに黒人人口の一二パーセントとなった[30]。そして、南部都市の黒人牧師のなかからも、牧師全体からみれば少数ではあれ、社会的福音を強調する者が現れた。中産階級が住む南部の都市の場合、黒人教会は黒人自身が所有、管理しており、黒人牧師は白人によって解雇されるといった心配がなかった。中産階級の黒人牧師は、黒人大衆とは異なり概して白人社会に経済的に依存する必要がないぶん、言論と行動に関し自由な立場にあった。これは、南部農村では必ずしもあてはまらず、農村部の貧しい黒人農民は教会の建築費や改築費を出せないため、黒人牧師はしばしば、そのような費用を白人社会に依存していた[31]。

社会的福音を強調する黒人牧師は、白人社会からの制裁という危険を伴いながらも、NAACPの活動を支援し、地元の社会問題に取り組んだ。たとえば、一九五〇～六〇年代公民権運動の指導者キング牧師の曾祖父で、ジョージア州アトランタにあるエベネザー・バプテスト教会の牧師だったA・D・ウィリアムズ（一八六三―一九三一）は、デュボイスの公民権に対する活動の呼びかけに呼応して、一九〇六年二月にジョージア州の五〇〇人の黒人とともに「ジョージア平等権利同盟」（Georgia Equal Rights League）を結成した。一九一七年、ウィリアムズはNAACPのアトランタ支部を創設し、翌年アトランタ支部の支部長となると、黒人の有権者登録活動を展開した。彼はまた、黒人児童のために教育施設を改善するよう白人当局者に掛け合った(32)。

キング牧師の父キング・シニア（一八九七―一九八四）も牧師であったが、彼は一九三一年にウィリアムズが亡くなると、エベネザー・バプテスト教会を引き継いだ。やがて、キング・シニアは、アトランタの黒人コミュニティにおける卓越した霊的、政治的指導者となった。キング・シニアの説教は、個人の霊的救済に加えて、しばしば法的人種隔離制度という不正に対する断固たる抗議をテーマとするものだった。一九三五年はじめ、彼は黒人の有権者登録を促進するための会合を開き、慎重な態度をとる保守的な黒人牧師や他の黒人指導者からの反対にも関わらず、市庁舎への行進を組織した。その一年後、彼はNAACPが取り組んでいた白人教師と黒人教師の俸給平等化をめざす委員会の委員長となった。脅迫の手紙を受けながらも、彼はこの闘いの中心人物であり続けた(33)。

一九四〇年、アトランタ・バプテスト伝道協会において、キング・シニアは「教会の真の使命」という演題で、社会的福音の必要性について次のように説いた。

教会はコミュニティ生活のすべての側面にまで及ばなくてはなりません。私たちは、教会が政治に占める場はないと言って、しばしば主の次のみ言葉を忘れているのです。「主の霊がわたしの上におられる。貧しい人に福音を告げ知らせるために、主がわたしに油を注がれたからである。主がわたしを遣わされたのは、捕らわれている人に視力の回復を告げ、圧迫されている人を自由にし、主の恵みの年を告げるためである」〔新約聖書「ルカによる福音書」四章一八―一九節〕。〔中略〕神は、私たち黒人の向上のために牧師一人一人が選挙登録人となり、あらゆる運動の一部となる日を早めているのです。〔中略〕牧師である私たちは、指導者として大きな責任を負っています。指導者としてまず模範を示さないうちは、コミュニティの人々に登録して市民となるよう期待することはできないのです(34)。

ウィリアムズやキング・シニアに代表される社会的福音を強調する黒人牧師は、南部全体からすれば少数であった。しかし、こうした黒人牧師が存在したことで、NAACPは次第に南部にも支部を増やしていくことができた。それは、一九五六年までに南部七州に五八支部を設けるにいたったのである。

＊

南部再建の挫折と二〇世紀前半における法的人種隔離制度の確立は、黒人に再び信仰の危機をもたらした。キリスト教の神が正義であり社会的被抑圧者の解放に関与しているとするならば、黒人の苦難はなぜかくも長く続くのか。「キリスト教は黒人を解放する霊的活力の源泉となり得るのか、それとも黒人を抑圧し白人支配を維持する源泉なのか」――。一九世紀末から二〇世紀前半にかけて、黒人は自己の内面においてこの信仰の危機を完全に解決することはできなかった。しかし、そのような信仰の危機にも関わらず、大多数の黒人の神への信頼は、つねに神への疑問にまさった。

黒人牧師の行動はその時々の黒人大衆の霊的、肉体的希求に応じて変化する側面がある点を指摘したのは、第二次世界大戦以前の黒人教会を観察した社会学者グンナー・ミュルダールであった。彼は、二〇世紀前半の黒人教会は概して現状適応的であった点に同意しつつも、「黒人教会は本質的に黒人コミュニティそのものを表現するもの」（傍点――原文はイタリック）に他ならないと述べて、次のように書いた。

> 教会が来世的見方を持ち、感情的恍惚に夢中になってきたとすれば、それはそもそも、しいたげられた黒人庶民が貧困やほかの辛苦からの宗教的逃避を強く望んできたからである。〔黒人〕牧師たちが臆病で日和見的な態度をとってきたとすれば、それは一般黒人がそのようなやり方を許容し、またラディカルな指導者を恐れてきたからである。[35]

これは、裏を返せば、黒人大衆が公民権分野においていっそう積極的な指導力を黒人牧師に求めるようになった場合、黒人牧師は必然的に黒人大衆のこの新しい霊的、肉体的希求に応答するよう迫られるということであった。問題は、黒人牧師にそれができたか、である。

第四章　公民権運動と黒人教会——待つ姿勢から行動主義へ

　黒人キリスト教信仰を歴史的展開のなかで評価するならば、一九五〇～六〇年代の公民権運動の時期は、それ以前のどの時期にもまして、黒人教会——特に黒人教会の実権を握る黒人牧師——が人種間の社会正義を求める闘いにおいて指導力を発揮し、黒人大衆とともに公然たる行動に出た時期であった。これまで見てきたように、アメリカの歴史を通じて黒人の多くは、神は社会的不正を正すと信じてきた。問題は「いつ」そして「どのように」であった。この点に関して、黒人牧師や黒人大衆の見解はいつの時期においても多様であった。とはいえ、あえて全体的な特徴づけを行なうなら、一九世紀末から二〇世紀前半までは、概して神の介入を「待つ」という態度が認められた。ところが、一九五〇～六〇年代に入ると、反対に「今を措いては」という態度が顕著になったのである。すなわち、社会に変化をもたらす好機が到来しており、この好機を逃すことなく直接行動に出ることが緊急の要請であるととらえられたのであった。本章では、キング牧師（一九二九―一九六八。以下、キングと記す）のキリスト教実践に着目しながら、一九五〇～六〇年代の公民権運動と黒人教会との関わりを検討する。

1 「再発見」――戦略的拠点、霊的活力の拠点

南部の法的人種隔離制度の土台は、二〇世紀も半ばに近づくにつれ、徐々に崩れはじめた。国際情勢を見ると、一九四五年に国際連合が設立され、「すべての人は生まれながらにして自由そして尊厳と権利において平等である」と謳う「世界人権宣言」が出されることで、アジア、アフリカ諸国では独立の気運が高まっていた。また、第二次世界大戦後、自由主義世界の指導者を自認するアメリカが、国内の人種差別を容認していてもよいのかと問う声は、海外からも上がるようになっていた。国内を見ると、南部農村から北部都市へ、また南部の農村から都市へと向かう黒人の人口移動の結果、経済力と教育を身につけた黒人中産階級の数が徐々に増え、人種間の社会正義に対する意識が高まりはじめていた。特に、総力戦と呼ばれた第二次世界大戦がはじまると、黒人指導者のなかからは戦争への貢献と引き替えに、人種差別撤廃への諸政策を連邦政府から引き出そうとする動きが出るようになっ

た。加えて、連邦最高裁も積極的な判決を出すようになりはじめた。一九四四年の判決（スミス対オールライト訴訟）では、予備選挙において政党は人種を理由に差別を行なってはならないとされた。一九四六年の判決（モーガン対ヴァージニア訴訟）では、州際交通機関を利用する黒人乗客は、法律で人種分離を定めている州を通過する際、そのような法律の適用を受けることはないとされた。さらに、一九五四年五月一七日の判決（ブラウン対トピーカ教育委員会訴訟）では、「分離は本質的に不平等」であり、公立学校における人種分離教育は違憲であるとされた。この判決は、一八九六年に連邦最高裁が下した「分離すれども平等」の判決（プレッシー対ファーガソン訴訟）を覆し、南部の法的人種隔離制度を撤廃する運動に司法上の根拠を与えた点で、画期的なものとなった(1)。

とはいえ、黒人教会に目を移すと、一九五〇年代に入っても、社会変革に消極的な黒人牧師は非常に多く、それは南部全域にわたり認められた。キングは、一九五四年九月にアラバマ州モンゴメリーのデクスター・アヴェニュー・バプテスト教会に牧師として赴任した当時の様子を、次のように書く。

黒人牧師にはっきりと見られる無気力は、とりわけ問題だった。数人の信念ある者は、いつでも社会問題に対して深い関心を示していたが、あまりにも多くの牧師は、社会的責任という領域から遠ざかったままだった。この無関心の大部分が、牧師はそうした社会的、経済的向上といった現世的、一時的な問題に頭を悩ませるべきではなく、牧師というものは「福音を説き」、人々の心を「天上のもの」に集中させておくものだという誠実な感情から生じていたことは間違いな

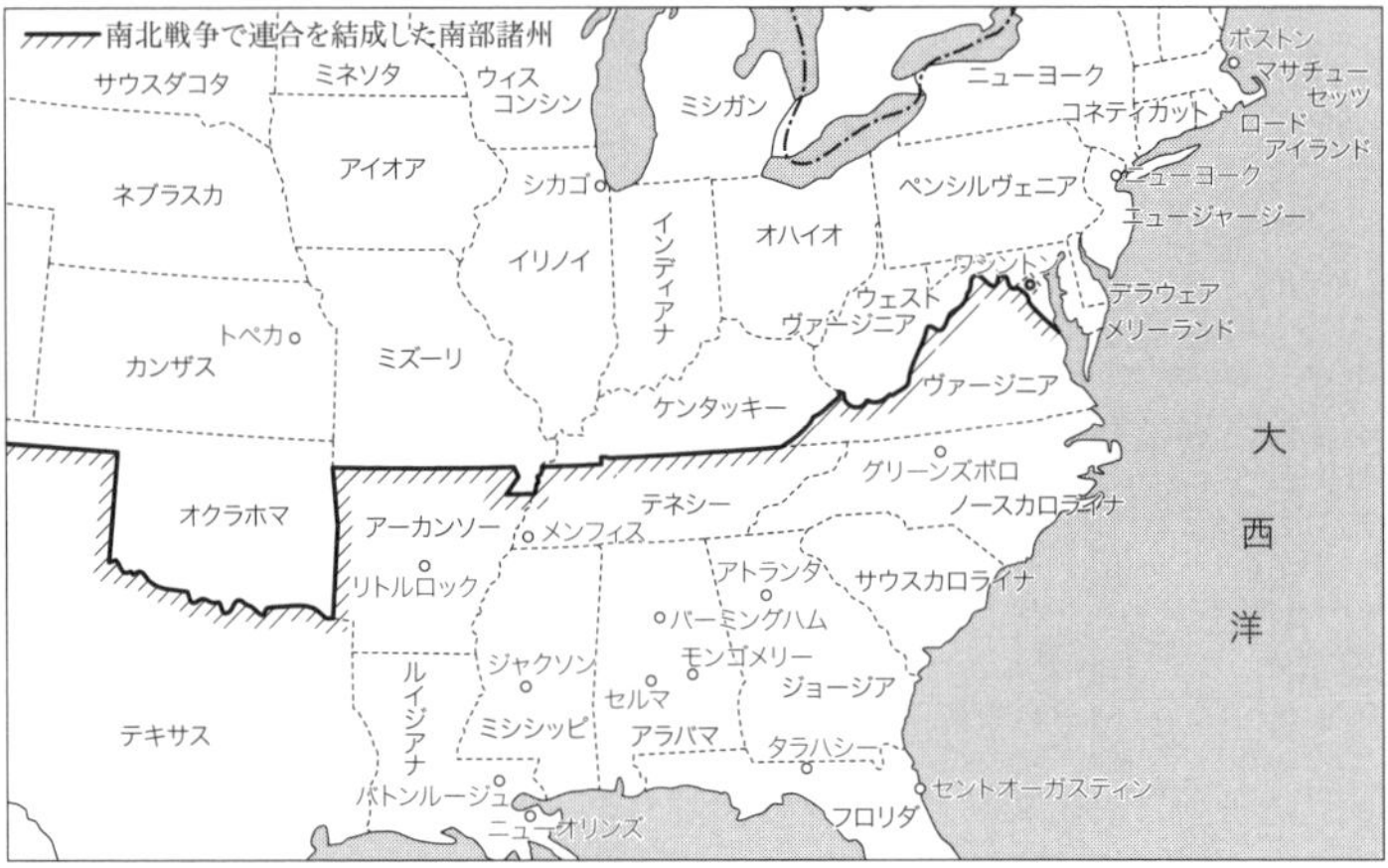

公民権運動の舞台となった主要な場所

い。しかし、どれだけ誠実であろうとも、宗教に対するこの種の見解はあまりにもかぎられたものだ、と私は感じた。[2]

キングがこのような印象を持った約一年後の一九五五年一二月に、モンゴメリーではバスボイコットが計画された。そのきっかけは、ローザ・パークスという黒人女性の逮捕であった。同市ではバスの前の数列が白人専用の座席となっていた。黒人は後ろの席から座り、白人専用席が満たされたあとで白人が乗車した場合には、席を譲らなければならなかった。パークスは白人バス運転手の命令を拒否し、白人乗客に席を譲らず座り続けたため逮捕された。この出来事をきっかけに、バス内の人種差別の撤廃をめざす、三八一日間にわたるバスボイコット運動が開始されることになった。

バスボイコットの計画を立てたのは、黒人牧師ではなく、黒人大衆や世俗の黒人活動家だった。抗議行動の機運自体は、黒人教会の外部で育っていたのである。しかし、バスボイコットを一日だけの行為ではなく、持続的な「運動」として成立させるためには、黒人大衆の機運を組織し、運動目標や思想や戦術に健全性と一貫性を与える媒介物が不可欠となった。南部の場合、この必要を満たせる黒人の社会組織は、黒人教会しかなかった。世俗の黒人活動家はそれを心得ており、これが黒人牧師を抗議行動の表舞台へと押し上げる要因となったのである。これに対し、黒人牧師のなかにも、黒人大衆の機運に積極的に応答しようとする者がいた。そうした黒人牧師の参加によって、「モンゴメリー改良協会」(Montgomery Improvement Association) が創設された。

バスボイコット運動に際し、黒人牧師のなかには消極的態度を示す者もいた。にも関わらず、このバスボイコット運動を通してむしろ再認識されたことは、黒人教会は社会変革のための戦略的拠点と霊的活力を提供しうるという積極的側面のほうだった。黒人教会を通じて、黒人大衆は運動に効果的に動員されたのである。まず、黒人教会は大衆集会の会場となった。次に、黒人が所有するラジオ局や広く購読されている黒人新聞がほとんどないなかにあって、黒人教会は黒人大衆への情報伝達ルートとして機能した。黒人教会はまた、運動を推進するための霊的活力を黒人大衆に与えた。讃美歌は正義を求める闘いをテーマとした歌が歌われ、聖句は神の正義と愛を強調する箇所が選ばれ、牧師の説教は非暴力的色彩を持つ激励演説となった。さらに、黒人教会で会衆が礼拝時に行なう献金は、運動資金となった。

バスボイコット運動が進むなかで、モンゴメリーの黒人コミュニティのなかには、教派、階級、性差などの境界線を超え出た連帯も生まれた。キングは次のように書く。

モンゴメリーの運動において輝かしかったものの一つは、バプテスト派も、メソジスト派も、ルター派も、長老派も、監督派も、その他も、すべてが教派という境界線を喜んで越え出て結集したことである。〔中略〕皆がキリストの愛という絆のなかに手を握りあった。〔中略〕大衆集会は、また、階級という境界線を断ち切った。〔中略〕医者、先生、そして弁護士が、奉公人や非熟練労働者たちの横に一緒に座り、あるいは立っていた。〔中略〕階級という誤った種類の基準によって互いに分離されてきた男たちと女たちも、今や自由と人間の尊厳を求める共通の闘いのなかで、一緒になって歌い、そして祈っていた。(3)

このような特徴は、この時期に起きたルイジアナ州バトンルージュでのバスボイコット運動（一九五三年）、フロリダ州タラハシーでのバスボイコット運動（一九五六年）、アラバマ州バーミンガムでの抗議行動など、南部の他の場所でも認められた。これらの場所での抗議行動は、黒人大衆が火つけ役となりつつも、運動を継続させるうえで、黒人牧師が表舞台に押し上げられ、黒人教会が運動の中心的役割を担うというパターンをとったのである。

ルイジアナ州バトンルージュのバスボイコット運動では、T・J・ジェミソンという黒人牧師が指導者となった。運動の発端はこうであった。同市の市長は、バスの乗車について白人は前から、黒人は後ろからという人種分離を保持しつつも、乗車した者から席につけるという「先着順」の原則を組み込んだ市条例を通過させていた。ところが、白人のバス運転手がこの条例に対しストライキを起こし、さらに州検事総長がこの条例を州法違反とした。そのため、黒人は市条例の遵守を求めバスボイコットに出ることにした。この計画を立てたのは、地元のＮＡＡＣＰ支部のもとで設置された「共同弁護連盟」だった。黒人牧師ジェミソンは、同連盟の設置に助力したことから、彼が運動の指導者に抜擢されることになった。(4)

フロリダ州タラハシーのバスボイコット運動では、Ｃ・Ｋ・スティールという黒人牧師が指導者となった。この運動の発生過程も類似していた。一九五六年五月二七日、黒人大学であるフロリダ農工大学の女子学生二人がバスの座席をめぐるトラブルで逮捕されると、翌日、この大学の学生たちはバスボイコットを全会一致で決定した。これを受けて二九日、この大学の付属牧師が黒人牧師や他の団体関係者を集め、事の次第を伝えた。この会合でその夜に大衆集会を開くことを提案した黒人牧師がスティールだった。フロリダ農工大学の学生によるバスボイコット計画は、その夜スティールの教会で開かれた大衆集会において支持され、黒人コミュニティ全体でバスボイコットを行なうことが決定された。大衆集会のための黒人教会を提供したのがスティールであったことから、彼が指導者を任されたのである。(5)

アラバマ州バーミンガムは南部では比較的大きな都市であり、バスボイコット運動という黒人コミュニティの統一的行動は生まれていなかった。しかし、抗議行動は存在していた。バーミンガムの場合、その主たる計画者は黒人大衆や世俗の活動家というより、黒人牧師フレッド・シャトルズワースであった。しかし、シャトルズワースは、抗議行動に出た理由を「条件が整っていた」からだと述べている。彼は、黒人大衆の高まる機運を前提に行動に出たのだった。[6] こうして、一九五〇年代半ばの時期は、全体として見ると、黒人教会が持つ社会変革のための戦略的位置と霊的活力が「再発見」された時期となったのである。

一九五六年一二月三日、モンゴメリーで非暴力と社会変革に関する研修会が開かれた。一〇〇名ほどの参加者の多くは、キングをはじめ南部各地のバスボイコット運動や他の抗議行動を指導していた黒人牧師であった。この非暴力研修会での基調演説で、キングは「私たちの教会は戦闘的になりつつあり、個人的救済の福音だけでなく社会的福音をも強調している」[7] と述べた。

翌年二月、これらの黒人牧師は、キングを議長に「南部キリスト教指導者会議」(Southern Christian Leadership Conference 以下、SCLCと記す)を創設した。SCLCは創設にあたり、NAACP(黒人地位向上協会)が採用してきた法廷闘争という戦術とその成果を高く評価した。しかし同時に、今や法廷闘争という戦術だけでは不十分であり、公民権運動は大衆動員型の非暴力直接行動を戦術の中心に据える段階にきたとも論じた。こうしてSCLCは、愛と非暴力、道徳的良心への訴え、直接行動による圧力、黒人と白人との連携、歌や祈りや説教が生み出す霊的活力の活用といったキリスト教的運動方針を採用し、公民権運動において黒人牧師と黒人教会が指導力を発揮すべきであるとの立場を明確にした[8](同団体が公民権獲得に加え経済的平等をめざす運動を展開するにいたる過程については、本章第五節参照)。

2　公民権運動の新たな展開

非暴力直接行動の広がり

公民権運動は一九六〇年初頭になると新たな段階に入った。南部全域で人種統合への機運が急速に高まり、非暴力直接行動を戦術の中心に据える動きが顕著になったのである。

一九六〇年二月、ノースカロライナ州グリーンズボロでは、四人の黒人学生によりウルワース（雑貨チェーン店）店内の白人専用のランチカウンターで飲食サービスを求める座り込みが行なわれた。同じような試みは、瞬く間に南部全域に広がった。黒人学生による自発的行動によってはじまった座り込み運動は、非暴力直接行動という戦術を採用し、それまで局所的だった人種差別撤廃運動を南部全体の運動へと押し上げた。同年四月、南部の黒人学生が中心となり、「学生非暴力調整委員会」（Student Nonviolent Coordinating Committee　以下、ＳＮＣＣと記す）が組織された。

一九六一年三月、「人種平等会議」（Congress of Racial Equality　以下、ＣＯＲＥと記す）の計画で、ワシントンＤＣからルイジアナ州ニューオリンズに向けたフリーダム・ライド（自由乗車運動）が、黒人白人合計一三人のライダーによって開始された。一九五五年に州際通商委員会は、グレイハウンド・バス（長距離バス）など州際交通機関の諸施設における人種差別を禁じており、ＣＯＲＥはそれが実行されているかテストしようとしたのである。白人暴徒による襲撃（バスの炎上を含む）でバスの運行は中断されたが、SNCCやSCLCも運動に加わり、同年一一月には州際交通機関の車両と施設での人種分離を禁止する、より強力な法令を勝ち取る成果を上げた。

キングやSCLCの目標は、このような機運に黒人牧師が積極的に応答し、指導力を発揮することだった。しかし、それは順調に進んだわけではない。黒人牧師は一枚岩ではなかったのである。キングやSCLC関連の黒人牧師の擡頭に伴い顕在化したことは、むしろ南部の多くの黒人牧師に見られる保守性であった。長年人種関係の調停者として南部白人にあてにされてきた年配黒人牧師のなかには、白人保守層との癒着関係から運動に沈黙する者がいた。黒人牧師のなかには、福音を魂の救済に限定する者もいた。黒人教会の爆破など、南部白人からの制裁を恐れて沈黙する者もいた。他方、社会的福音を共有しつつも、NAACP型の法廷闘争のみが正しい戦術であり、非暴力直接行動は認めないとする立場をとる者もいた。南部全体を見ると、これらいずれかの姿勢をとる黒人牧師のほうがはるかに多く、社会的福音を強調し、かつ非暴力直接行動を戦術に据えるキングやSCLCに賛同する黒人牧師、これを革新的黒人牧師と呼ぶとすれば、その数はむしろ少数であった。

革新的牧師と保守派

この点を象徴する出来事は、「米国ナショナル・バプテスト連盟」(National Baptist Convention, USA 以下、NBCと記す)の内部衝突である。NBCは、一九五八年の報告では、当時の黒人の約四分の一に相当する五五〇万の会員を有し、加盟する黒人教会数と黒人牧師数はともに二万六〇〇〇を数えた。[9] キングの目標は、自らも所属するこの強力な組織から、SCLCの活動に対する道徳的、人的、経済的支援を得ることだった。しかし、これは失敗に終わることとなった。
失敗の主要因は、キングと議長ジョーゼフ・H・ジャクソン（一九〇五―一九九〇）の公民権運動に対する哲学的、戦術的相違だった。[10] ジャクソンは、NAACP型の法廷闘争のみを適切な戦術とみなし、非暴力直接行動を有害とする立場を徹頭徹尾貫いた。それ以外の要因もあった。一九五〇年代におけるNBCの組織活動の優先順位は海外伝道にあった。また、福音を魂に限定する黒人牧師の存在や、キングの名声に対するジャクソンの嫉妬に象徴される黒人牧師間の権力欲の介在もあった。[11]
ジャクソンが議長の座にあるかぎり、公民権運動への強力な指導力発揮は望めないと判断したNBC内の革新的黒人牧師は、一九六〇年と六一年のNBC年次大会において、ガードナー・C・テイラー（一九一八―）を議長候補に立て、ジャクソンの議長降ろしを企てた。しかし、両年次大会を通して、ジャクソン派による議長選出時の不正行為、それに反発したテイラー派の議事妨害など大混乱が生じるなかで、最終的にはジャクソンが勝利した。
ジャクソンとジャクソン派は、テイラー派による議事妨害を当時南部全域で行なわれていた非暴力直接行動になぞらえ、「バプテストの座り込み」（Baptist Sit-In）、「バプテストのマーチ・イン」（March-In）と呼んで非難し、[12] 勝利後にキングやテイラー派の有力な黒人牧師をNBCから追放する制裁措置をとった。結局、NBCは、公民権運動を通じてキングとSCLCに対し、道徳的支援も実質的支援も行なわなかった。[13] NBCを出た黒人牧師は、キングの哲学と方法を支持する何らかの黒人バプテスト組織が必要だと考え、六一年一一月一四日、「プログレッシブ・ナショナル・バプテスト連盟」(Progressive National Baptist Convention　以下、PNBCと記す)を創設した。

NBCと比べ、PNBCの規模は小さかった。一九六三年の報告では、黒人教会数は三九四で黒人牧師数は三五四、六六年の報告では黒人教会数六五〇、黒人牧師数六五三であった。[14] NBC内にとどまった黒人牧師のなかには、個人的にキングやSCLCを支援した者がいた。その点を考慮しても、キングやSCLCの黒人牧師は、南部で運動を展開するにあたり、多くの困難に直面せざるをえなかった。たとえば、一九六二年九月のSCLCの年次大会で運動候補地にアラバマ州バーミンガムが選ばれた際、大衆集会の会場提供に同意したのは、地元の四〇〇以上の黒人教会のうち、わずかに一四だった。[15] 翌年の四月、五月に行なわれたバーミンガム運動を積極的に支持した黒人牧師は、市内全体のせいぜい一〇パーセントであった。[16]

PNBCや一部の革新的黒人牧師からの強力な支持があったとはいえ、キングやSCLCの黒人牧師は、南部黒人牧師全体からみれば少数派であった。南部各地でキングは黒人牧師に対し、次のように述べて、粘り強い説得にあたらなければならなかった。

〔黒人〕牧師たちには、個々の人間を救済するというキリストの福音を補足するものとして、社会的福音が必要であることを強調した。ひとびとを、この世の地獄ともいうべき惨めな状態に落とし込んでいる社会的諸条件には、目をつむらせ、ただ天国の栄光だけを牧師にほめたたえさせている宗教があるとすれば、それは〈ほこりのように無味乾燥な〉宗教であるということを力説した。黒人牧師は他の黒人たちよりも自由であり、独立的でもあるのだから、きっと強力で強固な指導性を発揮できるに違いないと私は説いた。あなたがたのような精神的な指導者から指導と支持と霊感を受けることなしに、どうして一般の黒人市民が自由を獲得できようかと尋ねたのである。(17)

3　革新派の勝利

一九六三年から一九六五年夏にかけての時期は、キングをはじめとする革新的黒人牧師の福音理解が全国的正統性を獲得した時期であった。すなわち、「今すぐ自由を」が時代の精神となったのである。一九六三年六月一一日にジョン・F・ケネディ大統領が全国テレビ放送で行なった演説は、それを象徴するものとなった。公民権法案提出に向けたこの数分間の演説で、ケネディは人種差別の放置をたんなる政治的、社会的問題ではなく国家の「道徳的危機」と位置づけ、「今や行動するとき」と強調したのである。(18)

「今すぐ自由を」という時代精神を生み出した手柄のすべてが、キングら革新的黒人牧師にあったわけではない。それは、SNCC、CORE、NAACP、NULなど、当時の公民権諸団体の活動も含めた集団的努力の産物であった。何よりもそれは、黒人大衆の行動の結果であった。しかし、キングやSCLC関連の黒人牧師による白人教会勢力との連携の模索も、特筆すべき事柄だった。

南部白人教会は全体として公民権運動に沈黙していたが、北部にはリベラルな白人教会勢力があった。そのなかでも特に重要だったのは、「全国教会協議会」(National Council of Churches　以下、NCCと記す)である。NCCは、一九〇八年に「アメリカ教会連盟」として創設され、一九五〇年に合計三一の諸教派の団体が合体してNCCに改称された。NCCには、全米プロテスタント人口の約六〇パーセントが含まれることになるが、もちろん信徒レベルになると保守的な者もたくさんいたものの、上層部はリベラルであった。社会的福音を唱道するNCCは、一九五〇年代以降はそれを人種問題にも適用する姿勢を見せはじめた。そして、人種差別はキリスト教の信仰と倫理を否定するものであるとして繰り返しこれを非難する声明を出し、また諸教派に対しても同様の姿勢をとるよう要請してきたのである。

人種問題に関するNCCの活動は、一九六〇年代初頭までは人種差別を非難する声明を出すだけにとどまっていた。しかしその後、南部各地で顕著となった非暴力直接行動を伴う「今すぐ自由を」という機運と、キングら革新的黒人牧師のキリスト教実践に触発される形で、NCCは「宗教と人種に関する委員会」(Commission on Religion and Race)を設置し、人種問題解決に向けた取り組みを開始するにいたった。

一九六三年一月一四日から一七日にかけて、「宗教と人種に関する委員会」が主催者となり、人種問題解決に向けた取り組みを話し合うための大規模な宗教会議がシカゴで開催された。「正義と愛への挑戦」をテーマに掲げるこの宗教会議には、プロテスタント、カトリック、ユダヤ教など七〇の宗教団体から合計八〇〇人以上の宗教指導者と一般信徒が参加した。参加者の最大の関心はキングにあり、彼は最後の演説者として社会的福音と牧師の預言者的役割の必要性、そして非暴力直接行動の正当性を説いた。この宗教会議は具体的行動を生み出さなかったが、キングら革新的黒人牧師の福音理解が全国的正統性を獲得する足場が作られたという点で、キングの言葉を借りれば「歴史的な会議[19]」となった。

公民権法の早期成立をめざし連邦議会議事堂に向かって行進する教会関係者たち。この日、41 州から 270 人が集まった（1964 年 5 月 18 日）

一九六三年四月、五月にＳＣＬＣが計画したアラバマ州バーミンガムでの運動以降、ＮＣＣの「宗教と人種に関する委員会」は、その年の六月二八日に「直接行動部隊」（“direct- action” unit）を設置し、公民権法の成立を支持する直接行動を開始した。この年の八月二八日に行なわれた二〇万人にのぼるワシントン行進への白人参加者は四万人とされるが、その大半は教会関係者や宗教指導者で占められた。ワシントン行進で演説者の一人となった「宗教と人種に関する委員会」の委員長ユージン・カーソン・ブレイクは、人種問題を道徳的問題と位置づけ、行進参加の目的を白人教会指導者が黒人大衆と黒人牧師の大義に一体化するためと述べた。[20]

一九六四年二月二一日の「宗教と人種に関する委員会」の会合では、NCCが持つ司法省との連絡網を活用し、連邦議員に公民権法案を支持するよう働きかける計画が練られた。その後、「宗教と人種に関する委員会」は、一九六四年公民権法の成立をめざし、法案成立の鍵となる中西部出身議員の法案賛成取りつけと、首都ワシントンDCでの大規模なロビー活動を集中的に展開した。[21] NCCを中心とする北部リベラル白人教会勢力によるこうした取り組みは、一九六五年投票権法成立まで持続した。

このように一九六三年から六五年夏にいたる時期は、キングやSCLCの黒人牧師にとり、公民権運動を進展させる方法を模索する過程で、北部リベラル白人教会勢力との連携が重要性を増した。キングはこの点について、次のように評価した。

〔ワシントン〕大行進を成功させたひとつの重要な要素は、白人教会各派が参加したことであった。彼らが、これほど完全に、これほど熱烈に、これほど直接的に黒人の問題に身をいれたことは、かつてなかった。[22]

北部リベラル白人教会勢力の参加と支援は、一九六五年三月に行なわれたアラバマ州のセルマからモンゴメリーまでの行進でも発揮された。これを受けてキングは、「長い間傍《かたわ》らに立って、公民権運動に暗黙の承認を与えるだけであった〔白人〕教会が、ついに強力な軍隊のように行進しだし、悩める神の子たちの側に立った(23)」と評価した。

公民権運動における黒人教会の役割についても、キングは全体としてはきわめて高く評価した。それは、一方において多数の保守的な黒人牧師と黒人教会の存在に心を痛めつつも、他方において自己の運動方針に積極的な支持を表明する黒人牧師と黒人教会があったこと、また公民権運動は黒人教会なくして成立し得なかったという事実に基づく評価であった。

キリスト教の歴史において、またキリスト教国内において、教会がここアメリカで私たちが目撃しているようなあからさまな残虐性と暴力の的になってきたことはなかった。初期キリスト教徒がカタコンベ〔地下の墓所〕で活動した時代以来、神の象徴としての家が、黒人教会のような攻撃にさらされてきたことはなかった(24)。

そして、キングはこれまで南部の公民権運動において黒人教会が果たしてきた役割を、「キリスト教世界の歴史における輝かしい見本である」と評価した。

4　ブラック・パワー運動――さらなる革新の模索

南部の公民権運動が一つの頂点を迎えたこの時期に、北部都市の黒人ゲットー[25]と呼ばれる貧困地区では、もう一つ別の動きが顕在化しはじめた。アメリカ黒人の約半数が住む北部や西部の大都市に見出される黒人ゲットーには、実質的人種差別という問題が存在していた。そこに住む黒人は、住宅、雇用、教育という日常生活全般にわたる、目に見えない人種の壁によって実質的に分離され、下層大衆は深刻な貧困にあえいでいた。

南部の一定の前進と比較した場合の北部黒人ゲットーの停滞ぶり、黒人ゲットーの貧困問題に対する白人世論と連邦政府の無関心に対し、一九六四年以降、黒人ゲットーの下層大衆を支配する怒りは暴動の形をとりはじめた。それはまた、民族主義的な思想と行動を擡頭させ、最も顕著には「ブラック・パワー」運動という形で現れた。

ブラック・パワーという言葉は、一九六六年六月にSNCC委員長ストークリー・カーマイケル（一九四一―一九九八）によって公に使用された。それは、「恐怖に対決する行進」に挑み銃弾で負傷した黒人青年ジェイムズ・メレディスの後を継いで行なわれた、テネシー州メンフィスからミシシッピ州ジャクソンに向かう行進の途中での出来事であった。この言葉自体は南部で発せられたとはいえ、その思想的源流はむしろ北部の大都市に多く見出され、そこでの実質的人種差別に対する黒人下層大衆の怒りを反映して生まれたものであった。カーマイケルがマルコムX（一九二五―一九六五）の政治思想から多大な影響を受け、そのマルコムXが晩年の思想的深化にいたる以前にはNOIのイライジャ・ムハンマドの宗教思想に多大な影響を受けていたように、ブラック・パワーの思想と主張は、多くの思想家によって敷衍された[26]。

ブラック・パワー運動における批判の矛先は、第一に従来の公民権運動がめざしてきた人種統合の中身について、第二に人種統合を推進してきた黒人教会の指導力と運動方針に向けられた。

NOIとイライジャ・ムハンマド

NOIを研究した宗教社会学者のC・エリック・リンカンは、当時のNOIのメンバーは、ほとんど全員が黒人教会出身者であると報告した[27]。イライジャ・ムハンマドの父はバプテスト牧師であったし、ムハンマドの熱心な信奉者となったマルコムXの場合も、父はやはりバプテスト牧師だった[28]。いわば、NOIのメンバーとは、人種問題との関係においてキリスト教全般と黒人教会に幻滅した者たちだった。それゆえ、彼らは一九五〇～六〇年代において、人種統合の立場を取る黒人教会に対して、宗教的観点からの最も批判的な勢力となった。実際、NOIの第一義的関心は、正統派イスラーム教を広めることよりも、人種統合とキリスト教が黒人にもたらす破壊的効果を警告することにあった[29]。

ムハンマドは、黒人の苦難の原因を「ヤカブの歴史」と呼ばれる神話に基づいて説明した。この神話によれば、黒人種は「原初の人間」(original man) で、全能の神アッラーの像に似せて創られた。

しかし、今から約六六〇〇年前に、そのなかから「策略と欺きの知識」を駆使する科学者ヤカブが誕生し、アッラーに対する反逆を企て、邪悪な白人種を創り出した。以後、六〇〇〇年にわたり白人種が黒人種を支配する時代が到来した。ムハンマドによれば、白人種による六〇〇〇年にわたる黒人種の支配は、一九一四年をもって終焉に近づき、まもなくアッラーが白人種を滅ぼし、黒人種の時代が再び到来するとされた。

ムハンマドは、ヤカブ神話を用いて、黒人本来の宗教はイスラーム教であり、黒人は原初の人間として誇りを持つべき存在で、白人は本質的に敵であると説いた。かくして彼は、黒人の苦難に対する唯一の解決策を、黒人がイスラーム教に改宗して自己と白人についての真の知識を持ち、アッラーの裁きに際し一緒に滅ぼされないように白人から分離することであるとした[30]。

ムハンマドのキリスト教理解の中心は、「キリスト教は白人のための宗教である」から、黒人に対する救いの力はまったくないというものであった。なぜ白人キリスト教徒が黒人に対し熱心に伝道活動を行なってきたのかという点に関し、彼は次のように説明した。すなわち、「その宗教、つまり〔白人〕キリスト教の基本的な意図と目的とは、他人種、すなわち黒、茶、黄、赤の人々を欺き、白人種にとって扱い易い餌食とすることであった[31]」。ムハンマドにとっては、プランターと伝道者が黒人の奴隷化とキリスト教化を両立させたという事実が、白人キリスト教の意図を疑うに十分な理由であった。とりわけ、白人キリスト教の教えのなかには、黒人を欺く非常に有害な教えが二つあると彼は警告した。「来世」（死後）についての教えと、「汝の敵を愛せ」の教えである。

ムハンマドは、黒人のキリスト教徒はこの世の抑圧的現状を改善するよりも、来世について語ることに時間を費やし、その間に白人がこの世で天国を享受していることに気づいていないとした。彼はまた、「来世」の教えとならび最も有害な教えは、「汝の敵を愛せ」（新約聖書の「ルカによる福音書」六章二七―二九節）であるとした。奴隷たちは、奴隷主に打ちのめされ、強姦され、死刑とされてきたにも関わらず、奴隷主に従順であれと説くだけでなく、その奴隷主を愛し許せとまで説くキリスト教を受け入れてきたのである。

ムハンマドによれば、白人を味方だと思い込んでいる黒人は、教会で「一番の欺き者である白人種のイメージにほかならない」イエス、マリア、そしてイエスの弟子の像に頭を垂れていようが、自分の名が白人に由来するものであろうがまったく意に介さない。白人の価値基準にしたがって「白《ホワイト》」を善とみなし「黒《ブラック》」を悪とみなすような精神状態にあるうちは、黒人はいつまでたっても白人に支配され続けるのである。

かくして、ムハンマドは黒人大衆に対してキリスト教を捨て、アッラーの教えにしたがって、来世ではなくこの世に目を向け、「自分自身とその同胞を愛せ」と説いた。(32)

NOIと黒人大衆

NOIの信者数は、当時の黒人人口二一五〇万人に比すれば小規模だった。しかし、このことは大半の黒人がムハンマドの主張を完全に拒絶したことを意味しなかった。マルコムXによれば、街頭などで行なう集会参加者の大半がＮＯＩに改宗しなかった理由は、教団の厳格な戒律と規則を敬遠したからであった。たとえば、信者になると、密通、豚肉その他のさまざまな食べ物、タバコ、酒、薬物、踊り、賭け事、映画など一切が禁止された。ところが、集会参加者でムハンマドの民族主義的主張に影響を受けない黒人はほとんどいなかった。マルコムＸによれば、集会で白人キリスト教徒の偽善性、白人の悪魔的行為、キリスト教的来世観の有害さ、キリストの肌の色、黒人性の肯定などの話をしたのち、この話を信じる者はいるかと問うと、参加者は「まず一〇〇パーセント、何のためらいもなく立ち上がった(33)」。当時、この教団と最も接触のあった黒人ジャーナリストのルイス・Ｅ・ロマックスも、次のように報告した。

キリスト教信仰が黒人をいかに裏切ってきたかについてのムハンマドの独白——「あなたがたは、その実で彼ら〔偽預言者〕を見分ける」（「マタイによる福音書」七章一六節）——は、黒人牧師が公の場で認めようとする程度よりずっと深く、黒人大衆の心に染み込んできた。〔中略〕ムハンマドは、主として聴衆を魅了するマルコムＸの働きを通して、何千もの黒人大衆が、これまでとは違った仕方で人種を意識するようになるきっかけとなってきた(34)。

ムハンマドは、たいていの場合、教団の寺院を黒人ゲットーに建て、囚人、酒や薬物の中毒者、また店頭教会（ストアフロント・チャーチ。商店内の放棄された一室を礼拝の場として利用する、少人数からなる教会）

に通うキリスト教徒など、いわば白人人種主義の最大の犠牲者であり、アメリカに対する絶望感が最も強い下層大衆に働きかけた。マルコムXによれば、その理由は第一に、中産階級が多く通う黒人教会は、「見栄と『格』に満たされ、私たちの小さな寺院につかまるまいとしていた」からであり、第二の理由は、黒人下層大衆が「最も完全に『白人は悪魔だ』という言葉を聞く心の準備ができているから」であった。[35] しかし、ムハンマドは、報道機関が描写したように、そうした黒人に白人憎悪を吹き込んだのではなかった。彼は、自己の実践を「憎悪の教え」ではなく「人種の教え」であると断言した。この教団に改宗した黒人には、教団の厳格な戒律や原則が課された。すなわち、信者全員に対し、教団所有の店ないし世俗の職場での労働、一日五回の祈りと週に二度の寺院への出席、酒やタバコや薬物の禁止、密通の禁止、丁寧な言葉の使用などが課された。その結果、この教団に改宗したさまざまな犯罪歴を持つ下層階級の黒人は、人種的誇りを持ち、規律正しく法を遵守する人間として更生された。その実績は、シカゴの公民権団体の一つであるNULのある幹部に、「こうしたムスリム〔イスラーム教徒〕のほうが、私よりずっと街頭の黒人に説得力がある」と認めさせるほどであった。ムハンマドは、この実践を通して、NOIこそ黒人教会に代わる唯一の選択肢であると黒人大衆に力強く語りかけた。

一九六二年に黒人ジャーナリストのロマックスが書いた次の言葉は、当時の黒人ゲットーの状況を的確にいいあてたものである。

ムハンマドの福音は、全体としては黒人に受け入れられないであろう。しかし——そして、これは重要なことである——、ムハンマドのキリスト教批判に応えることのできない〔キリスト教の〕福音も、同様に受け入れられることはない(36)。

ストークリー・カーマイケルによる人種統合論

公民権運動が掲げてきた人種統合の中身と黒人教会の指導力に対する批判は、この運動を担ってきたSNCCからも提出された。

SNCC創設当初のスタッフは、南部黒人学生が占めた。しかも、SNCC創設にあたり中心的役割を果たしたのは、ジョン・ルイス、ジェイムズ・ビーベル、C・T・ヴィヴィアンといった神学生であった。したがって、SNCCは当初、宗教色の濃い団体として出発し、愛と非暴力、道徳的良心への訴え、直接行動による圧力、黒人と白人との連携、歌や祈りや説教が生み出す霊的活力の活用といったキリスト教的運動方針を採用した。

しかし、SNCC内部にはもう一つの勢力があった。それは、ストークリー・カーマイケル（一九四一—一九九八）に代表される、主に北部出身の黒人学生たちである（ただし、カーマイケルはトリニダード・トバゴ出身）。彼らはより世俗的、政治的であり、思想的には民族主義思想家マルコムXから影響を受けていた。一九六〇年代後半になると、SNCCのスタッフのなかで、こうした者が数のうえで勝るようになった。

SNCCがマルコムXの思想に傾倒していくきっかけは、一九六四年の「ミシシッピ夏期計画」であった[37]。この計画でSNCCは、北部から多数の白人学生有志を呼び、千人規模のスタッフを投入して、現地の黒人の有権者登録をめざした。しかし、この活動は現地の白人至上主義勢力による激しい抵抗にあった。夏期計画の最初の二カ月で、SNCC関係の公民権活動家の逮捕者数は三〇〇人、家と教会の爆破事件は二五件、白人至上主義者による暴力、銃撃、脅しは数十を数えた。それに対する連邦政府の対応は甘く、SNCC内では連邦政府は黒人の味方ではないという認識が強まった。さらに、愛と非暴力はもはや時代遅れだとする議論や、白人学生有志は運営の意思決定に影響を持ちすぎているといった議論も出された。ミシシッピ夏期計画での経験は、黒人教会のこれまでのキリスト教的運動方針の多くがもはや役に立たないとする声を、SNCC内でいっそう増大させることになった。

では、カーマイケルが唱えたブラック・パワーとは、いかなる思想だったのだろうか。そこには四つの基本的概念を見出すことができる[38]。

第一は、「黒さ」（ブラックネス）の肯定である。カーマイケルは、アメリカ社会で自信を持って生きようと望むなら、黒人は自分の歴史と文化を再評価し、黒人としての自尊心を持つ必要があると説く。

第二は、黒人相互の責任の自覚である。この場合の責任は、黒人中産階級による黒人下層大衆に対するそれである。黒人中産階級の多くに見られる問題は、白人中産階級的価値観――個人の物質的富の増大――に自己を同調させ、法的人種差別がなくなれば郊外へ移住するといった形で黒人下層大衆のもとから去ろうとしているところにある。カーマイケルは、黒人中産階級は黒人が「個人」としてではなく「集団」として差別を受けてきた点を認識し、黒人下層大衆を置き去りにしてはいけないと説く。

第三は、黒人の集団としての政治的、経済的パワーの獲得である。これは、政策決定上の主導権を黒人が握ることをめざすものだった。たとえば、黒人人口が過半数を占める地域では、黒人の集団的利益を代表する独自の政党を組織し、地元の政治を担う。それにより、黒人は恣意的に暴力を加える白人警官を排除し、質のよい学校、図書館、病院、道路などを作ることができる。黒人人口が過半数を占めていない地域では、黒人は自分たちの集団的利益を代表する独自の政党その他の組織を作り、そのうえで同種の利益を追求する集団と連携し、地元での意思決定に影響力を行使する。このように、「黒人が黒人を組織し、白人が白人を組織したうえで」連携するのでなければ、黒人と白人との連携は決して意味あるものとはならない、とカーマイケルはいう(39)。

第四は、自己防衛の肯定である。これは、南部各地における彼らの実体験からきていた。公民権運動においては、バーミンガム運動のように、黒人側の非暴力という戦術がメディアの注目を集め、連邦政府を動かす成功例もあった。しかし、メディアが注目しないなか、公民権活動家が一方的に白人の暴力にさらされるという例も多数あった。カーマイケルはこうした経緯をふまえたうえで、黒人から暴力を振るうことはしないが、自己防衛とそのための武装を肯定した。

ブラック・パワーのこれら四つの基本概念に照らし、カーマイケルは現状の人種統合の中身を次のように批判した。それは黒人中産階級による白人的価値観への一方向的同化にほかならず、黒人下層大衆の貧困問題には何ら答えていない、と。こう批判したうえで、カーマイケルはめざすべき人種統合について、次の視点を提示した。

それは、黒人同士が結束し、「黒さ」の肯定、黒人の文化と歴史の再評価、黒人の集団的パワーの獲得といった新たな価値観を生み出すことで、黒人ゲットーを去るべき場ではなく、黒人の自治に基づく豊かなコミュニティとして再生させるという視点であった。黒人が白人社会に一方的に吸収されるのではなく、白人社会が黒人コミュニティの個性や価値観を認めるという平等な立脚点に立って黒人コミュニティに入ってくるという双方向的な動きが生まれるとき、黒人ゲットーに押しつけられた「植民地的な従属的地位」は破壊される。それが真の人種統合の意味であると、カーマイケルは主張した(40)。

イライジャ・ムハンマドとカーマイケルは、現状の人種統合の動きが黒人の白人への従属的状態を維持するための口実となっていると批判することで、人種統合の中身についての問いを提出した。ムハンマドとカーマイケルの相違は、前者が人種統合はいかに解釈されようとも黒人の苦難の解決策にはならないと答えたのに対し、後者がそれは再解釈されることにより、意味あるものとなり得ると答えた点のみであり、「黒さ」の肯定、黒人相互の責任、黒人の集団的パワーの獲得、自己防衛の肯定といった問題に関し、両者が提出した問いは基本的に同じであった。

5　キングがめざしたもの――未完の課題

黒人教会の反応

カーマイケルによりブラック・パワーのスローガンが発せられると、それは世論を混乱と論争の渦に陥れた。なぜなら、このスローガンは人によってさまざまな解釈が可能だったからである。圧倒的多数の白人知識人は、このスローガンを黒人による人種主義ないし分離主義、また暴力の肯定と捉え、不快感や敵意を示した。

黒人指導者間にも激しい論争が起こった。COREの委員長フロイド・マッキシックは、ブラック・パワーとは「アメリカ民主主義を最良の伝統に則って実践しようと身を挺する運動なのである」として、これを支持した。他方、NAACP事務局長ロイ・ウィルキンズやNUL事務局長ホイットニー・ヤングは、「裏返しの人種主義」としてブラック・パワーの提唱者を非難した。[41]

ブラック・パワー運動に対する黒人諸教派の反応は、概して静観するか、NAACPやNULと同じように否定的であった。たとえば、NBCの議長ジョーゼフ・H・ジャクソンの場合、キングの非暴力直接行動をすら非難したことからも想像できるように、ブラック・パワーを「裏返しの人種主義」として非難した。そして、NBCは一九六六年九月の第八六回全国大会のなかで、今後とも公民権運動において「いかなる形態の市民的不服従行動にも非暴力直接行動にも反対する」[42]ことを再確認した。

アフリカン・メソジスト監督教会の場合、一九六八年五月の第三九回総会において、主教の一人が次のように演説した。すなわち、アメリカにおける最初の「ブラック・パワー」運動はリチャード・アレンによる一七九四年のマザー・ベテル・アフリカン・メソジスト監督教会設立であったと述べつつも、ブラック・パワー運動が黒人分離主義や黒人優越主義になってはならないと警告するとともに、アフリカン・メソジスト監督教会の目標は、むしろ人類の繁栄と人間性の成就、すなわち「ヒューマン・パワー」の増大なのであると結んだ(43)。

黒人諸教派が概してブラック・パワー運動を静観していた理由は、次のこととも関係していた。まず、黒人諸教派はあえて「黒さ」を強調する必要がなかった。なぜなら、たとえばアフリカン・メソジスト監督教会が「黒人」を意味することは、教会名から誰にも明らかだったからである。次に、黒人諸教派の場合、教派の全意思決定機構を黒人が管理しており、そこに白人が介入する余地はまったくなかった。この点で、黒人諸教派はすでに「パワー」を行使しており、あえてそこに「ブラック」という形容詞を付加する必要を感じなかったのである。

これに対し、黒人牧師のなかでブラック・パワーを支持した者は、概して北部の白人諸教派内に認められた。白人諸教派内の黒人牧師は、各教派の意思決定機構を白人が握るというなかに身を置いていた。とりわけ、白人諸教派内には、一九六五年投票権法成立をもって公民権運動の完了とみなす白人指導者層の態度が一方にあり、他方に公民権運動が北部に押し寄せることを嫌う保守的な白人教会員による下からの反発があった。そのため、白人諸教派内の黒人牧師は、「黒人」としてのアイデンティティの強調と、各教派の中央組織を動かすための「パワー」の必要性を感じていたのである。[44] とはいえ、白人諸教派内の黒人牧師は、黒人諸教派の黒人牧師の数に比べれば圧倒的に少数であった。

キングの対応——理論的側面

キングは、ブラック・パワーのスローガンの使用には反対しつつも、白人社会と黒人指導者に向かって、「ブラック・パワーを非難するだけでは十分ではない」と警告した。彼は、ブラック・パワーの叫びは、「膨大な大きさにまでひろげられた失望」に由来し、それは黒人の貧困問題に無関心な白人世論と連邦政府に対する失望であるだけでなく、黒人貧困層を置き去りにする黒人中産階級や、「いかにして大きな車を買うかに余計な関心を抱いているような何人かの黒人牧師たちへの失望である」と述べた。そのうえで、キングはまず、ブラック・パワー運動の否定的側面を、次のように指摘した。[45]

第一に、このスローガンが持つ示唆的意味である。「ブラック」と「パワー」が一緒になったこの表現は、黒人の平等より黒人による支配を連想させる。むしろ、「黒人の自覚」「黒人の平等」「貧しい人々のためのパワー」などのほうが、はるかに適切である。

第二に、ブラック・パワーは、暗黙のうちに、そしてしばしば明白に、分離主義の信念を表わしている。しかし、分離主義を通じて黒人が政治力や経済力を達成することはできない。なぜなら、黒人が市や郡を支配できたとしても、州全体の政策に影響を与えるためには、白人との連携が不可欠であるし、黒人社会が直面している経済問題も、本質的には、何十億ドルかを含む連邦政府の計画が必要となるからである。したがって、黒人と白人との連携の原則自体を拒絶することは正しいことではない。

第三に、ブラック・パワーの破壊的な特色は、報復的な暴力への無意識的、意識的呼びかけである。しかし、黒人が自由を達成するためには、効果の問題を考慮しなければならない。すなわち、非暴力に対する反発は「自己防衛」という問題から起こったが、むしろ問題は個人が襲われたときに暴力を使用すべきかではなく、組織的なデモの最中に暴力を使用することが戦略的に賢明かというところにある。また、黒人が暴力によって革命を企てたとしても、軍隊が白人権力側についている以上、黒人が敗れるのは目に見えている。

黒人が自由を達成するうえで、暴力の使用が実質的に効果をもたないこと以上に重要なことは、暴力が結局のところ人の心に訴えることができないことである。何よりもブラック・パワー運動のなかで最も矛盾的なのは、白人社会の価値判断を拒絶しているにも関わらず、暴力を提唱することによって、結局は白人社会の最も邪悪な価値判断を真似ていることである。もし、道徳への関心を無視しパワーだけを追い求めるならば、それは白人がこれまで黒人に対して行使してきた不道徳なパワーと変わらない。パワーとは目的を達成する能力のことであって、非暴力もまたパワーである。そこで説かれるキリスト教的愛とは、パワーの濫用や誤用を制御するために働くのであり、愛とパワーは決して矛盾するものではない。したがって、黒人が自由を達成するうえで、非暴力こそが実質的にも道徳的にも最も優れたパワーの使用方法なのである。

続いて、キングはブラック・パワー運動の積極的側面も、次のように指摘した。

第一に、ブラック・パワーは黒人が政治的なパワーを結集するための呼びかけである。黒人が白人権力機構のなかで意思決定権を奪われていることは、今日重大な問題の一つである。したがって、黒人が政治的行動のために団結し、この不平等に配分されたパワーを是正する必要があると説く点において、ブラック・パワーの主張は正当なものである。

第二に、ブラック・パワーは黒人が経済的なパワーを獲得するための呼びかけである。貧困問題の根本的解決は、連邦政府による何十億ドルかの支出が必要となるが、同時に貧困問題に対し黒人自身で取り組める事柄もある。そこには、黒人が潜在的に持っている購買力を活用したり、財源を共同管理したり、倹約や投資の技術を身につけることなどが含まれる。その達成のために、黒人中産階級は黒人貧困層を置き去りにするのではなく、一致団結しなければならない。この点においても、ブラック・パワーの主張は適切なものである。

第三に、ブラック・パワーは黒人であることを誇りとし、アフリカの過去を復興しようという文化的な呼びかけである。黒人に対する文化的剝奪に反発し、黒人が堂々たる一個の人間であるという確信を持たなければならないとするブラック・パワーの主張は、黒人にまさに必要なものである。

キングにあっては、ブラック・パワー運動の擡頭によって、これまで採用してきたキリスト教的運動方針——愛と非暴力、道徳的良心への訴え、直接行動による圧力、黒人と白人との連携、歌や祈りや説教が生み出す霊的活力の活用——が揺らぐことはなかった。しかし、人種統合の中身に対するキングの認識は深められた。すなわち、キングは人種統合を意思決定の場でのパワーの共有という政治的な次元で捉えるようになり、また黒人が抱える根本問題を貧困問題と位置づけるようになったのである。この点に関するキングの認識は、ブラック・パワーの提唱者のそれと同じであり、以後キングの関心は、非暴力に徹しつつ、もっぱらブラック・パワーの積極的側面の実践に向けられることになった。キングはそれを実践するにあたり、黒人牧師は黒人ゲットーに入っていって黒人貧困層に同一化し、彼らが抱える問題を共有しなければならないと考えた。

キングの対応——実践的側面

①シカゴ自由運動

北部黒人ゲットーの貧困問題に対する応答としてキングとＳＣＬＣが選んだ北部都市は、シカゴであった。しかし、一九六六年一月から八月にかけてキングが「住宅開放」（"open housing"）をめざして取り組んだシカゴ自由運動は、都市の規模、マシーン[46]（machine）と呼ばれる市政のあり方、具体的な目標設定の難しさなど、いくつもの要因からキングに北部の実質的人種差別解決の難しさを痛感させるものとなった。[47]

シカゴの地元の黒人教会の非協力的態度も、シカゴ自由運動の敗因につながった。シカゴでは中産階級の黒人教会から店頭教会にいたるまで、多数の黒人牧師がリチャード・デイリー（一九〇二—一九七六）市長のマシーンに組み込まれていた。すなわち、デイリー市長は黒人牧師が求める教会の改築、会衆の職探し、託児所、教育施設の設置などの便宜を図っており、その見返りとして、黒人牧師を通じて黒人会衆の票を確保していたのである。シカゴの住宅開放運動はデイリー市長の市政を攻撃することになったため、彼のマシーンに組み込まれていた黒人牧師は、シカゴ自由運動に反対ないし沈黙した。キングの片腕を担った黒人牧師ジェシー・L・ジャクソンは次のように語っている。

デイリーは自陣に、南部においてキング牧師とともに行進した黒人の補佐たちや黒人の役人たち、それに黒人牧師たちを抱えていました。しかし、デイリーの「領地」〔＝シカゴ。原文は plantation〕においては、彼らは記者会見を開き、キング牧師に対しここはあなたのいるべきところではないといって、シカゴを去るよう迫ったのです。それは彼を本当に失望させました。(48)

シカゴの黒人牧師のなかで最も影響力のある一人は、NBCの議長ジョーゼフ・H・ジャクソンであった。キングがシカゴに来ると、彼はキングを「部外者」と呼び、シカゴにはすでにデイリー市長という真の友がいるのだから、キングとSCLCの助けは必要ないと主張した。そして彼は、一九六六年七月一〇日にソルジャーズ・フィールドで開催されたシカゴ自由運動のための決起集会に際し、黒人たちにそれをボイコットするよう勧告した。

デイリー市長のマシーンにたて突く黒人牧師は、目に見えない報復的行為を覚悟しなければならなかった。たとえば、住宅開放運動を強力に支援した黒人牧師クレイ・エヴァンズである。同じ時期に、彼は会衆の増加に伴い、新しい教会を建てようと計画したが、ある日、銀行から融資してほしいなら住宅開放運動と手を切るよう警告された。警告を無視したエヴァンズは、その後七年間にわたって新しい教会を建てることができなかった。こうした諸点をふまえ、歴史家ジェイムズ・R・ラルフ・ジュニアは、次のように指摘する。

シカゴ自由運動は、シカゴ黒人を真に動員することはなかった。一つには、それは現地黒人教会の十分な後押しを欠いていた。ジョーゼフ・H・ジャクソン牧師は、公的に運動を痛罵し、多くの牧師はデイリー政権の報復を恐れたことで、活動家たちは公民権に関する大衆集会を主催してもよいという牧師を見つけ出すことにさえ苦労した。(49)

それでも、シカゴ自由運動に積極的に関わった黒人牧師もいた。住宅開放運動のための大衆集会は、現地のPNBCに所属する黒人牧師の教会やデイリーのマシーンから独立している黒人牧師の教会で行なわれ、そこでは南部と同様の熱気に包まれた。こうした黒人牧師はもう一つ別の運動、すなわち「パンかご運動」を展開し、黒人下層大衆の雇用増大に一定の成果を収めた。

「パンかご運動」とは、黒人大衆が持つ潜在的購買力を利用して雇用獲得をめざす運動であった。それは、次の方法をとった。黒人牧師がその地域にある白人が経営する会社や商店の雇用実績を調査し、差別があれば経営者幹部に改善を要求する。たとえば、ある地区で黒人人口が三〇パーセントを占めていれば、各会社は少なくとも三〇パーセントの黒人を卑しい領域の仕事に偏らないよう考慮しつつ雇用すべきであると要求する。要求が受け入れられない場合は、黒人教会を通して、黒人大衆に差別を実施している会社への不買行動を呼びかける。また黒人が経営する商店には、その会社の商品や製品を置かないよう呼びかける。一九六六年八月までに「パンかご運動」は、この種の方法によって五つの主要な会社から合計二四四の新しい仕事を黒人のために獲得した。[50] この運動は一九六八年まで継続されることになった。

②ベトナム反戦

一九六〇年代末にかけては、ベトナム戦争の問題も大きな論争となっていた。アメリカのベトナム介入は、米ソの冷戦が激化するなか、東南アジアの共産主義化を阻止するという大義のもと、ケネディ政権への移行期となる一九五〇年代末にはじまった。しかし、アメリカの軍事介入が本格化したのは、一九六五年二月、リンドン・B・ジョンソン政権が南ベトナムを守る名目で北ベトナムへの爆撃を開始して以降であった。ところが、その後の戦局は好転しないまま、莫大な軍事費が費やされる状況が生まれた。ジョンソン政権は、一九六四年に「偉大な社会」構想の一環として国内の「貧困との戦い」を宣言していたが、ベトナム戦争に対する軍事費拡大に伴い、貧困との戦いのための対策資金は縮小されていった。キングは、このような事態に直面して、次第に反戦の姿勢を明確にするようになりはじめた。より細かく見ると、キングはいくつもの理由から反戦の立場をとった。[51]

第一に、ベトナム戦争の拡大が国内の貧困との戦いの対策を困難にしていること。第二に、ベトナム戦争において黒人兵が高い割合で犠牲となる一方、国内において黒人は平等に扱われないという形で、この戦争が貧しい人々を残酷に操っていること。第三に、政府がこの戦争で行なっている暴力に対し声を上げることなしに、黒人ゲットーの若者の暴力を非難することはできないこと。第四に、自分は一九六四年のノーベル平和賞受賞を、人類の同胞愛のためにいっそう努力するようにとの委任状であると考えていること。第五に、最も根本的なことは、自分は公民権運動の指導者である前に牧師であり、牧師として国内の人種差別と国際平和という道徳的関心を分離させておくことはできないこと。

しかし、当時一般には、公民権運動と成長しつつある平和運動は、いまだ二つのはっきりと異なる運動であると考えられていた。この時期に両者の運動が相互に結びついているとみなすことは、公民権活動家の伝統的思考からの決別を意味したのである。さらに、ジョンソン政権を批判し敵に回すことで、連邦政府が公民権運動への援助を停止するということも十分考えられた。したがって、キングがベトナム反戦の立場を公式に表明すると、SCLC内においても少なからぬ論争が起こった。そして、キングが一九六七年四月四日に反戦演説「ベトナムを超えて」を行なうと、それは「重大な戦術的誤り」として、彼は多数の黒人の公民権運動指導者から激しい非難を浴びせられた。研究者ライオネル・ロコスの次の記述は示唆的である。

黒人は仕事、住宅、学校、選挙登録といった現実的問題により関心を持っていた。一方、キングは道路の分岐点で別の道をとり、ラディカルな視点から、ほとんど文字通り我が道を進んでいった。セルマやバーミンガムでのキングの演説は、多くの黒人を行進や支援、また刑務所へと向かわせ得たし、実際向かわせた。しかし、彼の熱烈な雄弁のすべてをもってしても、一九六七年の二つの巨大なベトナム反戦運動に参加した黒人の割合は、驚くほど小さかった(52)。

キングは、黒人教会と黒人牧師がベトナム戦争問題に沈黙している状況に当惑せざるを得なかった。国際平和問題に強力かつ積極的に対応するための黒人教会を母体とした全国的運動は、形成されることはなかったのである。

③「貧者の行進」

アメリカ市民全員に「仕事と収入」を保障させることを目的とする「貧者の行進」計画は、一九六七年夏の都市暴動以降、キングが全力を尽くして計画したものだった。それは、アメリカ社会が抱える貧困問題の根本的解決を連邦政府に迫る方法を模索するなかで、キングが到達した最終的な解答であった。キングは次のようにいう。ベトナム戦争において、「一人のベトナム兵を殺すたびに、われわれ〔連邦政府〕は約五〇万ドルを費やしているのである。だが他方で、われわれはいわゆる貧困対策プログラムにおいて極貧階層と呼ばれる者には、一人あたり年間わずか五三ドルしか費やして(53)」いない、と。連邦政府の目を国内にいる何千万もの貧者に向けさせ、連邦政府に対策を強制するための唯一の方法は、もはや人種、信条、文化の枠を越えて、貧しく社会的に抑圧された人々をホワイトハウスと連邦議会議事堂のある首都ワシントンＤＣに集め、貧者の存在を劇的に可視化させる以外にない、と彼は考えたのである。

「貧者の行進」は、次のように計画された。まず、一九六八年四月二二日に、北部一〇都市と南部五都市の合計一五都市から非暴力に訓練された貧者合計三〇〇〇人が第一陣としてワシントンＤＣに集まり、必要に応じて八月までそこにとどまる。次に、第二陣、第三陣として、運動に共鳴する労働組合関係者や宗教関係者などあらゆる人種、階層、分野の人々に、ワシントンＤＣに集まるよう呼びかける。最後に、連邦政府が貧困問題に対する対策を打ち出すまで、場合によっては道路に座り込み、首都機能を麻痺させるなどの非暴力による市民的不服従行動を展開する。(54)

しかし、キングの企ては順調には進まなかった。具体的成果が保障されているわけではない「貧者の行進」に参加するためにワシントンＤＣに行こうとする者は少なかった。多くの者は、都市暴動が頻発する社会状況からして、「貧者の行進」も暴動へと発展し、運動は失敗する可能性が高いと見ていた。そうしたなか、一九六八年三月までに、第一陣の三〇〇〇人が確保され、ＳＣＬＣ内では計画を実行に移す機運がようやく高まりはじめた。しかし、同年四月四日、キングはテネシー州メンフィスの黒人清掃員によるストライキを支援するためにこの地に滞在中、凶弾に倒れることになったのである。

その前夜、キングはメンフィスのチャールズ・メイソン寺院で、生涯で最後となる説教を行なった。彼は、黒人清掃員ストライキを支援する黒人牧師を称賛すると同時に、黒人牧師が貧者に徹底して同一化し指導力を発揮する必要性を、あらためて説いた。

さて、私が見事だと思うことは、こうした福音を説く牧師の皆さんを見ることです。すばらしい光景です。説教者以上に、人々の願いと切望をはっきりと表現できる者がいるでしょうか。説教者はそれぞれ、どうにかしてアモスのようになり、「正義を洪水のように、恵みの業を大河のように、尽きることなく流れさせよ」〔旧約聖書「アモス書」五章二四節〕と言わなければなりません。説教者は、どうにかしてイエスとともに、「主の霊がわたしの上におられる。貧しい人に福音を告げ知らせるために、主がわたしに油をそそがれたからである」〔新約聖書「ルカによる福音書」四章一八節〕と言わなければならないのです。〔中略〕私は、彼ら〔参加している黒人牧師〕全員を称賛したいと思います。皆さんも、どうか彼らに感謝してください。なぜなら、あまりにもしばしば、説教者たちは、自分のこと以外には何も関心を持とうとしないからです。ですから、社会の問題に密接に関わろうという牧師の活動を見ると、私はいつも嬉しく感じるのです。

「あの世における白く長い衣」について、その象徴的意味のすべてを語るのはかまいません。しかし、究極的には、人はここ地上で身につけるスーツやドレスや靴がほしいのです。「〔天国にある〕乳と蜜の流れる通り」について語るのはかまいません。しかし、神は私たちに、ここ地上のスラムに、そして一日に三度の食事を食べられない神の子らに関心を持つよう命じてきているのです。新しきエルサレム〔天国の意〕について語るのはかまいません。しかし、福音を説く説教者は、いつかは新しきニューヨーク、新しきアトランタ、新しきフィラデルフィア、新しきロサンゼルス、新しきテネシー州メンフィスについて語らなければならないのです。これが、私たちがしなければならないことなのです。(55)

キングの周囲には、つねに彼を強力に支持する黒人牧師がいた。それゆえ、キングは黒人教会の持つ霊的力と社会変革の活力に対する信頼と希望を最後まで捨てることはなかった。とはいえ、一九六七年末から翌年のはじめにかけて、「貧者の行進」を計画するため各地の動員集会にかけつけた黒人牧師の数は、実際には少数にとどまった。こうして、黒人牧師と黒人教会が指導力を発揮し、貧困問題を解決する運動を起こさなければならないとするキングのメッセージは、未完の課題として残されたのである。

＊

一九五〇〜六〇年代の公民権運動において、黒人教会はそれ以前のどの時期にもまして人種間の社会正義を求める闘いにおいて指導力を発揮し、公然たる行動に出た。神は社会的不正を「いつ」そして「どのように」正すのかという点について、黒人教会のなかには「今こそ」そして「直接行動によって」という態度が顕著にみられたのである。

しかし、黒人教会のこのような積極的関与の背景には、社会的福音と直接行動を唱えるキングと彼を支持する黒人牧師による、黒人教会の活性化努力があったことが想起されなければならない。一九五五年のアラバマ州モンゴメリーでのバスボイコット運動から一九六五年夏の投票権法成立までの時期を黒人教会との関係で見ると、それはキングと彼を支持する黒人牧師が、黒人教会の指導力に対しキリスト教の内部から批判を加えることで、黒人教会の指導力を活性化させようと模索した時期であった。これに対し、ブラック・パワー運動が擡頭する一九六〇年代後半の時期を黒人教会との関係で見ると、それはNOIやストークリー・カーマイケルなど、非キリスト教勢力や世俗的勢力であるブラック・パワーの思想家が、黒人教会の指導力に対しキリスト教の外部から批判を加え、黒人教会の積極的応答を促した時期であった。

いずれの時期においても、体制に公然たる抗議に出る黒人牧師は、黒人牧師全体からみれば少数であった。牧師は社会正義のための闘いに参加せよというキングと彼を支持する黒人牧師の問いかけは、大多数の黒人牧師にとって挑戦的なものだったのである。しかし、キングと彼を支持する黒人牧師は、公民権運動への積極的関与をさまざまな理由から躊躇している多数の黒人牧師の存在に当惑させられながらも、なお黒人教会に潜在する社会的被抑圧者解放への活力を信じ、最後まで黒人牧師と黒人教会が果たすべき社会的責任を行動を通して問い続けることをやめることはなかった。この点において、キングと彼を支持する黒人牧師が黒人教会の活性化に果たした歴史的意義は、きわめて大きいものであったといえるのである。

第五章　二極化の現実と黒人教会

　これまでは、奴隷制から公民権運動にいたる時期までに焦点をあて、黒人キリスト教信仰の展開過程を追ってきた。奴隷制、さらにはその後に続く南部の法的人種隔離制度や北部の実質的人種差別は、黒人に「人種」に基づく社会的被抑圧者として共通の歴史的経験をもたらしてきた。その結果、公民権運動にいたる時期まで、キリスト教が黒人解放の源泉と「なり得る」と信じる黒人にとって、またそうとは信じない黒人にとっても、黒人解放とは主として人種差別からの解放、人種間の社会正義の達成と関連づけられてきた。

　しかし、黒人解放を「人種」のみに関連づける黒人キリスト教信仰のあり方は、公民権運動によって一つの歴史的節目を迎えたといえる。というのも、公民権運動以降、黒人社会内部の多様化が進行したことで、解放の意味も一様ではなくなってきたからである。[1] 主流社会へ参入し、郊外に移り住んだ黒人中産階級のなかには、人種差別からの解放は基本的に成就されたことであり、解放をもっぱら個人的かつ内面的な領域と関連づける傾向が認められる。その一方で、貧困のなかに暮らす黒人若者の多くは、ますます黒人教会との接点をなくし、キリスト教を黒人解放の源泉とは「なり得ない」とみなすようになっている。

黒人社会内部の多様化に伴い、黒人教会の役割をめぐる議論、黒人教会が取り組むべき課題にも変化が起こりつつある。本章ではそうした変化のうち重要と思われるものを三つ取り出し、検討する。第一に黒人教会の社会的、政治的領域への関心ついて、第二に黒人「プロ」政治家の擡頭と黒人牧師の政治的指導力との関係について、第三に黒人社会の二極化と黒人教会との関わりを扱う。

1　黒人教会の社会的、政治的領域への関心

前章で見たように、公民権運動の時期の黒人教会は、積極性と保守性を内在させつつも、それ以前のどの時期にもまして人種間の社会正義を達成するための行動に出た。公民権運動における黒人教会の「目立つ」活躍と比較した場合、一九七〇年代以降の黒人教会は、社会的、政治的領域への関わりにおいて「目立たなく」なった、あるいは「衰退」したとしばしば指摘される。

このような指摘は、黒人教会の社会的、政治的領域への関心という点をとれば、必ずしも正しいものではない。黒人教会は、依然として社会的、政治的領域に対し、高い関心を持ち続けているからである。しかし、他方においてこの指摘は正しくもある。その理由は、黒人教会がもはや黒人社会において唯一重要な社会組織ではなくなったことに関係している。黒人社会においてほかにも重要な社会組織ができることで、社会的、政治的領域における黒人教会の役割は相対的に低下してきている。本節では、その過程を検討することを通して、一九七〇年代以降、現在にいたる黒人教会の現状を概観してみたい。

宗教社会学者のC・エリック・リンカンとローレンス・H・マミヤは、一九九〇年に次のように書いた。

過去二〇年という期間にわたるいくつかの調査から導き出すことのできる一般的結論は、黒人コミュニティでは、教会内部と外部双方においても、牧師と一般信徒の間においても、黒人教会の社会における預言者的役割に対して広範な支持と同意があるということである。日々の社会的、政治的問題について教会は関わるべきであり、発言すべきであるとする態度が浸透している。(2)

黒人教会の役割について黒人社会のなかにみられるこのような認識は、これまでに見た歴史的文脈を想起するならば、驚くにあたらない。第一に、奴隷制時代に形成された黒人キリスト教信仰の伝統においては、キリスト教の福音を魂の救済のみに限定した白人プランターの福音理解に対し、福音とは魂と肉体の救済双方に関わらなければならないとする信仰が存在してきた。第二に、南北戦争後に南部に出現した黒人教会は、北部の黒人教会とともに、黒人の社会生活の全領域に密着してきた。そして第三に、公民権運動を通じて、社会的福音を唱道するキングをはじめとする黒人牧師が行なった黒人教会の社会的役割に対する問いかけは、黒人教会の活性化を促す要因として作用したからである。

それでは、一九七〇年代以降、黒人教会はどのような種類の社会的、政治的問題に関心を寄せてきたのだろうか。一九九九年から二〇〇〇年にかけて、モアハウス・カレッジ、スペルマン・カレッジ、ハーバード大学、シカゴ大学などの政治学者、社会学者、歴史学者が集まり、「黒人教会と政治運動調査」と題する全国的調査が行なわれた。全国の都市および農村地域から一九五六の黒人教会が調査対象に選ばれ、回答者のほとんどはその教会の牧師であった(3)。調査対象となった黒人教会は、一九九〇年代にどのような社会的、政治的問題に関わったかという質問に対し、次のように回答した。

第一は、人種間の社会正義に関係する項目である。「公民権」は三一パーセント、「アファーマティブ・アクション」(社会的マイノリティのための教育、雇用における積極的是正措置)は二四パーセント、「刑事司法」(criminal justice)は二三パーセントであった。第二は、黒人コミュニティの社会的、経済的発展に関係する項目である。「公教育」は四一パーセント、「公共福祉」は二七パーセント、「政府の経済開発政策」は一九パーセントであった。第三は、「社会権と女性のエンパワーメント」で一七パーセントであった。第四は、外交の問題に関係する項目である。「合衆国のアフリカ政策」は一三パー

セント、「合衆国とカリブ諸島およびラテンアメリカ政策」は五パーセントであった。(4)

ここからは、黒人教会の主たる関心は、人種間の社会正義に関する問題と黒人コミュニティの社会的、経済的発展の問題の二つにあることがわかる。黒人教会の関心は依然として国内の問題に、かつ「人種」と関わるものに限定される傾向にある。

一九七〇年代から今日にいたるまで、黒人教会は社会的、政治的領域に対し、高い関心を持ち続けていることが確かめられた。しかし、黒人社会において、こうした領域に関する黒人教会の指導力は、相対的に低下しつつある、ないしはより「目立たない」ものとなってきている。その理由はどこに見出されるだろうか。

第一に、一九七〇年代以降は、公民権運動において掲げられた南部の法的人種隔離制度撤廃や公民権法獲得など、誰もが合意可能な全国的目標がなくなったことである。それに代わって、今日の黒人社会が直面する課題は、教育、住宅、仕事、犯罪、女性の権利、同性愛者の権利というように、多様化し、細分化されている。(5)そのため、全国的運動よりも各々の黒人コミュニティに根ざした、あるいは特定の分野に焦点をあてた活動が重視されるようになってきている。黒人教会の活動も地域に根ざした個別的なものとなり、それが黒人教会の指導力を目立たなくさせている。

第二に、黒人社会内部における中産階級と下層階級の二極化である。一九七〇年代以降、黒人教会に通う者は黒人中産階級において増加した。その理由は、主流社会において白人と仕事をし、競い合わなければならない黒人中産階級にとり、黒人教会は黒人としてのルーツを再確認し、自己のアイデンティティに安定感をもたらしてくれる避難所を提供してきたからである。その一方で、貧困黒人層、特に若者の間では、黒人教会との接点がなくなってきている。[6] したがって、これは誇張された表現ではあるが、今日、黒人教会というと、それは主として「中産階級のもの」であるといわれることが多い。黒人中産階級は、貧困を克服し、郊外に住んでおり、教育、住宅、仕事など社会的、政治的領域において差し迫った問題を抱えているわけではない。そのため、黒人中産階級が黒人教会に求めるものは、一般的に霊的次元に関わるものとなる傾向がある。これらの要素が、社会的、政治的領域における黒人教会の指導力を低下させる要因となっている。

第三に、黒人教会は黒人社会において依然として重要な社会組織ではあるにしても、唯一の社会組織ではなくなったことである。一九七〇年代以降、黒人政治家が増加し、黒人の市民団体や政治団体も増加した結果、黒人社会は黒人教会以外の回路を通じて、社会的、政治的問題に関わることができるようになった。[7] 公民権運動における黒人牧師擡頭の理由は、黒人教会が黒人社会においてほとんど唯一の社会組織であった事実と関係していた。この点を想起すれば、政治的指導力を発揮できる回路が黒人教会の外部にできたことで、社会的、政治的領域における黒人教会の役割は相対的に低下したと見ることができるのである。

2　黒人「プロ」政治家と黒人牧師

黒人の政治参加

公民権運動以降の顕著な特徴は、何よりも黒人の政治参加が促進されたことであった。その要因は、すでに見たように一九六四年公民権法と一九六五年投票権法であった。この成果を達成した直後に、公民権活動家ベイヤード・ラスティンは、「抗議から政治へ」(一九六五年)と題するエッセイを発表した。[8]そのなかで彼は、今後はデモ行進による抗議行動よりも主流政治への参入を通して黒人が抱える問題を改善し、黒人の利益を達成していく段階に入ったと論じた。

一九六〇年代末までは、街頭での抗議行動の重要性も依然として失われていなかった。とはいえ、一九七〇年代に入ると、黒人の有権者登録者数の飛躍的増加に伴い、事態はラスティンが指摘したように進展しはじめた。そして、黒人の有権者登録者数の増加は、黒人政治家の増加という成果をもたらした。たとえば、黒人市長の数は、三人(一九六五年)から一三五人(一九七五年)、一八六人(一九八五年)、三一三人(一九九〇年)、四五四人(二〇〇二年)というように増加してきた。また、連邦下院議員も、六人(一九六六年)、一二人(一九七一年)、二〇人(一九八三年)、三八人(一九九三年)、三六人(二〇〇三年)と、ときに微減がありながらも着実に増加してきた。[9]

黒人政治家が増加する過程で注目されることは、一九九〇年ごろをおおよその転換点に、黒人が政治家にいたるルートという点に関し、また政治のスタイルという点に関し、質的変化が認められることである。その質的変化とは、公民権活動家出身の政治家から「プロ」政治家へ、また黒人のための政策を基礎に据える「抗議」型の政治から人種を超えた政策を基礎に据える「連合」(coalition) 型の政治へというものである。(10)

黒人は連邦や州レベルでは人口面で少数派だったが、市レベルでは黒人人口が集中している選挙区もあった。その結果、まず市長選レベルで黒人が当選しはじめた。しかし、当初「黒さ」を強調して当選した黒人市長も、財政面での支援は州政府から取りつける必要があったため、いったん当選すると「黒人の論理」ではなく「政治の論理」によって、黒人の特殊利益の強調を抑え、人種に中立的な政策と多様な利益を調停できる手腕が求められていくのだった。そしてこの傾向は、州知事、連邦下院議員、連邦上院議員など選挙区が大きくなればなるほど、当選のためには必須条件とならざるを得なかった。

すなわち、黒人が主流政治に参入するためには、「黒さ」の強調、「抗議」型の政治では限界があり、人種に中立的な立場、「調停」型の政治、「連合」による政治をめざす必要が出てくるのである。(11) このような政治スタイルはまた、一九六五年移民法によってラティーノやアジア系を中心に新しい移民が大量に流入し、アメリカ社会がいっそう多様化するなかにあっては、必然的に求められてくるものであった。そして、一九八〇年代末になると、そのような立場を最初からとる黒人政治家が登場しはじめた。その典型例は、一九八九年にアメリカ東部ヴァージニア州知事に当選したダグラス・ワイルダーであった。[12] こうした黒人政治家の特徴は、公民権活動家からの転身ではなく、博士号の学歴を持っていたり、弁護士、教育者、実業家など実務の経歴を背景にして政界に登場してきた、いわゆる「プロ」の政治家であり、多様な利害を調停できる高度な実務能力を有する点にあった。

黒人「プロ」政治家の擡頭

黒人「プロ」政治家の擡頭は、政治的領域における黒人牧師の指導力を相対的に低下させるよう作用してきた。このような変化は、たとえば、黒人の連邦上院議員と連邦下院議員の経歴を調べることによって確認することができる。[13]

黒人教会が歴史的に黒人の物心両面にわたりほとんど唯一の社会組織であった点に照らせば、黒人牧師のなかから政治家になる者が出たとしても不思議ではない。翻ってみるに、南部再建期には二名の黒人連邦上院議員と二〇名の黒人連邦下院議員が選出された。二名の黒人連邦上院議員のうち一名、すなわちミシシッピ州選出のハイラム・R・レヴェルズ（一八二七―一九〇一）が、そして連邦下院議員のうち一名、すなわちサウスカロライナ州選出のリチャード・H・ケイン（一八二五―一八八七）が、黒人牧師であった。この時期、黒人の連邦上下両院の議員のなかで黒人牧師が占める割合は一〇パーセント程度となった。

二〇世紀前半においては、黒人の連邦上院議員はいなかったが、第一次世界大戦期にはじまる黒人の北部への大移住と北部都市への黒人人口集中は、黒人に一定の政治力をもたらした。その結果、黒人連邦下院議員に初当選した年が一九二〇年代から一九四〇年代の間という者は四名おり、そのうち一名、すなわちニューヨーク州選出のアダム・クレイトン・パウエル・ジュニア（一九〇八―一九七二）が黒人牧師であった。この時期、黒人連邦下院議員全体に占める黒人牧師の割合は二五パーセントになった。

一九五〇年代から一九六〇年代の間に初当選した者は、連邦上院議員では一名、連邦下院議員では七名いたが、いずれも黒人牧師ではなかった。その理由の一つとして、この時期が公民権運動の時期にあたり、社会的、政治的に積極的な黒人牧師の関心は街頭での抗議デモや有権者登録の拡大であり、政治家への転身ではなかったことが考えられる。

しかし、初当選の年が一九七〇年代から一九八〇年代の間という者を見ると、興味深い数字が出てくる。この時期に初当選した連邦上院議員は一人もいないが、連邦下院議員は三〇名おり、この三〇名のうち、牧師の資格を持っている者は五名いる。ジョージア州選出のアンドリュー・ヤング（在職期間一九七三―七七年）、ペンシルバニア州選出のウィリアム・H・グレイ三世（在職期間一九七九―九一年）、ニューヨーク州選出のエド・タウンズ（在職期間一九八三―二〇一三年）、ニューヨーク州選出のフロイド・H・フレイク（在職期間一九八七―九八年）、そしてジョージア州選出のジョン・ルイス（在職期間一九八七年―現在）である。連邦下院議員に占める黒人牧師の割合は一七パーセント程度となる。こうした黒人牧師は、公民権活動家でもあった。

最後に、初当選の年が一九九〇年代から二〇〇八年までの間という者を見ると、連邦上院議員は二名（バラク・オバマ上院議員〈当時〉までの場合）、連邦下院議員は五三名いる。このうち牧師の資格を持っている者は連邦下院議員で一名、すなわち中西部ミズーリ州選出のエマニュエル・クリーバー（在職期間二〇〇五年―現在）ただ一人である。黒人の連邦下院議員に占める黒人牧師の割合は、一パーセントに満たない。

もう一つ別の方法で連邦下院議員に占める黒人牧師の割合を出してみよう。一九〇〇年から一九四九年までに生まれた連邦下院議員を見ると、延べ人数は六三人となる。このうち黒人牧師は七人であり、全体の一一パーセントを占める。これに対し、一九五〇年以降に生まれた連邦下院議員を見ると、延べ人数は二七名となるが、このなかに黒人牧師は一人もいない。

以上から、次のような一般的傾向を指摘することができるだろう。公民権運動後しばらくは、この運動で活躍した黒人牧師のなかから政治家に転身する者が出た。その結果、一九八〇年代までは、黒人牧師は主流政治システムのなかにおいても指導力を発揮してきた。しかし、一九九〇年ごろをおよその転換点として、黒人牧師は主流政治システムのなかからは徐々に撤退し、代わって黒人政治は、もっぱら豊富な実務経験を背景とする「プロ」の政治家が担うようになりはじめたのである。

引き続く黒人牧師の役割

黒人の「プロ」政治家の擡頭は、黒人牧師の政治指導者としての位置を相対的に低下させるよう作用してきた。しかし、社会的、政治的領域における黒人牧師の指導力が不要になったわけではない。

むしろ、こうした領域における黒人牧師の指導力は、自己を主流政治の外部に置くことのなかにこそ見出すことができる。

黒人が主流政治に参入したことは、黒人社会にとって大きな前進であった。しかし、それは同時に次のことを意味した。一九九〇年ごろを転換点として擡頭する黒人「プロ」政治家の特徴を、政治学者の松岡泰は五点にまとめている。すなわち、①人種を強調せず、人種問題を争点にしない、②公民権活動家からの転身ではない「プロ」政治家としての経歴、③高度な実務能力、④白人主流社会（＝白人中産階級）と同一の価値観と理念、⑤「小さな政府」への同調傾向である。[14]いいかえれば、黒人「プロ」政治家は、基本的には白人主流社会と同じ価値観を共有しているがゆえに白人票を獲得でき、その結果、主流政治へ参入できるということになる。これは、黒人政治家の政策が基本的には中産階級志向となることを意味し、したがって黒人政治家の数的増加は、必ずしも黒人の貧困層が抱える問題の解決に結びつかないことを意味する。

黒人牧師が主流政治の外部に身を置くことの意義は、この文脈のなかで発生してくる。すなわち、黒人牧師は次の二点において社会的、政治的領域での指導力を発揮できる位置にある。第一は、いわば道徳的良心として、主流政治に対する監視者となることである。第二は、主流政治ではなかなか解決できない問題に取り組むことである。端的にいえば、それは黒人貧困層が抱える諸問題――貧困、エイズ、教育、シェルター、食、犯罪防止など――に対する取り組みとなる。そして、こうした問題への取り組みは、黒人教会が個別に、また黒人教派組織を通じて、さらに市民団体や政治団体との連携を通じて押し進めることができる。同時に、こうした種類の活動はより「目立たない」、コミュニティに根ざした活動となる。宗教史家アンソニー・Ｂ・ピンは、多くの黒人教会はＨＩＶ／ＡＩＤＳに個別、地域、全国レベルで取り組んでいると指摘する。また、多くの黒人教会は、医療補助、教育、予防プログラム、ドラッグ使用の防止などにも取り組んでいると指摘する。[15] 黒人教会の今日の指導力は、このような点に見出せる。

一九七〇年代以降、黒人の多様な利益を代弁する市民団体や政治団体が急増したことは、黒人社会が主流政治に政治的圧力をかけることのできる回路が黒人教会の外部にできたことを意味した。それは、一方において黒人牧師の政治指導者としての位置を相対的に低下させるもう一つ別の要因ともなっている。しかし、他方においてそれは、黒人牧師は以前にも増して黒人の市民団体や政治団体と連携することで、主流政治に対する監視者としての役割を果たすことができることを意味する。

この点に関し、一方では、黒人牧師のなかに積極的な行動主義が認められる。たとえば、「オペレーション・プッシュ」（Operation PUSH、一九七一年）、「虹の連合」（Rainbow Coalition、一九八四年）、「虹・プッシュ連合」（Rainbow PUSH Coalition、一九九六年）は、ジェシー・Ｌ・ジャクソン（一九四一—、牧師、政治家、公民権活動家。キングの南部キリスト教指導者会議の活動に加わり、キング亡きあと、七〇年代から八〇年代の黒人運動を牽引する。八四年と八八年の大統領選挙に際し、民主党の予備選挙に出馬し善戦する）が指導するものである。また、「全米行動ネットワーク」（National Action Network、一九九一年）はアル・シャープトン（一九五四—、牧師、政治家、公民権活動家。二〇〇四年の大統領選挙に際し、民主党の予備選挙に出馬する）が指導するものである。これらの市民団体また政治団体は、いずれも多数の黒人牧師の参加によって支えられている。しかし、他方では黒人牧師の消極性を指摘する報告もある。

さきに引用した「黒人教会と政治運動調査」を行なったドリュー・スミスは、黒人牧師が黒人の市民団体や政治団体とどの程度連携した行動を行なっているのかは、はっきりわからないと述べる。そのうえで、調査結果から次のような指摘を行なっている。すなわち、調査対象となった黒人教会のうち、約五割は一九九〇年代において何らかの市民団体や政治団体と関わりがあったと回答している。しかし、そうした黒人教会のうち、しばしば「寄付」を行なったと回答したのは一三パーセント、しばしば「会合に出席した」と回答したのは二パーセント、しばしば「理事や役員を務めた」と回答したのは二パーセント、しばしば「問題を唱えた」と回答したのは〇・六パーセントにすぎなかった。また、回答項目のなかで「寄付」や「会合出席」と、「問題を唱えて」活動するとでは関与のレベルが異なる。したがって、スミスは、おそらく黒人教会のなかで黒人の市民団体や政治団体に徹底的に関与している数は、ほんの少数のように思われると指摘する。(16)

3　黒人社会の二極化と黒人教会

インナーシティの問題

今日、黒人教会が直面する最も差し迫った課題は、十代の黒人若者、特に黒人男性の教会離れである。この現象は、とりわけインナーシティ（inner-city）のゲットーに見られる。インナーシティとは、大都市において都心と郊外の間にある地域を指し、こうした地域には土地利用の停滞、建物や施設の老朽化による荒廃、貧困者の集住といった傾向がしばしば認められる。そして、インナーシティのなかでも貧困率が四〇パーセントを超えるような地区は、一般的にゲットーと呼ばれる。

黒人ゲットーの状況、特に黒人若者を取り巻く環境は、一九七〇年代以降さらに悪化したということがよくいわれる。社会学者ウィリアム・J・ウィルソンは、このようなゲットーの環境を説明するために、「アンダークラス」という語を使用した。「アンダークラス」という語は、従来の下層階級という概念だけでは捉えられない、特に一九七〇年代以降に生まれた黒人ゲットーの現実を指すために作られた。ウィルソンは次のように説明する。(17)二〇世紀初頭から一九六〇年代まで、黒人ゲットーにはまだ階級的多様性があった。街区は異なっていても、中産階級、労働者階級、下層階級はほぼ同じ地域に住み、学校、教会、商店、娯楽施設など基本的な社会施設が機能しており、階級を超えた人々の接触もあった。特に中産階級が存在したことで、主流社会の考え方である家族の安定、教育の大切さ、勤労意欲の重要性を説き実践する人々を身近に見ることができた。階級を超えた人々の接触は、インナーシティにある程度の安定を生み出す「社会的緩衝装置」として機能していたのである。

ところが、一九七〇年代以降、状況は急速に悪化していった。まず、公民権運動の結果、法的平等と黒人の主流参加を促す教育、雇用におけるアファーマティブ・アクションが推進されると、黒人中産階級が、続いて経済的に安定した労働者階級がインナーシティから郊外に脱出した。それは、「社会的緩衝装置」の消失を意味した。次に、ゲットーの年齢構造が変化し、若者が集中するようになった。これにより、インナーシティに残された黒人は、貧困層、低学歴の者、若者が中心を占めるようになった。さらに、経済のグローバル化が進行するなかで、産業構造の変化がこれらの動きに重なることになった。産業の中心が製造業からサービス業に移り、労働市場は低学歴の低賃金労働と高学歴の高賃金労働に二極化したのである。加えて、製造業は海外移転などで都心とその隣接地域から消えていった。その結果、インナーシティには貧困人口が四〇パーセントを超えるような地区が増え、そこに住む黒人若者の失業率は三〇パーセントを超えるようになった。極度の貧困と「社会的緩衝装置」の消失により、ゲットーの黒人若者の社会的孤立は顕著になり、犯罪や麻薬、婚外子出産、女性世帯主家族、福祉依存者が増加することになった、とウィルソンは説明する。

リンカンとマミヤは一九九〇年の報告のなかで、黒人の歴史においてはじめて、黒人教会の文化的遺産についてわずかの知識もなく、黒人教会とその伝統に何らの敬意も抱かない若者の増加が認められたと書いた。また、別の調査では、一九九五年の段階で、インナーシティの黒人男性の五人に三人は黒人教会と何の接点もないと報告された[18]。インナーシティ、特にゲットーに暮らす黒人若者の間では、黒人教会は何らの社会的存在意味も持ち得ないとみなす傾向が認められるというのである。

一九六〇年代後半に登場したブラック・パワー運動に対する積極的応答として、キングやSCLCに代表される黒人牧師は、特に黒人教会がゲットーの貧困に苦しむ若者と同一化し、貧困問題の克服のために預言者的役割[19]を果たすよう訴えた。しかし、一九七〇年代以降の状況を見ると、この領域に関する黒人教会の指導力は、むしろ低化傾向にある。このような状況は、どのような要因によって生じてきたのだろうか。インナーシティにおいて黒人教会は社会的存在意味を本当に失ってしまったのだろうか。

黒人教会とインナーシティ、特に若者

インナーシティの黒人若者、特に黒人男性がなぜ黒人教会から離れていくのかについては、構造的要因と心理的要因が考えられる。

まず、構造的要因としては次の点を指摘することができる。第一に、黒人人口における男女比のうち一七歳から四五歳を見ると、全国的に見て男性のほうが一八～二五パーセント少ない。これは黒人教会への男性の参加の少なさに一定の影響をおよぼしていると考えられる。第二に、インナーシティにおいては、男性のほうが高い割合で犯罪などに巻き込まれ命を落とす傾向があること、また一九八〇年代の「麻薬との戦争」（レーガン政権下において、中毒治療などの福祉予算をカットする一方、厳罰主義を唱

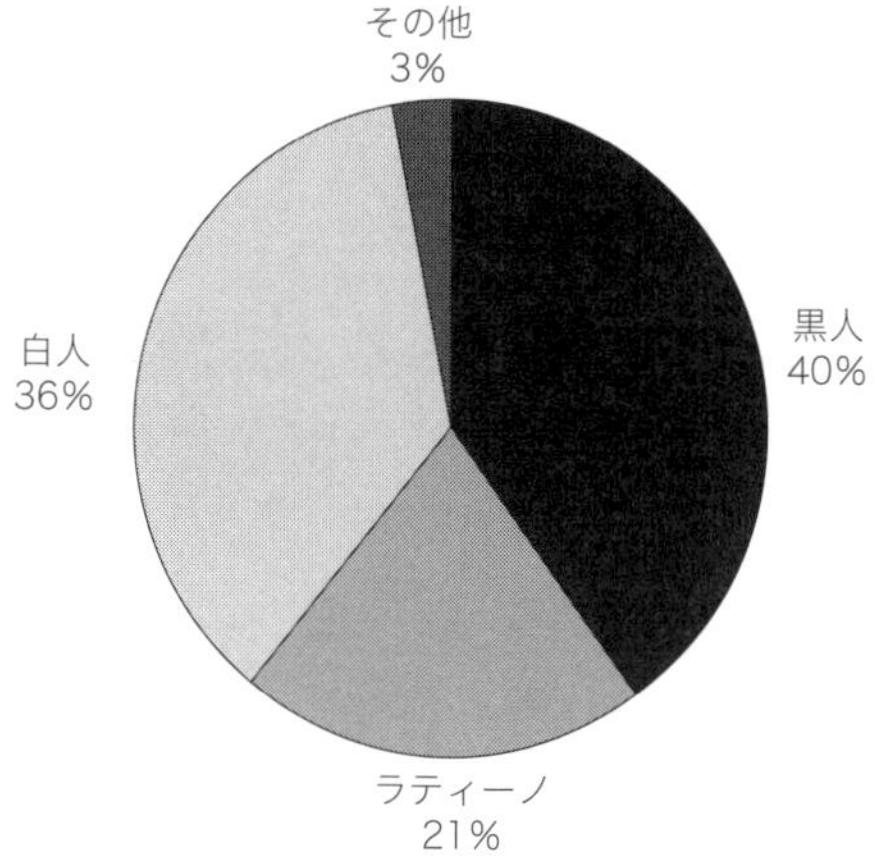

人種・エスニシティ別の収監者の割合（2005年）

えて麻薬犯罪者の収監を押し進めた。とりわけ取り締まりの対象となったのは、インナーシティに暮らす黒人やラティーノだった）以降急増する黒人若者男性の収監率の高さが、彼らから黒人教会へ参加する機会を奪っている点を指摘できる。[20]

しかし、インナーシティにおける黒人若者、特に黒人男性の教会離れの要因は、構造的なものばかりではない。そこには彼らの心理面における要因も作用している。キリスト教は黒人解放の源泉となり得るか否かという問いに対し、インナーシティの黒人若者、特に黒人男性の多くは、「なり得ない」と考える傾向にある。その理由は大きく三つ指摘することができる。

第一は、彼らが黒人教会を「中産階級のもの」とみなす傾向である。黒人中産階級は郊外に脱出し、主流社会で白人と競い合う環境下に置かれることから、自己のルーツやアイデンティティを確認し、精神的安定を得る避難所として、黒人教会に通う。彼らが通う黒人教会は、当初は幼いころから通い、慣れ親しんできたインナーシティの歴史と伝統のある黒人教会であった。週末になると、彼らは郊外から車でそうした黒人教会にやってきて、礼拝が終わるとまた郊外に帰った。しかし、今日、郊外に脱出した黒人中産階級のなかに第二世代が増えるにつれ、その多くはもはやインナーシティには来なくなった。そのため、インナーシティのそうした黒人教会は建物の維持費や教会運営費を工面できず、黒人中産階級のあとを追って郊外に脱出する傾向が認められる[21]。これは、そうした黒人教会がインナーシティの黒人貧困層にこれまで提供してきた食、シェルター、医療補助その他のサービスも減少しつつあることを意味した。インナーシティでは、店頭教会は残るにせよ、中産階級の黒人教会のほうが黒人若者から離れていってしまう現象が起こりつつある。インナーシティの黒人若者には、これが黒人教会は自分たちを置き去りにしていくように映り、彼らが黒人教会を「中産階級のもの」とみなす傾向を強める。

第二は、黒人イスラーム教組織であるＮＯＩの存在である。一九七五年にイライジャ・ムハンマドが亡くなると、ＮＯＩは息子のウォレス・Ｄ・ムハンマド（一九三三―二〇〇八）に引き継がれた。ウォレスはその後、組織をスンナ派に改めて、より開かれたイスラーム教組織を作っていった。これに対し、イライジャ・ムハンマドの教義を継承する形で一九七八年に設立されたのが、ルイス・ファラカン（一九三三―）のＮＯＩであった。ファラカンのＮＯＩは黒人若者男性を引きつけたが、その理由は、一九六〇年代においてＮＯＩが黒人ゲットーの若者男性を引きつけた理由と同じであった。一つは、ＮＯＩはストリートや刑務所など、黒人教会が見落としがちな底辺層を対象に改宗活動を行なうからである。もう一つは、黒人の優越性を説き、家父長制的姿勢を取り、自衛を肯定するＮＯＩの教義は、マスキュリニティ（男らしさ）に価値が置かれるインナーシティの黒人若者男性にとって、黒人教会のそれよりも戦闘的に映るからである。[22] すなわち、黒人教会と比較した場合、ＮＯＩは黒人若者男性にとって、より「男性的」な宗教組織であるとみなされる。これは第三の理由と関連してくる。

第三は、インナーシティの黒人若者男性の多くが今日、黒人教会をしばしば「女性的」とみなす点である。黒人教会の参加者は男性より女性のほうが多く、一般的には七割が女性だとされる。加えて、礼拝において涙を流すなどの行為も、黒人若者男性にとって「女性的」と映る。しかも、黒人教会で愛や非暴力が説かれても、その外に一歩出るとそれと反対の現実がストリートに存在する。したがって、彼らにとって黒人教会のメッセージは魅力的とは映らない。今日のインナーシティの黒人若者男性の多くは、キリスト教を「白人の宗教」というより、「女性の宗教」であるとみなすがゆえに、それは自分たちを解放する源泉に「なり得ない」と考えるのである。[23]

以上、インナーシティの黒人若者、特に黒人男性にとって、キリスト教は自分たちの解放の源泉とは「なり得ない」とみなす要因を検討してきた。それでは、インナーシティにおいて、黒人教会は社会的存在意味をもはや失ってしまっているのだろうか。黒人教会はどのようにしてインナーシティの黒人若者の信頼を勝ち得ることができるだろうか。

これまでの検討から導き出される回答は、第一に黒人教会は「女性のもの」という印象を変えることによって、第二に黒人教会は「中産階級のもの」という印象を変えることによってということになる。しかし、これらは決して容易なことではない。まず、黒人教会は「女性のもの」という印象を変えるためには､黒人教会は「男らしさ」をも強調しなくてはならない。しかし､それはどのような「男らしさ」なのか。また、黒人教会において女性牧師が増えることは、一方では教会内の性差別が克服されていくことを意味するが、他方ではインナーシティの黒人若者男性からすると、それは黒人教会がいっそう「女性化」することと映る。黒人教会は教会内における女性の進出を促進しつつ、同時に黒人教会は「女性的」でないことを示さなくてはならない。黒人教会がインナーシティの黒人若者男性の信頼を勝ち得るためには、このジレンマを解決しなければならない。

次に、黒人教会は「中産階級のもの」という印象を変えるためには、黒人教会はインナーシティに踏みとどまり、徹底して貧困層のなかに身を沈めていかなければならない。それには、たとえば一九八四年からマサチューセッツ州ボストン南部に位置し、最も治安が悪化している場所とされるドーチェスター地区で積極的に活動する黒人牧師ユージン・F・リバーズ三世（一九五〇―、ペンテコスト派の教会、アズサ・クリスチャン・コミュニティの牧師）のような取り組みを覚悟しなければならない[24]。

一九九二年、ある黒人バプテスト教会での礼拝中に一人の若者とギャング数名との間で争いが起こり、教会内で銃が発砲され、さらにその若者は会衆の目の前で刺殺されるという事件が起こった。この事件は、リバーズに「教会が福音を街路に伝えそこなってきたために、街路が悪い知らせを教会内に運び込んだ」と確信させたが、彼をいっそう当惑させたことは、いくつかの例外を除いて地元の黒人教会指導者層がこの事件に口を閉ざし、住民との対話を十分行なわなかったことであった。彼は、対話が必要な黒人若者に対し「教会のドアを閉ざしてきた」ことを、黒人教会は懺悔すべきであると痛烈に批判した。しかし、他方において彼は、教会こそが黒人ゲットーに変化をもたらすことのできる唯一の希望であるという確信を力説した。

もちろん、ゲットーの若者から黒人牧師が信頼を勝ち得るには、大きな身の危険が伴うことになった。一九九三年、リバーズはある若者に学業と仕事の世話を申し出て、彼をギャング生活から救い出そうとした。その若者は、後日リバーズの自宅に発砲した。黒人貧困層のなかにリバーズが本気で身を沈める覚悟があるのかを確かめようとしたのである。リバーズは「劇的な変化は劇的な犠牲を要求する」として、そこにとどまった。そのようにして、彼は何人もの黒人若者を救い出してきた。その結果、リバーズに賛同する三七の黒人教会が「一〇項目計画」(Ten Point Plan)を立て、ギャング集団への働きかけ、児童の裁判における監察官役、街頭での伝道促進、経済発展計画、郊外教会との連携、犯罪防止活動、性感染症防止活動、ギャング生活に代わる友愛組織の設置、強姦相談センターの設置、黒人とラティーノの歴史に関する教育活動などに取り組みはじめるようになった。

リバーズの取り組みは、現在の黒人教会のなかに、社会的被抑圧者の解放を説く預言者的役割の伝統が息づいていることを示している。そして、この種の指導力こそが、黒人教会がインナーシティの黒人若者の信頼を回復するために求められているのである。

＊

一九七〇年代から現在にいたるまでに、黒人社会内部の多様化に伴い、黒人教会の役割、黒人教会が取り組むべき課題にも変化が起きている。黒人教会は、依然として社会的、政治的な問題に高い関心を持っているとはいえ、合意可能な全国的目標の欠如、黒人の「プロ」政治家の擡頭、そして黒人の市民団体や政治団体の増加を背景に、この領域における指導力は相対的に低下してきている。しかし、このことは、社会的、政治的領域における黒人教会の指導力が不要になったということではない。今日、黒人牧師の指導力は、むしろ主流政治の外に身を置き、主流政治に対する監視者となると同時に主流政治ではなかなか解決できない諸問題に取り組むことのなかにこそ求められるのである。

この点と関連して、黒人教会が直面する最も差し迫った課題は、インナーシティの貧困問題に対する取り組みであるといえよう。しかし、この課題に対する黒人教会の活動は、積極性と保守性の緊張関係のなかで展開してきている。中産階級と貧困層の二極化が進む黒人社会において、リバーズのようにインナーシティに踏みとどまり、貧困層のなかに身を沈める黒人牧師がいる一方、黒人中産階級のあとを追って、インナーシティから郊外へと教会を移す黒人牧師もいる。このように、黒人コミュニティにおける黒人教会の役割をめぐる議論は、過去と同様に、現在も継続進行中のプロセスなのである。

第二部

黒人共同体のスピリチュアリティ

——その諸相

第六章　アメリカ黒人と「出エジプト物語」

南部奴隷制と、その後に続く法律上また実質上の人種差別に直面した黒人にとり、キリスト教は第一義的にはこうした苦難に耐え、生き抜くための、いわば「生存のための宗教」として機能してきた。それを彼らに可能にしてきたものこそ、「神は社会的に抑圧された人々を遅かれ早かれ解放する」という信仰であった。黒人のなかには、この信仰に基づいてときに公然たる抗議に出る者もいた。神は社会的に抑圧された人々を解放するという黒人のキリスト教信仰は、聖書のなかのいくつかの言葉や物語に基づいていた。それらは、比喩《メタファー》として黒人の世界観を強力に規定してきた。しかし、それらのなかでも、ある一つの物語以上に黒人の想像力を捉えたものはなかった。それは、旧約聖書の「出エジプト物語」である。

歴史家アルバート・J・ラボトウは、黒人は旧約聖書の「出エジプト物語」から得られる宗教的想像力によって、苦難を耐え、生き抜き、さらには一つの民としてのアイデンティティを形成、維持してきたと指摘する。[1] すなわち、黒人は個人であれ集団であれ、自分たちの運命、自分たちが置かれている社会的現実——過去、現在、未来——を解釈する原型を「出エジプト物語」に求めてきたのである。事実、黒人文学作品のなかには、聖書とりわけ「出エジプト物語」をモチーフとするものが多数ある。たとえば、ゾラ・ニール・ハーストンの『モーセ、山上の男』(一九三九年)、ジェイムズ・ボールドウィンの『山に登りて告げよ』(一九五三年)、トニ・モリソンの『パラダイス』(一九九七年)などである。[2] こうした作品の存在自体が、黒人の想像力のなかに「出エジプト物語」が息づいてきたことを何よりも示している。

本章では、黒人の想像力のなかで「出エジプト物語」がどのように援用されてきたか、その歴史的展開を追う。あわせて、この物語が現在のアメリカ社会に持つ意味を考える。

1　黒人の想像力における「出エジプト物語」

なぜ、黒人は「出エジプト物語」にこれほどまでに魅了されてきたのか。要約していえば、黒人はこの物語から得られる想像力によって、苦難を耐え、生き抜き、一つの民としてのアイデンティティを保持することができたのである。

「出エジプト物語」は、旧約聖書の「出エジプト記」から「ヨシュア記」にいたる一連の物語を指す。この物語は、エジプトで奴隷とされ迫害されていたイスラエル人たちが、神に選ばれた民として預言者モーセに率いられエジプトを脱出し、四〇年間荒野《あらの》を放浪したのち、最終的に「約束の地」カナン（現在のパレスチナ）に到達するというものである。モーセは「約束の地」を見ることはできたが、「約束の地」に入る前に亡くなる。カナンへの移住は、モーセから後継者ヨシュアに引き継がれ達成される。

この物語は、大きく四つの部分から構成されている。(3) 第一は、イスラエル人がエジプトで奴隷状態にあるという部分（「エジプト」）。第二は、神の導きにより、モーセを先頭にイスラエル人がエジプトから脱出する部分（「脱出」）。第三は、その後、彼らが四〇年間にわたり荒野を放浪するという試練と苦難の部分（「荒野」）。そして第四は、神の導きによりヨシュアを先頭に彼らが「約束の地」に到達するという部分（「約束の地」）。

黒人は、自己の置かれている社会的現実を、「出エジプト物語」の四段階のうち自分はいまどの段階にいるのかに関連づけて理解した。ただし、この四段階は、黒人の想像力のなかで必ずしも直線的に進行したり、固定的に存在したのではない。それは、時間軸上においても、空間上においても、必要に応じて修正、再修正された。たとえば、「約束の地」に到達したと思ってはみたものの、実はいまだ「荒野」の段階か、いやそれどころか「エジプト」の段階にほかならないと再認識するといった思考の過程が、しばしば生じたのである。

しかし、何よりも重要な点は、この物語には結末――それも出発点とはまったく異なる肯定的な結末――が用意されていることである。黒人は、自己の置かれている社会的現実を四段階のどこに位置づけるかという点に関しては、その都度修正、再修正を迫られた。しかし、その場合でも、彼らはこの物語の結末（＝「約束の地」到達）が何であるかを忘れなかった。(4) 自己の苦難をこの物語に重ねるかぎりにおいて、黒人は、自分が最終的にどこに向かって進んでいるのかを見据えることができた。それゆえ、彼らは、たとえ今はまだ到来していなくとも、自由と解放がいずれ成就されることについては、何ら心配する必要がなかった。奴隷制と人種差別という過酷な状況にあって、黒人がなおも生き抜くことに意味と目的を見出し得たのは、そのためである。このように、「出エジプト物語」は、黒人に希望を生きながらえさせる解釈枠組みを提供したのであった。

黒人はつねに「約束の地」を見据えていたとはいえ、「約束の地」の解釈は多様であった。旧約聖書の「出エジプト物語」に従えば、「約束の地」への到達は、エジプトからカナンへの地理的移動、空間的移動によって達成される。黒人が解釈する「約束の地」も、同じように土地の移動や領土の獲得といった地理的移動、物理的空間と結びつく場合があった。しかし、必ずしもそればかりではなく、大多数の黒人は、アメリカという同一の地理的空間において社会正義が達成されることをもって、「約束の地」に到達するのだと解釈した。彼らは、「約束の地」を倫理的、政治的、経済的次元と結びつけて解釈する傾向にあった。(5)

「出エジプト物語」は、黒人としての集団的アイデンティティの源泉ともなった。なぜなら、この物語はイスラエル人が一つの民、選民としてエジプトを脱出し、「約束の地」に到達することを語っているからである。したがって、黒人が自分たちの置かれた現状を「イスラエルの民」と重ねるという行為は、黒人の間に自分たちは共通の歴史と運命を持つ一つの民であり、神に愛される選民であるとのアイデンティティを構築する役割を担った。(6)

以上、「出エジプト物語」の構造を分析することで、なぜ黒人がこの物語に魅了されてきたのかの、いわば理念的側面を説明した。次節では、黒人の想像力のなかで「出エジプト物語」がどのように援用されたのか、その現実的展開を追うことにする。

2　「出エジプト物語」の援用

奴隷制のもとで

南部奴隷制下において、黒人にとり最も重要だとみなされたものは、週二、三回ほど森の奥や奴隷小屋などで行なわれた秘密の礼拝集会（「見えざる教会」）であった。秘密の礼拝集会は、プランターの監視が届かないという意味において、特殊で閉ざされた空間であった。しかし、そのような空間で、黒人説教者の説教、歌、祈り、踊り、さらには仲間の信仰証言などを共有することで、奴隷のなかには共通の過去と記憶、連帯意識が形成され、一つの民としてのアイデンティティが生み出されていった。

秘密の礼拝集会における黒人説教者の説教は、奴隷制のもとでの試練と苦難の生活をイエスの受難やイスラエル人の苦難と比較し、救いの道を明確にして、遅かれ早かれ最後には確実に自由になれると説くものであった(7)。そして、秘密の礼拝集会で歌われたとされる、黒人霊歌「行け、モーセ」は、黒人奴隷の想像力のなかに「出エジプト物語」が深く根づいていたことを端的に示している。

イスラエルがエジプトにいたとき、
わが民を去らせよ、
抑圧が激しく耐えることができなかった、
わが民を去らせよ、

行けモーセよ、
遠く離れたエジプトの国へ、
そしてファラオに告げよ、
わが民を去らせよと(8)。

奴隷は「行けモーセ」を歌いながら、黒人説教者や北部の奴隷制即時廃止論者などをモーセに重ね、自分たちをイスラエル人に重ね、南部をエジプトに重ね、奴隷主をファラオに重ねつつ、奴隷解放を願ったのである。ラボトウは、奴隷によるイスラエル人への同一化の強さは、強調してもしすぎることはないと指摘する。(9)奴隷は、歌や祈りや説教のなかで、イスラエル人と同じように紅海をわたった。彼らはまた、ファラオの軍隊が溺れるのを見た。ピスガ山に立つモーセの脇から、彼らも「約束の地」を見わたした。そして、ヨシュアに導かれ、彼らもヨルダン川をわたったのである。

奴隷のなかには、逃亡という抵抗手段によって「脱出」を試みた者たちがいた。こうした奴隷は、ときに自力で、ときに奴隷の逃亡を援助する「地下鉄道」と呼ばれる非合法的ネットワークを通じて逃亡に成功した。のちにこうした逃亡奴隷の証言史料を分析したトーマス・L・ウェッバーは、証言者の言葉はどれも逃亡を神意と捉え、神が自分を守ってくれるという確信に満ち溢れていたことを明らかにしている。(10)

この点について、逃亡に成功したのちに自伝出版や週刊新聞『北極星』の発行を手掛け、一九世紀における黒人解放運動の中心的指導者となったフレデリック・ダグラス（一八一八―一八九五）も、次のように記している。奴隷の間では「おお、カナン、甘美なカナン、私はカナンの地に向かっている」という歌が歌われ、この場合カナンは「天国に到達したい希望以上の意味があった。私たちは北部へたどりつくつもりでいっており、北部が私たちのカナンだった」(11)。ダグラスは、アメリカは黒人にとり現在は「エジプト」であるが、黒人にとっても最終的には「約束の地」になるのだという、倫理的、政治的、経済的観点から「約束の地」を解釈する代表的な人物となった。

逃亡に成功した奴隷のなかには、ダグラスのように北部で奴隷制廃止運動に関わるだけでなく、南部に潜入して仲間の逃亡を助ける者もいた。そうした者たちは、同胞を自由にすることが神意であり道徳的義務であるとの宗教的確信に導かれていた。その一人が、ハリエット・タブマン（一八二二―一九一三）である。タブマンは、逃亡に成功したのちも南部に一九回潜入し、「地下鉄道」の援助を得て、三〇〇人を超す奴隷の逃亡を手伝ったとされる。タブマンはその首に高額の賞金がかけられたが、不思議なことに捕まることはなかった。このような勇敢な行動と神秘性ゆえに、タブマンは「女モーセ」と呼ばれた。黒人たちは、タブマンの行動を「出エジプト物語」に重ねて理解したのである。

「出エジプト物語」に重ねながらも、ダグラスやタブマンとは異なる形でこれを援用した者もいた。北部の急進的な奴隷制廃止論者であった黒人牧師ヘンリー・ハイランド・ガーネット（一八一五―一八八二）である。ガーネットは、「出エジプト物語」のイスラエル人とは異なり、奴隷が南部奴隷制という「エジプト」から大集団で脱出することは非現実的であると考えた。黒人を四〇〇万人の奴隷という集団として考えた場合、北部やカナダやメキシコに「脱出」を試みるよりは、むしろ南部＝「エジプト」内で自由のために武装してでも戦うべきだと説いた。ガーネットは次のようにいう。

イスラエルの子らのように、束縛の地〔奴隷制の南部〕から大集団で脱出することは不可能なのです。ファラオたちは、血のように赤い水域の両側にいるのだから！　英国女王の自治領〔カナダなど〕に集団で移動することもできなければ、フロリダを通り抜けテキサスを制圧して、最後にメキシコで平安を見出すこともできません。〔中略〕今を生きておられる神を信じるのです。人類の平和のために働きなさい。そして忘れないように。あなたがたは四〇〇万人（FOUR MILLIONS）だということを[12]。（傍点――原文はイタリック）

しかし、大多数の奴隷はガーネットが説いたような武装抵抗という手段（第二章第三節参照）に出ることはなかった。それは、彼らが巡回隊や正規軍と戦っても勝ち目がないことを知っていたからである。それゆえ、大多数の奴隷は、秘密の礼拝集会を中心に、奴隷制という苛酷な環境を生き抜く霊的活力の源泉として「出エジプト物語」を活用した。そして、神は奴隷制を嫌悪しており、遅かれ早かれ奴隷制を廃止するという黒人の信仰が成就される日は、まもなく現実に到来することになった。

アフリカ植民運動

奴隷制時代を通して、黒人のなかには、アフリカないしアメリカ国外の地域を「約束の地」とみなし、そうした地域への移住を試みる者がいた。「植民運動」（the Colonization Movement）と呼ばれる活動である[13]。植民運動を推進した黒人は、分離主義的ないし民族主義的思想を持つ者たちであった。彼らには、アメリカにおいて黒人は白人との間の完全な平等を実現することはできないであろう、あるいは、仮にそれが実現可能だとしても、黒人自身の国家を建設するほうが、はるかに望ましいという認識があった。

一八一五年、自由黒人でクエーカー教徒のポール・カッフ（一七五九―一八一七）が、三八人の黒人と西アフリカのシエラレオネに到着すると、植民の考えは北部と南部の白人の関心も呼んだ。翌年一八一六年には、自由黒人をアフリカに帰還させることを目的に「アメリカ植民協会」（American Colonization Society）が創設された。この協会が創設されると、連邦議会でも植民計画が具体的に検討された。その結果、一八一九年には西アフリカ西部シエラレオネとフランス領象牙海岸との間にあった四万平方キロメートルほどのアフリカ西海岸地域（リベリア）が、植民の場所として用意された。

しかし、アメリカ植民協会の支援で実際に入植したアメリカ自由黒人の数は、その活動が衰退する一九世紀半ばまでに全体で一万二〇〇〇人と推定され、小規模にとどまった。というのも、一八三〇年代までに、自由黒人と奴隷制廃止論者の多くが、植民計画の動機そのものに疑問を投げかけ、道徳的見地からこの植民計画に反対するようになったからである。

なるほど、アメリカ植民協会を支持した白人のなかには、クエーカー教徒のように、黒人は自身の国を持つ権利があるという人道主義的観点に立つ者もいた。しかし、その支持者のなかには、黒人は本質的に西欧文明への適応能力がないとみなす者、また、自由黒人をアメリカ国外に追放してしまうことで、奴隷制をいっそう強固なものにできると考える南部白人が多数いた。そのため、自由黒人と奴隷廃止論者の多くは、次第にアメリカ植民協会による植民計画の動機そのものを疑問視するようになっていったのである。たとえば、黒人解放運動の指導者フレデリック・ダグラスは、一貫して植民計画に反対しただけでなく、植民計画は黒人が劣等であるという信仰を助長するものと論じた[14]。何よりも、植民計画に反対した人々は、黒人はアメリカ独立戦争で血を流し、その後もアメリカの土地を耕してきたアメリカ人であり、もはやアフリカ人ではないと主張したのである。こうして、アメリカ植民協会自体は一九一〇年まで存続したものの、その活動は一九世紀半ばまでに下降線をたどることになった。

　黒人のなかには、アメリカ植民協会には批判的でありつつも、中央アメリカや南アメリカ、そしてアフリカなど、アメリカ国外を積極的に「約束の地」とみなす者がいた。その一人が、マーティン・R・ディレイニー（一八一二―一八八五）である。彼は、一九世紀における黒人民族主義の主要な理論家また政治思想家であったが、一八五二年に「現状、向上、国外移住と、合衆国の有色人の運命に関する政治的考察」と題する演説を行なった。このなかで、ディレイニーは「出エジプト物語」に重ねつつ、アメリカ黒人の南アメリカへの国外移住計画を語った。ディレイニーは、黒人の救済は抑圧者のもとを去ることでしか達成されないと考えたが、神は南北アメリカ大陸という「新世界」の一部を有色人種のものとして創られたと解釈した。その一部とは、中央アメリカ、南アメリカ、西インド諸島の地域であった。ディレイニーは次のように述べる。

　中央アメリカと南アメリカが私たちの未来の故郷とならなければなりません。私たちを抑圧する者たちは、そこに行かせようとはしないでしょう。彼らは、全力を尽くして私たちを阻止しにかかるでしょう。私たちが権利を得られるという話をしたり、国内に領地を与えると持ちかけるなどして。それは無益なことなのです。〔中略〕私たちに行かせてその土地を得させてもらいたい。そうすれば、イスラエルの神は私たちの神となります。(15)

（傍点——原文はイタリック）

ディレイニーに賛同する黒人は、全体的には少数であった。とりわけ、南北戦争にいたる期間に拡大した奴隷制廃止運動の結果、黒人のなかにアメリカでの平等実現への期待が高まると、「約束の地」をアメリカ国外に求める動きは弱まることになった。

旧約聖書において神がイスラエルの民を奴隷的拘束から解放したように、自分たちも自由にするであろうという黒人奴隷の信仰は、南北戦争による奴隷解放と奴隷制廃止によって確認された。黒人がこの歴史的出来事を「出エジプト物語」に照らして神の御業《みわざ》として解釈したことを、W・E・B・デュボイスは『黒人のたましい』（一九〇三年）のなかで次のように書く。

奴隷解放は、かつて疲れはてたイスラエル人たちの目の前にひろがった甘美な約束の土地よりも、いっそう甘美な約束の土地への鍵であった。一つの折り返し句《リフレイン》が、歌のなかでも、説教のなかでも、ふくらみ高まる声となった、——「自由《リバティ》」。涙と呪いのなかに彼の哀願した神さまは、右手に「自由《フリーダム》」をもっておられた。ついに、それはやってきた、——突然に、おそるおそる、まるで夢のように。(16)

しかし、自分たちは「約束の地」に向かいつつあるとする黒人の希望は、一八七〇年代後半に連邦軍が南部から撤退し、南部再建が挫折したことで修正を迫られる。クー・クラックス・クランなど白人人種主義勢力による黒人に対するリンチが横行したため、一八八三年には連邦最高裁が法と秩序維持の観点から、州権である警察権力を合衆国憲法修正第一四条に優先させるという判断を下した。これを機に、南部諸州は黒人の諸権利を「合法的」に剝奪しはじめ、一八九六年には連邦最高裁が「分離すれども平等」（プレッシー対ファーガソン訴訟）の原則を打ち出し、南部の法的人種隔離制度はこの原則を後ろ盾に確立した。

経済的側面を見ても、南部再建において黒人が期待した「四〇エーカーと一頭のラバ」の分与ができなかったために、たいていの黒人はシェアクロッパー（分益小作人）として南部白人プランターの土地に縛りつけられることになった。黒人は、自分たちが依然として「エジプト」にいると認識させられたのである。

以上のような環境下において、再び黒人のなかから、アメリカではなく国外とりわけアフリカを「約束の地」と見立てる者が出たとしても不思議ではない。黒人牧師エドワード・W・ブレイデン（一八三二―一九一二）も、その一人であった。ブレイデンは、最初の汎アフリカ主義者ともみなされる人物である。彼は、黒人は国外離散した民（ブラック・ディアスポラ）であり、神が古代イスラエル人にカナンを「約束の地」と定めたのと同様に、神はアフリカを黒人にとっての「約束の地」と定めていると考えた。ブレイデンは、「出エジプト物語」を、黒人がアフリカに帰還する原型としたのである。彼は、一八九〇年にワシントンDCで行なったアメリカ植民協会での講演で、次のように語った。

どの人種も、自分たちの立場から全能なる神の異なる側面を見ています。ヘブライ人は、エジプト人の土地では神を知り神に奉仕することはできませんでした。黒人がアングロ・サクソンのもとで神を知り神に奉仕することができないというのも、これと同じことです。(17)

ブレイデンは、アメリカ黒人のアフリカ移住は三段階の過程を経ると見ていた。第一段階は反奴隷制運動であり、第二段階は奴隷制廃止と奴隷解放であり、第三段階がアフリカへの移住である。(18)そして、彼はこの講演において、現在は第三段階にあるとした。ブレイデンのこの三段階の思考法は、「出エジプト物語」の最初の三段階に呼応していた。すなわち、第一段階の反奴隷制運動は「エジプト」、第二段階の奴隷制廃止と奴隷解放は「脱出」、そして第三段階のアフリカ移住計画中の現在は「荒野」というように。ブレイデンの念頭には、この三段階を経て、実際にアフリカに移住した黒人は「約束の地」に到達したことになるとする想像力が働いていた。

ブレイデンと同様に、アフリカン・メソジスト監督教会の牧師ヘンリー・M・ターナー(一八三四—一九一五)も、アフリカを「約束の地」とみなしていた。ターナーは、南部再建期には解放民局に従事するなどしたが、南部再建の挫折に失望してからはアフリカ移住を提唱するようになった。ターナーは、一八八三年に行なった「アフリカへの移住」と題する演説で、キリスト教の黒人国家をアフリカに作る夢を次のように語った。

そうです。私はアフリカを避難所にしたいのです。なぜなら嵐のような突風、迫害の赤潮、アメリカ人の偏見の恐怖からの避難所として他の地は考えられないからです。〔中略〕私は、自分たち自身で政府を作り管理する能力を示せないような人種は、それがどの人種であれ尊敬されることはないし、尊敬されるべきでもないと信じています(19)。

アメリカ西部

ブレイデンやターナーと異なり、南部再建が挫折する一八七〇年代後半において、アメリカで「約束の地」を探すことを選んだ黒人のなかには、これを西部カンザスに見出す者がいた。ソジャナー・トゥルース（一七九七—一八八三）も、その一人であった。

ニューヨーク州に奴隷として生まれたトゥルースは、同州内の奴隷解放令によって一八二七年に自由の身となると、その後、福音伝道者として働くとともに、奴隷制廃止運動、女性参政権獲得運動に携わった。南北戦争後には解放黒人の生活支援に尽力したが、南部再建が挫折すると、晩年の彼女は連邦政府の支援を得て西部カンザスに入植地を作り、飢えに苦しみ生活もままならない解放黒人が、連邦政府の施し物に頼るのではなく、そこで自活できるようになることを夢見た。彼女は、入植地ならばリベリアでなくともアメリカの西部に見出せるではないかと主張したのである。しかし、そのような主張も、やはり「出エジプト物語」を原型とするものであった。トゥルースは最晩年のインタビューで次のように答えた。

私はずいぶん長いこと、黒人たちがカンザスに行くよう、また神が彼らに道をまっすぐお作りになるよう祈ってきました。そうです、本当に！ それは彼らにとって賢明な策だと考えます。エジプトの子ら〔イスラエル人〕が脱出してカナンに移住したのとまったく同じように、そうするのがよいことだと信じています。〔中略〕私は生きて見届けることはできないでしょう。ですが、〔カンザスに移住した〕この世代が去りゆくまでに、大きな変化があることでしょう。[20]

トゥルースの「私は生きて〔「約束の地」を〕見届けることはできないでしょう」は、彼女が現在を「荒野」と認識していることを示している。あるいは、彼女が自己をモーセに重ねていると読むこともできる。モーセはカナンを見ることはできたが、カナンに入る前に亡くなった（旧約聖書「申命記」三四章）。そして、それに続く「大きな変化があることでしょう」は、彼女が「約束の地」という結末を見据えていることを示している。トゥルースの発言は、このように「出エジプト物語」を原型としていた。

トゥルースは、解放黒人のカンザス移住に尽力した一人であったが、実際に一八七〇年代は、とりわけ一八七九年を頂点に「大脱出」（Great Exodus）と呼ばれる、南部から西部カンザスへの黒人の移住が起こった。カンザスの黒人人口は、一八七〇年に一万六二五〇人だったが、一〇年後の一八八〇年には四万三一一〇人となった。実に、一〇年間で二万七〇〇〇人も増加したのである。[21]

北部大移住（グレート・マイグレーション）

黒人の北部への大移住は、一九一〇年代半ばにはじまるとされる。それは第一次大戦に伴う労働力需要の増大、ヨーロッパからの移民の減少による労働力不足といった北部側の「プル要因」と、シェアクロッパー、法的人種隔離制度による「第二級市民」の地位、白人民衆やクー・クラックス・クランによるリンチからの脱出願望など南部黒人側の「プッシュ要因」が重なりあった結果、生じたものであった。

黒人たちは、第一次世界大戦期の北部への大移住を「宗教的出来事」「第二の出エジプト」「第二の解放」と捉えていた。[22] 彼らは、北部での経済的機会の到来を神意と受け止めたのである。一日の稼ぎは、南部の農夫の場合が七五セントとすると、北部の工場では三、四ドルになった。『シカゴ・ディフェンダー』紙などの黒人新聞や北部の黒人教会も、北部が「約束の地」であるといって南部黒人に移住するよう勧めた。

深南部からシカゴその他の北部都市につながる鉄道は、「約束の地」へと続く象徴的存在であった。ある一四七名の移住者の一行は、かつて奴隷州と自由州の境界線となっていたオハイオ川を鉄道で通過する際に、「私はよき知らせを携えてエジプトから脱出した」と歌った。また、北部の研究者や調査員の質問に対して、ある年配黒人女性はこう答えた。「私は約束の地に行くのです」。北部への移住

南部から北部都市シカゴに到着した黒人家族（1919 年）

を決意した黒人は、南部綿花農園を荒廃させたワタミハナゾウムシの大量発生すら、エジプトのファラオに対して預言者モーセが起こした「十の災い」の再現であると解釈した。[23] もちろん、北部への大移住は「出エジプト物語」を完全になぞるものではなかった。「出エジプト物語」においてはモーセという指導者がいたが、北部への大移住は組織的に行なわれたわけでもなければ、特別な指導者もいなかった。

第一次世界大戦期の黒人の北部移住に対し、南部白人はこの出来事を黒人とは反対のものと受け止めた。黒人が南部にとどまることが神意であると考えたのである。黒人は、ファラオがイスラエル人の脱出を阻止しようとしたように、今回の「第二の脱出」を阻止しようとした。それは、部分的には成功した。南部にとどまることを選択した黒人もいたからである。

しかし、南部にとどまることを選択した黒人には、南部白人とは異なる論理が働いていた。すなわち、そうした黒人のなかには、ブッカー・T・ワシントンに倣って、南部に残り白人と協力しながら生活を向上させられると信じる者がいた。また、黒人の北部流出を抑えるためには南部での黒人に対する処遇改善が条件となると南部白人に迫る、積極的戦略に出る者もいた。さらに、祖父母の地である南部との絆を断つことができないという者もいた。[24] このように、黒人の想像力のなかで「出エジプト物語」は、北部への大移住と結びつく場合もあれば、南部の人種関係改善と結びつく場合もあった。

では、北部を「約束の地」とみなして移住した黒人たちは、その後どうなったであろうか。彼らの期待にも関わらず、北部に到着した黒人を待ち受けていたのは、実質的人種差別であった。戦時生産のピーク時には黒人も仕事を見つけることができたが、労働需要が減ると最初に解雇されたのは黒人だった。黒人はたいていの場合、労働組合からも排除されていた。住宅、雇用、教育という日常生活全般にわたる「目に見えない人種差別」によって黒人は実質上分離され、黒人ゲットーに押し込められていたのである。ＮＡＡＣＰやＮＵＬなど公民権団体の活動は、主として中産階級の黒人に焦点をあてる傾向にあったため、そこから漏れたと感じる黒人貧困層の間には、激しい抵抗心と同時に不安と焦燥の念がみなぎることになった。

南部からハーレムに移住した両親のもとに生まれたクロード・ブラウン（一九三七―二〇〇二）は、青年期までのハーレムでの生活を記した自伝『ハーレムに生まれて』（一九六五年）で、次のように書く。

北部への旅行の計画をたてている間じゅうも、彼ら〔親たち〕は「イエスよ、わが手をとりたまえ」とか、「私はこれからまいります」という霊歌を口ずさみ、「ハレルヤ、これから約束の地へ」と声を合わせた。

しかし、従兄のウィリーは、急ぐあまり、故郷の人たちに約束の地の最も重要な一面のことをいい忘れていたようだ——それはスラムだ、ということを。〔中略〕

これら幻滅した黒人パイオニアの子供たちは、両親の運命を——その失望と怒りを、そっくりそのまま受け継いだ。そのうえ彼らには、救出の望みもなかった。なぜなら、もうすでに約束の地にいる以上、そこからどこへ行けるのだろう。(25)

こうして、北部に移住した黒人の多くは、自分たちが再び「エジプト」か「荒野」にいると認識させられた。

一九二〇年代には、こうした閉塞感に満たされた状況下において、黒人の心を捉えた二つの活動があった。第一は、ノーブル・ドルー・アリによって一九一九年に創設されたイスラーム教系の黒人民族主義教団「ムーリッシュ・サイエンス・テンプル」であった。同教団は一九三〇年にNOI（ネイション・オブ・イスラーム）に発展する。こうした教団に救いを見出した黒人は、「出エジプト物語」を捨て、ヤカブ神話に重ねて自己の置かれた社会的状況を理解するにいたった。これについては第一部ですでに論じたので、ここではこれ以上扱わない（第三章第四節、第四章第四節参照）。もう一つの活動は、黒人民族主義者マーカス・ガーヴェイ（一八八七―一九四〇）によるアフリカ帰還運動であった。[26]

アフリカ帰還運動

ジャマイカで生まれたガーヴェイは、中央アフリカ、ヨーロッパなどを旅するなかで、黒人が世界中で搾取されている状況を目のあたりにした。イギリス滞在中にブッカー・T・ワシントンの著作を読み、アメリカの法的人種隔離制度について知ると、彼は「いったい黒人の政府はどこにあるのか」と叫んだ。その答えを自分自身で作ると決意したガーヴェイは、ジャマイカに戻ると、一九一四年に「全黒人地位改善協会」（Universal Negro Improvement Association）を設立した。世界に離散する黒人を保護することのできる独立国をアフリカに建設したいという目標を掲げるガーヴェイは、黒人を組織化するにあたり理想的な活動拠点はアメリカであると考えた。彼は一九一六年にアメリカにわたると、まずブッカー・T・ワシントンが創設したアラバマ州のタスキーギ校を訪れた。しかし、同校が黒人解放の組織的プログラムを欠いていると感じたガーヴェイは、全黒人地位改善協会の本部をニューヨークに置き、本格的な活動を開始した。一九一八年には、世界中の読者を想定した週刊誌『ニグロ・ワールド』も創刊するにいたった。

ガーヴェイは、人種的な誇りを持つことなしには、世界から尊敬を勝ち得る指導者や国家を生み出すことはできないと論じ、黒人であることは恥辱ではなく名誉であると説いた。彼は黒人に、自分たちが価値ある人間であり、一つの民族として偉大になることができるのだと感じさせた。ガーヴェイはまた、NAACPや他の黒人中産階級指導者や知識人に代表される人種統合論者を批判し、全黒人地位改善協会のみが黒人の独立のために戦っている組織であるとした。彼は人種統合論者を、白人になりたがっていて、底辺にいる貧しい黒人の社会的、経済的福祉を顧みない者たちだと批判した。そして、彼らのように白人にばかり目を向けることは、黒人が自分ではできないと認めているようなものであり、黒人に劣等意識を持たせることになる、と論じた。

ガーヴェイの夢は、かけ声に終わらなかった。彼はアフリカに仮の政府を建てることにして、自らその臨時大統領に就任した。国旗には、人種を表す黒、血族を表す赤、希望を表す緑の三色を採用し、「アフリカ軍隊」や「黒十字看護隊」も作った。彼はまた、黒人大衆の心を捉えるために、華やかなパレードも行なった。さらに、ブラック・スター汽船会社を設立し、黒人船員を乗り込ませ、西インド諸島やアフリカ西海岸のリベリア共和国と貿易を開始しようとした。黒人を組織化するための演説において、ガーヴェイは宗教を重視した。ヨーロッパ帝国主義下のアフリカはまもなく黒人の手に取り戻されるという持論を、ガーヴェイは聖句「エジプトから青銅の品々が到来し、クシュ〔エチオピア〕は、神に向かって手を伸べる」（旧約聖書「詩篇」六八章三二節）を引用して展開した。そして、彼は黒人のアフリカ帰還運動を「出エジプト物語」に重ねつつ、黒人聴衆に次のように説いた。

子供たちを、財宝を、愛する者たちを集めよう。イスラエルの子供たちが、神の命によって、約束の地に向かったように、じきにわれわれもそこへ向かうであろう。(27)

その結果、ガーヴェイは支持者からしばしば「黒人モーセ」と呼ばれた。しかし、ガーヴェイによる黒人の組織化は、ここで停止した。彼に反目する黒人中産階級指導者やジャーナリストはブラック・スター汽船会社の株売却をめぐるガーヴェイの不正行為を申し立て、最終的に一九二五年の連邦裁判において、彼は郵便物不正利用のかどで有罪とされた。彼の投獄とアメリカからの追放によって、ガーヴェイによるアフリカ帰還運動は衰退していった。とはいえ、一九二〇年代において、ガーヴェイによるアフリカ帰還運動が北部ゲットーの黒人の心を捉えたことは間違いなかった。それは、希望を胸に移住した北部が「約束の地」ではなかったという挫折感を背景に、黒人のなかに「出エジプト物語」の別のシナリオを提供してくれるモーセの到来に対する期待があったからにほかならなかった。(28)

「モーセ世代」

黒人が再び「出エジプト物語」から得られる想像力を活用したのは、一九五〇〜六〇年代の公民権運動においてであった。通常、公民権運動は一九五五年のアラバマ州モンゴメリーでのバスボイコット運動を出発点とし、一九六四年の公民権法と一九六五年の投票権法の成立をもって第一幕を閉じたとされる。この運動の目標は、南部の法的人種隔離制度を撤廃し、人種統合を達成することであった。法廷闘争に加えて、座り込み、フリーダム・ライド（自由乗車運動）、デモ行進など、さまざまな非暴力直接行動に訴えることで、この運動は一〇年間をかけて南部の法的人種隔離制度を崩壊させることに成功した。

公民権運動は黒人教会を母体として展開され、歌や祈りや説教が運動推進の霊的活力を提供した。大衆集会で歌われた黒人霊歌やフリーダム・ソングについて、キングは「これら伝統的な歌に感動しない者はいなかった。それは長い黒人の苦難の歴史を想起させるものであった」[29]と書いた。黒人霊歌やフリーダム・ソングは、一つの民として「約束の地」に向かいつつあるという連帯意識を黒人のなかに生み出す役割を担っていたのである。

公民権運動の進展には苦難が伴うということも、黒人たちは「出エジプト物語」の「荒野」に照らして理解した。キングは、モンゴメリー・バスボイコット運動の最中、一九五六年三月二二日にホールト・ストリート・バプテスト教会において、黒人聴衆に向かって次のように語った。

自由は銀の大皿に乗せられてやってくるものではありません。自由への大いなる運動があるときはいつでも、必然的に何らかの緊張関係が生ずるものです。誰かが、犠牲を払う勇気を持たなくてはなりません。荒野を通って行くことなくして約束の地にはたどり着けないのです。約束の地を見ることはできないかもしれませんが、私たちはそれが来ることを知っています。なぜなら、神がそう欲しておられるからです[30]。

公民権運動は、南部の法的人種隔離制度を崩壊させるという画期的成果を収めた。しかし、問題は山積していた。南部では白人人種主義勢力による暴力が後を絶たず、非暴力方式の限界を説く者たちが現れはじめた。また、実際の人種統合は遅々としており、有権者登録が可能となった黒人たちが、どのようにして政治的、経済的な力を獲得するかという問題もあった。他方、白人世論は、一九六四年公民権法と一九六五年投票権法をもって運動の完了とみなす傾向があった。そして、何よりも北部や大西洋岸の諸都市では、ゲットーの実質的人種差別と貧困は放置されたままであった。取り残された黒人下層大衆の絶望や怒りは頂点に達し、一九六四年から毎年、夏になると諸都市で黒人暴動が発生するようになった。一九六八年三月に「全米国内騒動諮問機関」が提出したカーナー報告書は、「わが国は黒人社会、白人社会という二つの社会――分離し、かつ不平等な社会――に向かって進んでいる」と総括した[31]。

とはいえ、そうしたなかにあって、多くの黒人がなおも「出エジプト物語」の想像力を活用した点は注目される。キングが暗殺される前夜となった一九六八年四月三日、テネシー州メンフィスの黒人清掃員によるストライキを支援する彼が、現地の黒人教会（チャールズ・メイソン寺院）で発した次の言葉は、黒人大衆の心理を代弁するものであった。

私たちの前途には困難な日々が待ち構えています。しかし、それはもう私には問題ではありません。〔中略〕私はただ神の御心を行ないたいだけです。神は私が山頂に上ることをお許しになりました。私は辺りを見回しました。そして、約束の地を見てきました。私は皆さんと一緒にそこにたどりつくことはできないかもしれません。しかし、皆さんに今晩知っていただきたいことは、私たちは、一つの民として、約束の地にたどり着くのだということです。[32]

「ヨシュア世代」

二〇〇八年の大統領選挙に向けて、バラク・オバマは複数の黒人教会で演説を行なった。その際、オバマは「出エジプト物語」に重ね、キング世代を「モーセ世代」、自分の世代を「ヨシュア世代」と位置づけた。たとえば、それは二〇〇七年三月四日、オバマがアラバマ州セルマのブラウン・チャペル・アフリカン・メソジスト監督教会で行なった演説のなかに顕著に認められた。[33] この教会は、一九六五年投票権法の成立を導いたアラバマ州のセルマからモンゴメリーまでの行進の出発点となった教会で、オバマはこの教会で行なわれた投票権法成立を記念する式典で演説したのである。

この演説のなかでオバマは、キングに代表される公民権運動世代は、黒人を「約束の地」が見える位置にまで連れてきてくれたとし、自分たちの世代は公民権運動世代が勝ち取った諸権利という「果実」を活用する（＝「約束の地」に入る）世代と位置づけた。オバマはそれを、「モーセ世代」は自分たちを「約束の地」にいたる行程の九〇パーセントまで導いてくれており、「ヨシュア世代」には「約束の地」に到達するためにヨルダン川を越えるという一〇パーセントが残されていると表現した。「ヨシュア世代」が残る一〇パーセントを成し遂げるにあたり、オバマは三点を強調した。第一に、「ヨシュ

ブラウン・チャペル・アフリカン・メソジスト監督教会（アラバマ州セルマ）

ア世代」の黒人は、社会的成功のなかにあって「モーセ世代」が払った犠牲を忘れてはいけないこと。第二に、平等の理念の実現には、今日もなお日々の戦いが必要であると理解すること。そして第三に、「ヨシュア世代」には、肌の色やジェンダーに基づく人々の取り扱いについて完全な平等を実現し、経済上の権利すなわち、黒人やラティーノが割合の多くを占める無保険者の問題を解決する仕事が残されていること。この演説を通して、オバマには公民権運動世代の黒人の功績に敬意を払うと同時に、その遺産を継承するという姿勢が認められた。

オバマによる「モーセ世代」と「ヨシュア世代」の位置づけ方は、公民権運動世代とオバマ世代の黒人双方にとり、今後も黒人の苦難の歴史を一つの物語として記憶し、黒人が「一つの民」としてのアイデンティティを維持し続けるうえで効果を持つであろう。ただし、このような位置づけ方は、同時に次の二つの危険性をも含んでいる。

第一は、オバマ世代の黒人のうち、実際に「ヨシュア世代」といいうるのは、黒人中産階級に限定されている点である。白人の貧困率の三倍にあたる三〇パーセントの黒人は、今日もなお貧困に苦しんでいる。彼らは「約束の地」まで残り一〇パーセントのところまで来てはおらず、むしろいまだ「エジプト」に生きている。オバマ世代は「ヨシュア世代」であるという認識が強まるほど、インナーシティという「エジプト」に取り残された黒人貧困層の問題は見過ごされる危険性も強まる。

第二は、聖書解釈に関係する。すなわち、旧約聖書の「ヨシュア記」に従えば、ヨシュアに率いられたイスラエル人は、「約束の地」カナンに入るにあたり、土着のカナン人を容赦なき暴力で全滅させる。「ヨシュア記」は、イスラエル人がエジプトにおける「被抑圧者」の立場から「征服者」の立場へと変化する過程を描いている。

この点について、アメリカ先住民オセージ族に属し、オクラホマ大学教授のロバート・アレン・ウォーリアーは、次のように書く。

その物語〔「出エジプト物語」〕においてネイティブ・アメリカンが同一視する登場人物は、いうまでもなくカナン人、すなわち、すでに約束の地に住んでいた人々である。〔中略〕そして、解放の神学を表明しようとする人々が見落としてきたものこそ、その物語のカナン人の観点にほかならない。その物語のうち、とりわけ注意が払われていないのは、ヤハウェ〔神〕が無慈悲にも土着の人々の全滅を命ずるところを描いている箇所である。(34)

黒人の神学者デロレス・S・ウィリアムズは、歴史的に黒人は、大衆だけでなく知識人や神学者までも含め、イスラエル人に自己を重ねる視点からのみ「出エジプト物語」を読んできたと論じ、そのような聖書の読み方を再考する地点に来ていると説く[35]。彼女は、ウォーリアーに代表されるアメリカ先住民の観点を例にとり、彼らは「出エジプト物語」を読む場合、イスラエル人ではなくカナン人の立場に自己を重ねる点に触れ、黒人はこれまで「出エジプト物語」を読む際に、なぜ無垢なる人々にまで加えられる暴力や殺戮を見落としてきたのかと問う。ウィリアムズは、歴史的に黒人が「出エジプト物語」を自分たちに意味ある形で活用してきたことの意義を否定してはおらず、そのような歴史的遺産は記憶されるべきだとする。しかし、同時に、多文化主義が尊重されるアメリカ社会において、「出エジプト物語」が解放のモデルとしてどのエスニック集団にもあてはまるものではないこと、また、社会的被抑圧者が社会的抑圧者となりうる可能性があることを十分認識するよう、注意を喚起するのである。ウィリアムズの指摘を敷衍すれば、オバマ世代を「ヨシュア世代」と位置づける黒人は、レトリック上の心地よさから一歩踏み出し、自分たちが今度は何らかの形で社会的抑圧者になり得る危険性について、つねに警戒を怠ってはならないということになる。

同様の警戒は、アメリカの国家としての「出エジプト物語」の読み方についても発せられるべきであろう。いうまでもなく、自分たちの過去、現在、未来を解釈する原型を「出エジプト物語」に見出してきた人々は黒人だけではなかった。実に、アメリカという国家自体が、「出エジプト物語」に基づいて自国の運命を解釈してきた。アメリカは「新しきイスラエル」であり、神に選ばれた国であるという選民意識は、アメリカのナショナル・アイデンティティの中核を構成してきたのである(36)。オバマは二〇〇八年一一月四日、大統領選挙に勝利した際、勝利宣言で「出エジプト物語」に重ねながら、次のように語った。

眼前に横たわる道は長いでしょう。けわしい坂を上ることになるでしょう。一年、いや政権一期目でそこにたどり着くことはできないかもしれません。しかし、アメリカよ、そこに到達すると、私は今夜ほど希望をもったことはありません。私は皆さんに約束します、私たちは、一つの民として、そこに到達すると(37)。

オバマのこの発言は、一九六八年四月三日にキングが暗殺前夜に行なった演説「私は山頂に上ってきた」の最後のフレーズを真似たものである。その際、オバマはアメリカ国民を「一つの民」と表現したのであった。そして、オバマが「そこに到達する」という場合、「そこ」とは、アメリカが一〇〇年に一度といわれる最悪の経済危機を脱し、再び経済成長がもたらされ、イラクとアフガニスタンでの戦争から解放され、地球環境の保全と新しいエネルギーの実用化を両立させられる地点を指していた。オバマのこの発言に対し、アメリカ国民から歓声が上がったことは、黒人のみならずアメリカ国民の想像力のなかにおいて、現在もなお「出エジプト物語」が息づいていることを裏づける。同時に、オバマによるこの「一つの民」の発言は、アメリカのナショナル・アイデンティティにおいて、歴史的には選民を「白人」に限定してきた次元がもはや消失したことを象徴している。

しかし、ここでの問題は、オバマのこの発言が大統領勝利宣言のなかのものであるという文脈に照らせば当然であったにせよ、彼が「一つの民」といったとき、それはあくまでアメリカ国民を指しており、それ以外の世界の人々、特に世界に暮らす貧しい人々に対する視点は含まれていなかったことである。オバマの言葉にあるように、アメリカが再び経済成長を享受するという「約束の地」の実現が、世界が緊密に結びつくグローバル化のなかにあって、世界的な貧富と経済格差の拡大を進行させるという犠牲のうえに成り立つものであるとすれば、アメリカの国家としての「出エジプト物語」の活用のあり方は、きわめて独りよがりなものということになる。

＊

二〇〇九年一月二〇日の大統領就任式での演説「新しい時代の責任(38)」において、オバマは次のように述べて、世界の人々も「一つの民」であるとする認識を示した。「貧しい国の皆さん。皆さんの農場が繁栄し、きれいな水が流れ、飢えがなくなり、心が満たされるように皆さんと一緒に働くことを誓います」。これは、オバマ自身は「出エジプト物語」の解釈において、イスラエル人だけでなくカナン人の立場にも自己を重ねることができることを示唆している。しかし、オバマのこのような認識も、その真価は結局のところ、自己を「ヨシュア世代」と位置づける他の黒人がこれを共有できるか、またアメリカが国家全体としてこれを共有できるかにかかっている。

第七章　黒人教会の霊的活力

一九五〇〜六〇年代の南部公民権運動は、政治的、経済的領域に属する問題を扱いながらも、きわめて宗教色（＝キリスト教色）の濃い運動として展開した。その理由は、この運動が黒人教会を母体として展開したという事実に起因する。南部各地の運動において、黒人教会は黒人牧師や世俗の黒人指導者たちの会合の場となり、大衆集会の会場となり、さまざまな情報交換の場となり、さらに運動資金調達の場となるなど、社会変革のための戦略的位置を占めた。一九五四年から一九六八年にかけて、南部全体で三〇〇以上の黒人教会が白人至上主義勢力により爆破ないし攻撃にさらされたという事実は、逆説的ながら黒人教会の戦略的拠点としての重要性を物語っている(1)。

しかし、黒人教会が持つ戦略的位置に注目するだけでは、この運動が黒人教会を母体として展開したということの意味を十分に捉えたことにはならない。黒人教会が黒人指導者や黒人大衆に与えた霊的活力にも注目しなければならない。というのも、南部各地の運動において、彼らが何らの内的葛藤もないまま非暴力的抵抗を遂行し得たとは考えられないからである。まず、冬場の寒い雨風や夏場の猛暑を歩き、行進することからくる肉体的疲労があった。次に、白人至上主義勢力からの脅迫や暴力、また黒人教会や自宅の爆破など、肉体的、精神的恐怖に置かれることもあった。さらに、暴力には暴力をもって応えようとする感情が生じてくる場面もしばしばあったと想像される。黒人指導者と黒人大衆は、このような肉体的、精神的緊張を克服しつつ、南部各地で運動を遂行していった。いったい黒人指導者や黒人大衆を支えた霊的活力は、どこに由来したのであろうか。本章では、この問いを追究していく。

1　大衆集会に内在する宗教性

公民権運動において、黒人指導者や黒人大衆を支えた霊的活力は、どこに由来するものだったのか。それは、大衆集会に内在していた宗教性に求めることができる。通常ならば世俗的であるはずの大衆集会も、黒人教会が会場となることによって、強い宗教性をあわせ持つことになったのである。公民権運動においてキングの片腕を担うとともに、黒人宗教歌の研究者でもあるワイアット・T・ウォーカーは、黒人教会の礼拝を支える三大要素は歌と祈りと説教であると断言しているが[2]、アラバマ州モンゴメリーでのバスボイコット運動（一九五五―五六）において開かれた無数の大衆集会は、黒人教会の一般的な礼拝プログラムを踏襲しており、ウォーカーの指摘を裏づける。一例として、一九五五年一二月一五日に行なわれた大衆集会のプログラムを挙げると、次のようになる[3]。

一　讃美歌　"Lift Him Up"
二　聖書朗読
三　礼拝前の祈り
四　歌　"Joy to the World"
五　輸送委員会からの報告
六　訪問者紹介
七　近況報告など
八　キング牧師の説教
九　献　金
一〇　閉会の辞
一一　閉会の讃美歌　"Bless Be the Tide"
一二　祝　禱

（囲みは歌、網掛けは祈り、傍線は説教を示す）

このように、大衆集会は歌と祈りにはじまり、歌と祈りで終わった。そして、プログラムの中盤には説教があった。大衆集会では、歌と祈りとならんで説教の占める位置は高かった。

歌に関してウォーカーは、「黒人教会に共通する一つの格言は、『音楽なくしては黒人を結集することはできない』ということである」と指摘する。そして、「集団として黒人意識と行進の足を強めるためには、黒人たちの士気を支え、勇気を与える音楽が必要であった」がゆえに、公民権運動は「歌う運動」であったと確信できるとする。彼は次のように書く。

南部における自由運動は「歌う運動《シンギング・ムーヴメント》」であったと確信することができる。このことは、そもそも音楽には人間のなかにいろいろな感情的応答を呼び起こす不思議な力があることを考えるならば、ある程度予想されることである。歴史的に見た場合、音楽はどの時代にも被抑圧者に対して特別な価値を持ってきた。とにかく、音楽の提供する言葉と持ち味は、失われた希望の回復を可能にし、悲嘆に暮れた人々の傷を癒し、さらにその性格からして経験をともにする一群の人々の感情を凝集し、結合するのである。(4)

祈りに関して、神学者のハロルド・A・カーターは、「黒人の祈りの伝統というのは、信仰と文化の大きな宝庫であり、どの新しい世代の生活形成においても、はかり知れない影響を持ってきた」と書き、それが「社会変革の武器として」も不可欠であったと論じる。(5) さらに、黒人教会の礼拝を支える三大要素が歌と祈りと説教であるとすれば、説教に関しても、歌と祈りと同様の分析が可能となる。

黒人教会の歌と祈りと説教の伝統は、そのルーツを、第二章第二節で取り上げた「見えざる教会」における秘密の礼拝集会にたどることができる。すでに確認したように、秘密の礼拝集会における本質的要素は、歌、祈り、説教であり、これら三要素の主要な役割は、神の歴史への介入と社会的被抑圧者の解放に対する信仰を「一つの民」として共有することであった。これら三要素を通して、奴隷は自己の人間性とコミュニティ意識を保ちながら奴隷制を生き抜くための霊的活力を得ることができた。それればかりか、奴隷はこれら三要素を通して、ときに神への信仰を証《あかし》するために公然たる抗議に出るための霊的活力をも得ることができたのである。

この点に照らせば、公民権運動において、黒人指導者や黒人大衆が「見えざる教会」で育まれた歌、祈り、説教の伝統に目を向けたとしても驚くにあたらない。公民権運動においては、特に後者の側面、すなわち地上における自由と解放を求めて積極的な行動に出るための霊的活力という側面において、これら三要素が見直されることになったといえよう。

以下では、公民権運動の出発点とされるアラバマ州モンゴメリーでのバスボイコット運動を事例として取り上げる。一九五五年一二月五日にはじまるこの運動は、バス内における人種差別撤廃を求めるものであった。モンゴメリーの五万人の黒人は、キングを会長とする「モンゴメリー改良協会」を中心に一致団結し、遠く離れた自宅と職場を徒歩ないしカープール（車の相乗り）で毎日往復しながら、バスボイコット運動を継続した。その結果、翌年一二月二〇日、バス内の人種差別を禁止する連邦最高裁命令を勝ち取るのであった。それは、実に三八一日間にわたる闘いであった。このモンゴメリー・バスボイコット運動を事例に、公民権運動において黒人指導者や黒人大衆を支えた霊的活力が、黒人教会における歌と祈りと説教の伝統にあったことを明らかにしてみたい。

2 歌――霊的活力（1）

神の歴史への介入と社会的被抑圧者の奴隷的拘束からの解放が黒人霊歌の意味であるとすれば、第二の黒人解放運動ともいえる公民権運動の出発点とされるモンゴメリー・バスボイコット運動において、黒人指導者と黒人大衆がともに黒人霊歌の伝統に目を向けようとしたことは驚くにあたらない。

一九五五年一二月五日にホールト・ストリート・バプテスト教会で行なわれた最初の大衆集会の様子を、キングは次のように叙述している。

開会の讃美歌は、あの古く懐かしい「キリストの兵士よ、前進せよ」の歌だった。巨大な聴衆が一斉に立ち上がって歌ったとき、教会の外部の歌声は内部の合唱の声を一だんとたかめ、天国からのよろこばしい反響もかくやと思われる力づよい響きがわきおこった。(6)

黒人大衆は、大衆集会を魅力的なものにし、抗議運動を持続させるための原動力が音楽にあることを知っていた。通常、大衆集会は午後七時に開始されたが、彼らはしばしばその二時間以上も前にやってきて、集会がはじまるまでの間、伴奏なしで讃美歌や黒人霊歌を歌い続けたのである。そして、大衆集会において歌への言及は、説教のなかでもなされた。ある黒人牧師は、激励演説のなかで黒人霊歌「おお自由よ」に言及した。

ですが、それ〔母親が綿花畑で仕事をする姿〕以上に、私は彼女〔母親〕がよく何を歌っていたのかを覚えています。三〇年間というもの、私はその歌を聞くことはありませんでしたが、その歌を再び心の中で歌うときが来たと思うのです。彼女は、こう歌ったものでした。「おお自由よ、おお自由を私に与えよ。私は奴隷になる前に、むしろ墓に葬られて、主のみもとに行き、自由になりたい」。これが、私の今の気持であり、私たちは自由になれるのです。(7)

歌は、大衆集会のなかでだけ歌われたわけではなかった。キングによれば、カープール用のワゴン車からも、「ときおり讃美歌の歌声がそれらの窓から漏れて」きて、それを耳にした歩行者たちは「また新たな決意で歩き続けた」とある。(8) このように、大衆集会その他の場所で讃美歌や黒人霊歌を集団で歌うことは、黒人大衆が自分たちの長い苦難の歴史を追体験するということであり、その結果、彼らは「一つの民」として解放に向かって士気や勇気を高め、団結することができた。

しかし、歌の力はまた、白人至上主義者の暴力に対する黒人大衆の暴力的応答への可能性を減らすところにも見出された。一九五六年一月三〇日、キングの留守中、彼の自宅のポーチに爆弾が投げ込まれた。妻コレッタと生まれたばかりの娘ヨキがそのとき自宅にいたが、幸い二人は無事だった。しかし、この事件を聞きつけ集まった黒人群衆の怒りは頂点に達していた。その様子をキングはこう書いている。

正面玄関にむかって歩みをすすめながら、私はたくさんの人々〔黒人大衆〕が武装しているのに気がついた。非暴力的な抵抗は、まさに暴力に転じようとしていた。〔中略〕彼らは暴力をもって暴力にこたえようとまちかまえていた。一人の警官が私に語ったところによると、あの晩には、たとえたった一人の黒人が煉瓦につまずいてたおれても、おそらく人種暴動が勃発したことだろう。なぜなら黒人たちは白人がその男を押し倒したのだと信じこまされただろうから。(9)

このような極度の緊張状態のなかで、しばらくすると黒人群衆は誰からともなく、アメリカの国民的愛唱歌「アメリカ」(My Country 'Tis of Thee) を含む、いくつかの歌を歌いはじめた。

わが祖国、
そは汝のもの、

麗しき自由の国、
われは汝に歌う。
わが父祖たちの死せる国、
巡礼父祖の誇れる国、
さらばすべての山々から、
自由の鐘を鳴り響かせよ。[10]

そして、キングが暴力的報復への衝動を戒めるにおよんで、黒人群衆は静かに解散した。

キングの妻コレッタは、黒人群衆の怒りが歌によって完全に解消されることはなかったと書く。[11] しかし、歌は少なくとも黒人群衆の怒りを和らげ、暴力的報復への感情を抑制する効果を発揮した。同時に、フリーダム・ソング、すなわち公民権運動において歌われた、自由を求めるさまざまな歌は、「抑圧者側の敵意をもある程度和らげた[12]」と指摘する研究者マイケル・スペンサーに従えば、このとき歌われた歌が、黒人群衆の怒りだけでなく、白人群衆の敵意をも一時的に和らげる効果を発揮し、それゆえ人種暴動への発展の可能性を最小限に抑えた点も見逃すことはできない。

キングの助言者の一人となるベイヤード・ラスティンによれば、一九五六年二月二二日、キングが牧師を務めるデクスター・アヴェニュー・バプテスト教会に指導者たちが集まり、バスボイコット運動のテーマソングが作られた。

デクスター・アヴェニュー・バプテスト教会（アラバマ州モンゴメリー）

その四連句は、受動的抵抗による闘争の本質的要素をはっきりと述べるものである。すなわち、抗議、結束、非暴力、そして平等である。黒人霊歌「古き良き信仰をわれに与えよ」(Give Me That Old-Time Religion) のメロディにのせて歌われ、その歌詞はこうであった。

われらは勝利に向かって進んでいる、
希望と尊厳を持って。
われらは皆一緒に立ち続ける、
全員が自由になるまで。
われらは愛が合言葉であると知っている、
平和と自由のために。
黒人も白人も皆兄弟である、
仲良く生きるために。
われらは勝利に向かって進んでいる、
希望と尊厳を持って。(13)

このように、三八一日間にわたってモンゴメリーの黒人を支えた霊的活力の一つは、黒人教会の歌の伝統であった。バスボイコット運動は、「抗議、結束、非暴力、平等」という目標を皆で歌うことによって、実際そのように展開したということができる。

3　祈り――霊的活力（2）

黒人教会における祈りの伝統は、歴史的に黒人が生存するための霊的活力となり、自由や解放への動機づけとなってきた。この点をふまえれば、モンゴメリー・バスボイコット運動において、黒人たちがこの祈りの伝統に目を向けようとしたことも理解に難くない。キングは、モンゴメリー・バスボイコット運動を綴った著書『自由への大いなる歩み』（一九五八年）のなかで、次のように記している。

抗議運動〔バスボイコット運動〕のはじめから、ラルフ・アバナシーは、私の最も親しい同僚で、最も信頼できる友人だった。私は彼といっしょに祈り、彼といっしょに重要な決定を行なった。(14)

祈りに目を向けたのは、黒人指導者だけではなかった。大衆集会には必ず、祈りがとりいれられていた。祈りの必要性は、一九五六年一月末ごろから市政委員会がいわゆる「強硬政策」を取りはじめたことでいっそう増した。「強硬政策」とは、①市政委員が人種主義団体である「白人市民会議」に加入する、②カープールの運転手に対し、保険や免許を停止すると脅迫する、③カープールのために待機している運転手に対し浮浪罪を適用する、④「モンゴメリー改良協会」幹部に対し反ボイコット法を適用する、⑤さらには、黒人指導者の自宅や黒人教会を爆破する、などの圧力行為を指す。そのため、黒人大衆の肉体的、精神的緊張状態は増し、彼らのなかに暴力的感情が芽生える可能性も増した。

ラスティンによれば、一九五六年二月二三日、「モンゴメリー改良協会」幹部は会合を開いた。幹部はそこで、バスボイコット運動の霊的かつ道徳的性質と非暴力の必要性を強調するために、大衆集会を第一義的には祈りの集会にすると決定したという。祈りの具体的内容は、次の五点であった。

①集会の成功を求める祈り
②非暴力で進み続けるための心の強さを求める祈り
③自由をめざし歩くための身体の強さを求める祈り
④自分たちに反対する者たちに対する祈り
⑤すべての人間が兄弟となり、正義と平等のなかで生きられるよう求める祈り(15)

おそらく、モンゴメリー・バスボイコット運動において祈りの重要性を端的に示す出来事は、一九五六年一月二七日にキング自身に起きた「コーヒーカップの上の祈り」として知られる実存的体験であろう。キングがその夜遅く帰宅すると、まもなく電話が鳴った。それは、脅迫電話だった。

黒んぼ、俺たちはお前とお前たちの今のごちゃごちゃにはうんざりしている。もしお前が三日以内にこの町から出ていかないなら、俺たちはお前の頭をぶち抜き、お前の家をふっとばすぞ。(16)

キングは、市政委員会による強硬政策がはじまるなか、すでに白人至上主義者から自分と家族に対するこの種の脅迫の電話や手紙を一日に五〇回も受けていた。しかし、その夜はなぜか眠れず、ついに彼の肉体的、精神的恐怖は極限に達した。彼は台所に行きコーヒーを入れ、テーブルについた。キングはそのときの様子を、次のように記している。

私は一切を断念しようとした。前においたコーヒーカップにはふれないで、私は、卑怯者のようには見られないで、うまく運動からぬけだす方法をあれこれと考えはじめた。勇気がすっかりくじけ去り疲労困憊したこうした状態のなかで、私は、この問題の解決を神におまかせしようと決心した。両手で頭をかかえこみ台所のテーブルの上に身をふせて、私は声高く祈りをささげた。私がこの深夜神に語った言葉はいまもありありと私の記憶のなかにある。「私は、ここで、自分が正しいと信ずることのために闘っています。ですが、いま私は恐れているのです。人々は私の指導を求めています。そしてもし、私が力も勇気もなく彼らの前に立つならば、彼らも勇気を失うでしょう。私の力はいままさに尽きようとしています。いま私のなかには何も残っていません。私は、ひとりでは到底立ち向かうことのできぬところにきてしまいました」。

この瞬間、私は神の御前にあることを感じた。こうした経験はいまだかつて決してなかったことだ。あたかも、「正義のため立て。真理のために立て。しからば神は汝の傍らにいますであろう」という内なる声の静かな約束をきくことができたように思われた。と同時に、私の恐怖は消えはじめた。私の不安は消え、私は何ものであろうとこれに立ち向う覚悟を決めた(17)。

キングは、危機的状況のなかで黒人教会の祈りの伝統に目を向けたのであった。三日後、キングの自宅が爆破された。しかし、祈りにより内的葛藤を克服した直後のキングは、黒人群衆の暴力的報復への感情を戒め、その場を静かに解散し自宅で祈るよう説くことができた。そして、祈りを通してキングに起こった実存的体験と同種の体験は、他の黒人指導者や黒人大衆にも起こったことが想像される。祈りは、彼らの恐怖心、暴力的感情、怒り、挫折感などを、非暴力的抵抗という、より建設的な力へと変え、かつそれを維持することを可能にしたのである。

一九五六年五月、「友和会」(Fellowship of Reconciliation) の機関誌『フェローシップ』に掲載されたキングの次の発言は、モンゴメリー・バスボイコット運動における祈りの重要性を総括するものといえる。

私たちは、この運動のなかでたくさんの励ましを必要としています。いうまでもなく、私たちが他のコミュニティのみならず、私たち自身のコミュニティからも含めて頼りにしているものは、祈りであります。私たちは、いたるところの人たちに、神が私たちをお導きになるよう、また正義が行なわれ公正が保たれるようお祈りしてほしいのです。というのも、私はこうした祈りを通して、私たちは力づけられていくと考えるからです。そのことによって、私たちはこの国の結束と全能の神の臨在を感じられるようになります。なぜなら、私たちが最初から述べてきたように、これは霊的運動であるからです。[18]

4　説教――霊的活力（3）

黒人説教に関し、神学者コーンは「黒人教会における語り口と意味との関係をマーティン・ルーサー・キングほど的確に理解した者はいない[19]」と述べる。さらに、研究者H・J・スピラーズは、黒人教会以外で行なわれたキングの演説に関しても、「キングはつねに説教をした。彼の政治的演説でさえ、その詩的描写と構造という点において、説教であった[20]」と指摘する。キングの説教は、黒人説教の伝統を受け継いでいた。

たとえば、一九五五年一二月五日にアラバマ州のホールト・ストリート・バプテスト教会で開かれた最初の大衆集会におけるキングの演説を見ると、その語り口は「呼びかけと応答」の伝統が踏襲されていることが理解される。それがわかるようにその演説の一部を抜き出すと、次のようになる。

私たちが今晩ここに集まったのは、もう〔バス内の人種差別に〕疲れてしまったからです（そうです、Yes）［拍手喝采］。そして、私たちはここで暴力を主張しているわけではないということを私は申し上げたいのです（もちろん、No）。そのようなことを私たちがしてきたことは決してなかったのです（繰り返して、繰り返して、Repeat that, Repeat that）［拍手喝采］。私がモンゴメリーのあらゆる場所に、そしてこの国のいたるところに知ってもらいたいことは（そう、Well）、私たちがキリスト教徒であるということです（そうです、Yes）［拍手喝采］。私たちはキリスト教を信じています。私たちはイエスの教えを信じています（そう、Well）。今晩私たちが手にしている唯一の武器は、抗議という武器なのです（そうです、Yes）［拍手喝采］[21]。（カッコ内が聴衆の語り返しを示す）

「呼びかけと応答」とならぶ黒人説教のもう一つの特徴は、「リズム（rhythm）と反復（repetition）」であった。再びさきほどのキングの演説を見ると、その語り口はリズムと反復の伝統が踏襲されていることが理解される。演説の一部を取り出すと、次のようになる。

私たちがやっていることは間違ってはいません（そう、Well）。

もし私たちが間違っているとすれば、この国の最高裁判所が間違っているということになります（そうです、Yes sir）〔拍手喝采〕。

もし私たちが間違っているとすれば、合衆国憲法が間違っているということになります（そうです、Yes）〔拍手喝采〕。

もし私たちが間違っているとすれば、全能の神が間違っていることになります（その通り、That's right）〔拍手喝采〕。

もし私たちが間違っているとすれば、ナザレのイエスはたんなる夢想家で、この地上には来られなかったことになります。（そうです、Yes）〔拍手喝采〕。

もし私たちが間違っているとすれば、正義は偽りだということになります（そうです、Yes）。愛は意味なしということになります〔拍手喝采〕。それゆえ、私たちはここモンゴメリーにおいて、「正義が洪水のように、恵みの業が大河のように尽きることなく流れるようになる〔旧約聖書「アモス書」五章二四節〕まで闘い続けることを決意したのであります（話し続けて、Keep Talking）〔拍手喝采〕[22]。

（傍線はリズムと反復、カッコ内は呼びかけと応答を示す）


このように、同一フレーズをリズミカルに反復することで、説教者と聴衆との間の呼応関係はいっそう強力なものとなるのであった。
ところで、キング研究者の梶原寿は、キングの説教や演説は「決して技術的レベルにおいてのみいわれるべきことではなくて、説教者の語り口を通して生起する神の臨在の出来事として理解されるべき事柄[23]」が、そこには込められていたと指摘する。コーンも次のように説明する。

彼ら〔黒人聴衆〕が理解したのは、彼〔キング〕のスピーチの適切な口調（tone）と動き（movement）であり、彼らはそれを神の聖霊の臨在の道具であると信じ、その結果自分たちに自由への希望を確かに授けてくれるものと信じたのである。彼らが自由は到来しつつあると信じる理由は、説教の出来事自体（the sermon event itself）のなかでそれがどんな感じか前もって与えられるからである[24]。

梶原やコーンの指摘に従えば、「リズムと反復」によりキングと聴衆との間で呼応関係が深まるなかで、聴衆は「神の臨在」を体験し、その結果、彼らは一瞬であるにせよ、説教の出来事自体のなかであたかも自由が本当にやってきたかのような体験をすることができたということになる。これは、いったいどのように理解されるべきであろうか。
黒人説教者は、いつ終わるともしれない奴隷制の現実の只中《ただなか》にあって、神による自由と解放の到来を説教の出来事のなかでひたすら説いてきた。そして、聴衆は説教の出来事のなかで「その自由と解放がどんな感じか」を繰り返し味わってきた。その際に注目される点は、黒人説教者は自分が預言者モーセと同じように、神の許しで「約束の地」を見た（旧約聖書「申命記」三四章）といったたぐいの実存的体験を物語ることで、「約束された未来の地点」から説教を説くことであった。たとえば、コーンは著書『抑圧された者の神』（一九七五年）のなかで、神による終末における解放が見えると説く黒人説教者の説教の一節を紹介している。

ああ、見えます！　あのお方が裁きの力を込めた大きな斧を摑んで、強情に立ちはだかっている空間を打ち据え、ものすごい深傷を負わせて切り開き、世界を支える場所を造っておられるのが。私にはあのお方が見えます、〔中略〕ああ、強いみ手を持たれる私の神よ！(25)

「約束された未来の地点」に立つことで、黒人説教者は歴史的現在を神による解放の未来へと進行していく一本の運動の線上で捉えることができるのであった。黒人説教者は、最終到達地点から現在を見ることができるがゆえに、自分たちは「約束の地」にたどり着けると確信に満ちて聴衆に説くことができた。その結果、黒人聴衆の現在の悲惨さのなかに神による解放の未来が一瞬突入してくるのであった。これが、「説教の出来事自体のなかでそれがどんな感じか前もって与えられる」の意味なのである。

その場合に重要なことは、黒人聴衆は語られる内容だけでなく、黒人説教者の語り口――リズムや反復、口調や動き――自体のなかに「神の臨在」を確認するという点である。反対に、黒人聴衆は「神の臨在」を確認していることを説教者に知らせる方法として、「アーメン」といった言葉を発する。コーンは次のように説明する。

〔黒人説教者により〕み言葉が真理として語られ、人々がその真理の臨在を、彼らの苦悩に満ちた状況の直中《ただなか》で感得するときに、彼らは、その語られた言葉に「アーメン」と唱和しつつ承認を与えることによって、応答するのである。(26)

梶原やコーンが指摘する「説教者の語り口を通して生起する神の臨在の出来事」とは、以上のような過程を指し、黒人聴衆はこの一瞬の「神の臨在」体験を通して、絶望のなかに希望を見出す信仰を獲得してきたのであった。

コーンは、人が死の恐怖に直面したときに目を向けるものこそ、その人の実存を根底から支えるものであると指摘した。この指摘が正しいとすれば、モンゴメリー・バスボイコット運動において、黒人たちが目を向け、そして彼らを根底から支えたものは、黒人教会の歌と祈りに加えて、説教の伝統であった。この点をキングが自宅を爆破された数日後に行なった説教の一部を取り出すことで、確認してみたい。

一九五六年のある朝早く、寝つけないなかで、私は理性的でいられなくなりました。〔中略〕どこからともなくといわんばかりに、私はその朝こう自分に語りかける声を聞いたのです。「福音を説け、真実のために立て、公義のために立て」。その朝から、私は恐れることなく立つことができます。ですから、私は今朝誰も恐れてはいません。モンゴメリーに告げてください。銃を撃ち続けたければそうすればいい、私はそれに立ち向かうつもりだと。モンゴメリーに告げてください。爆弾を仕掛けたければそうすればいい、私はそれに立ち向かうつもりだと。もし明日の朝死ななくてはならないとしても、私は満足して死ぬでしょう。なぜなら、私は山頂に上り、約束の地を見てきたからです。そして、それはまもなくここモンゴメリーに到来するからです。(27)

「私はその朝こう自分に語りかける声を聞いたのです」とは、「コーヒーカップの上の祈り」というあの実存的体験である。キングは、この体験に触れたうえで、最後に「私は山頂に上り、約束の地を見てきた」といいかえている。キングは、黒人説教の伝統を踏襲し、「約束された未来の地点」から説いているのであった。

実際には、この説教は自由がいまだ実現していない状況のなかで語られていた。たとえば、この時点でキングだけでなく、バスボイコット運動に関わった活動家たち、すなわちラルフ・アバナシー、E・D・ニクソン、ロバート・グレッツも、白人至上主義者により自宅を爆破され、モンゴメリーの少なくとも六つの黒人教会が爆破されていた。それゆえ、キングの説教は実際には「悪夢」のなかで語られていた。しかし、キングが自己の実存的体験に基づいて預言者モーセと同じように「約束の地を見てきた」と語った瞬間、黒人聴衆は旧約聖書の「出エジプト物語」に重ねて、バスボイコット運動がどこに向かって進んでいるのかを了解することができた。黒人聴衆は、自分たちが「約束の地」に向かって間違いなく進んでいること、すなわちモンゴメリーで正義がいずれ実現されることを、キングの「説教の出来事自体のなかでそれがどんな感じか前もって」味わうことができたのである。その際には、黒人聴衆がキングの語りの内容に加えて、キングの語り口――リズムや反復、口調や動き――自体のなかに「神の臨在」を確認していたということは、いうまでもない。このように、「抗議、結束、非暴力、平等」をスローガンにバスボイコット運動を継続するための希望や勇気は、説教を通しても得られたのである。

*

ウォーカーは、「南部をヴァージニアからテキサスまで春夏秋冬を問わず東奔西走したが、黒人宗教の伝統音楽を歌わなかった運動は一つもなかった」（傍点――原文はイタリック）と述べ、具体的な運動地として、モンゴメリー以外にヴァージニア州ピーターズバーグ（一九六〇年）、テネシー州ナッシュビル（一九六〇年）、ジョージア州オールバニー（一九六一年）、アラバマ州バーミンガム（一九六三年）などを挙げる。(28) 本章での考察を敷衍すれば、これら南部各地の運動においても、歌とともに祈りと説教が黒人に社会変革のための霊的活力を提供したと結論づけることができる。

黒人教会の歌と祈りと説教の伝統においては、歌の歌詞は祈りの言葉と相互に交換可能であったばかりか、説教のなかでも歌と祈りへの言及がなされた。すなわち、歌と祈りと説教は、その本質において同一の試みを行なっていたのである。それは、自由と解放をめざす黒人の現在の運動を、過去や現在の悲惨さに基づいてではなく、未来における神による解放の成就という最終到達地点から規定しようとする試みであったといえよう。

第八章　ソウル・フード

「ソウル・フード」(soul food) という言葉がある。アメリカにおいては、主として黒人の伝統的料理を指して用いられる。代表的な食材は、豚肉、鶏肉(チキン、七面鳥など)、なまず、長米、そして野菜——さつまいも、かぶ、コラード(キャベツの一種)、キャベツ、ブラック・アイ・ピーズ(黒目豆)、オクラ、ナス、かぼちゃ、じゃがいもなど——で、こうした食材がさまざまに創意工夫され料理される。ソウル・フードを扱った料理本は多数出ており、インターネットを検索すればソウル・フードのレシピを紹介しているホームページもある。したがって、具体的な料理法はそれらにあたれば事足りる。

しかし、多くの場合、こうした料理本やホームページは、実際料理をする際の役には立っても、次のような問いには満足のいく説明を与えてくれない。すなわち、黒人の伝統的料理はなぜ「ソウル」（魂）なのか。彼らにとって「ソウルを込める」とはどういうことなのか、どういう意味を持つのか。あるいは、こういう形の問いにしてもいいだろう。いったい、黒人の伝統的料理が「ソウル」と呼ばれるに足る理由はどこにあるのか。

料理本やホームページでも「ソウル」に関する説明がないわけではない。たとえば、シェイラ・ファーガソンの料理本『ソウル・フード』（一九八九年）では、次のように説明される。

ソウル・フードを料理するには、五感のすべてをはたらかせなくてはなりません。直感で料理しますが、匂い、味、手触り、視覚、そして特に音も活用します。パチパチという音でフライドチキンをひっくり返すタイミングを覚えます。匂いで平鍋のビスケットが焼き上がる瞬間を覚えます。手触りで練り粉が触ってちょうどよいかを覚えます。大切にとってある調味料は、計量カップを使うより、少量口にとるのです。そして、チェリー・パイが甘くいい具合にグツグツしてきたかどうかは、時計ではなく目で判断するのです。こういった技術をすぐに教えるのは難しいことです。こういった技術は手探りで探られ、愛情が込められ、心と魂から直接来るものでなければなりません。(1)

もう一つ、ソウル・フードに関する説明を、『サン・フランシスコ・クロニクル』紙（二〇〇四年八

ソウルフード

月一八日）に掲載された記事からとると、次のようになる。

「ソウル・フードは、僕にとって母や祖母の台所で育ったことを思い起こさせるものなんだ」、とデレック・ジョンソンはいう。彼はジャック・ロンドン・スクエアにあるハウス・オブ・チキン・アンド・ワッフルの共同経営者である。「それはレストランでも食べられる。だけど、確実に家庭料理を思い起こさせるものなんだ(2)」。

なぜ「ソウル」かという問いに対し、一般的にはこの二つの引用文にあるように、元来軽量カップや時計などに頼らず五感を働かせ、愛情、心、魂を込めて料理され、なおかつ家庭の味や一家団欒を想起させるがゆえに「ソウル」なのだと説明される。しかし、愛情、心、魂を込めて料理され、家庭の味や一家団欒を想起させるということであれば、どの地域のどのエスニック集団の伝統的料理にもあてはまる。ことさら黒人の伝統的料理だけをとり立てて「ソウル」と呼ぶ必要もないではあるまいか、という疑問も浮かぶ。とはいえ、黒人の伝統的料理がソウル・フードと呼ばれることは、まぎれもない事実である。ならば、やはりそこには「ソウル」と呼ばれるに足る、何らかの理由があるに違いない。それを知るためには、もう少し立ち入って歴史的考察が必要とされる。

本章では、まずソウル・フードの定義を整理し、次に議論を南部奴隷制度と食との関係に掘り下げることで、「ソウルを込める」ことの意味を探る。そのうえで、ソウル・フードという語がいつごろ登場し、その社会的背景は何であったのかを検討し、あわせてソウル・フードという語が、概して黒人の中産階級とキリスト教徒のアイデンティティと結びつくものであった点を確認していく。

1 ソウル・フードの定義

まず、ソウル・フードの定義をめぐる情報を整理しておきたい。いくつかの辞書やホームページにあたっていると、ソウル・フードの定義が微妙に異なることに気づく。事例を三つ挙げよう。まず、映画『ソウル・フード』(一九九七年)の公式ホームページでは、次のような説明がある。

どのエスニック集団にも、いわゆるソウル・フードと呼ばれるものがある。それは慰めとなり、

マーサズ・プレイス（アラバマ州モンゴメリー）

心安らぐ食べ物で、家族との夕食という温かい記憶を呼び戻すものである。今日、アメリカにおいてソウル・フードという語は、アフリカ系アメリカ人の料理法にほかならない(3)。

ここでは、まずソウル・フードとはどのエスニック集団にも存在するという点を指摘している。そのうえで、ソウル・フードは家庭の味や一家団欒を想起させるもので、アメリカにおいては黒人の料理法を指すとしている。

次に、ある辞典には、「南部のアフリカ系アメリカ人によって食された伝統的食物(4)」とある。ここでの定義は、地域的にはアメリカ南部に、人種・民族的には黒人に限定されている。さらに、別の辞書には次のような説明がある。

ソウル・フードは、アメリカ南部のアフリカ系アメリカ人が伝統的に食べた食事を表わしている。チタリング〔豚の内臓のフライ・煮込み〕――通常、アフリカ系アメリカ人独特の料理法とされる――を除き、ソウル・フードという語はまた、アメリカ南部白人の料理にもあてはめることができる。(5)ここでの定義は、地域的にはアメリカ南部であるが、黒人のみならず白人の料理も含まれるということになる。

これら三つの事例が示すように、ソウル・フードの定義は一つではない。実際、個人差があるようである。私は、二〇〇四年八月にアメリカ南部のソウル・フードの店を複数件訪れたことがある。ジョージア州アトランタでは、従業員も客層も黒人が中心である「グレイディーズ・ナイト」(Gladys Knight and Ron Winas, Chicken & Waffles)と、従業員・客層ともに黒人も白人もいる「メアリー・マック・ティー・ルーム」(Mary Mac's Tee Room)を訪ね、アラバマ州モンゴメリーでは、黒人家族が自宅を改築して営む小さな店「マーサズ・プレイス」(Martha's Place)を訪ねた。ここの従業員は黒人だったが、客層は黒人も白人もいた。そして、アラバマ州バーミンガムでは、従業員、客層ともに黒人中心のローカルな小さな店「ラ・ヴァーズ」(La Vase)を訪ねた。行く先々で従業員などにソウル・フードの定義を聞いてみたが、黒人、白人を問わず、大きくいって二つの異なる答えが返ってきた。地域的にはアメリカ南部を指すという点で共通しているが、一つは黒人の伝統的料理とする答えで、もう一つは白人も含む南部の伝統的料理とする答えである。

これは、いずれの定義が正しいかという問題ではないであろう。むしろ、これまで見てきたような

図1　黒人の伝統的料理と南部の伝統的料理との関係

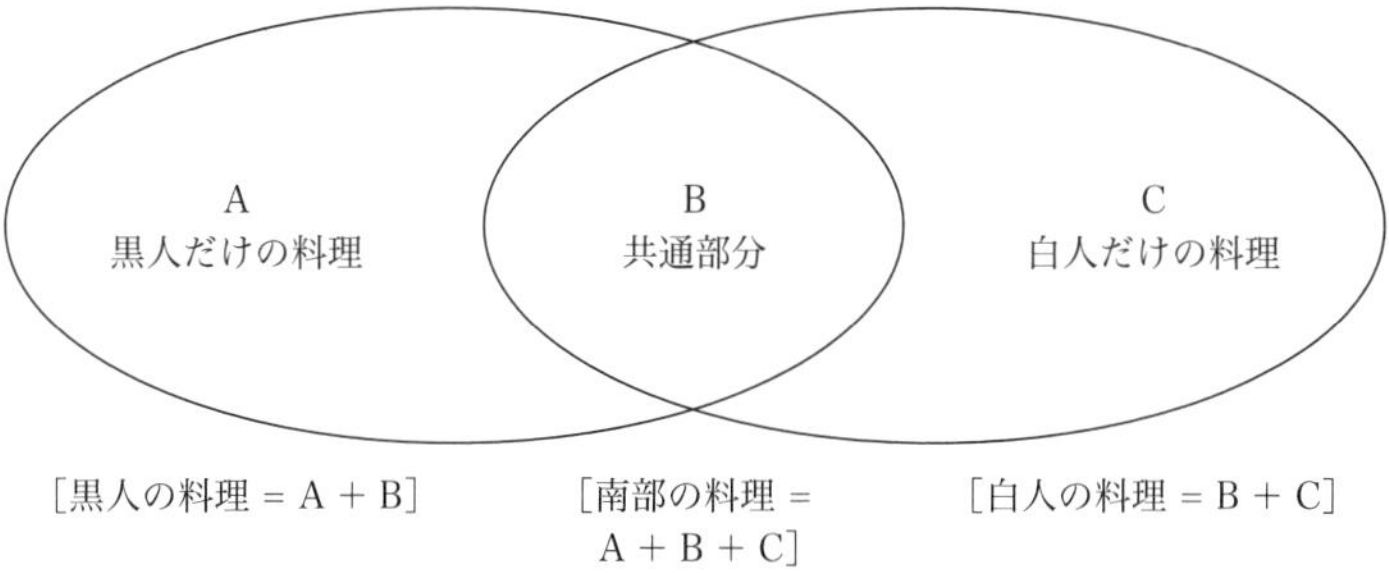

定義の差異は何によってもたらされているかを問うことのほうが生産的である。まず、ソウル・フードを家庭の味や一家団欒という広い意味で捉えるなら、それはどのエスニック集団にも存在することになろう。次に、ソウル・フードを黒人の伝統的料理に限定する定義と、南部の伝統的料理とする定義との差異は何によってもたらされているのであろうか。これは、後述するように、アメリカでは奴隷制時代に、家内奴隷と呼ばれる黒人奴隷たちが白人主人とその家族のために料理を準備したことに起因する。したがって、黒人の食と、白人の食とは部分的に重なるのである。図で示すと、上記のようになる。

図1からわかるように、黒人奴隷の料理は「A＋B」の部分となる。「A」の部分のみを強調したい者、あるいは「A＋B」の部分を「C」から明確に区別したい者は、ソウル・フードを黒人の伝統的料理と定義するであろう。しかし、「B」の共通部分を重視する者は、白人主人とその家族も同じものを食べていたのであるから、南部の伝統的料理と定義するであろう。

図1のA、B、Cの各スペースの割合は便宜上のものであって、

実際の割合がどの程度であったのかは検証のしようがない。たとえば、さきほどソウル・フードの定義の例として第三番目に引用した文のなかには、「チタリング――通常、アフリカ系アメリカ人独特の料理法とされる――」とある。引用文も「通常」と書いているが、一八四〇年から一八六〇年ごろまでの時期を中心に南部奴隷制下の「食」を研究したサム・ボワーズ・ヒリアードは、ときに白人も好んでチタリングを食べたと指摘する。(6) このように、チタリングですら黒人奴隷だけの料理ではなかった。その意味では、図1において最も割合が大きくなる部分は、「B」の共通部分である可能性が高い。

結局、ソウル・フードを黒人の伝統的料理と定義するか、南部の伝統的料理と定義するかは、ひとえに個々人の意識にかかっているということになる。したがって、ここで問われるべきは、このような意識の差がいつごろ、どのような社会的背景のなかで生まれてきたかということであろう。この点をふまえたうえで、一般的理解としては、アメリカにおいてソウル・フードは、第一義的には黒人の伝統的料理を、第二義的には南部の伝統的料理を指すと解することでよいと考える。

2　「ソウル」を込める

奴隷と「食」――三つの供給源

歴史家ヒリアードによれば、奴隷の食には三つの供給源があった。第一は、白人主人からの配給で、毎日一日分が配給されるケースと、一週間分まとめて配給されるケースがあった。白人主人によって配給された食材は、コーン、豚肉、サツマイモ、野菜類、果物類であった。第二は、奴隷自身が菜園を所有することが許可される場合があった。そこでは、奴隷自身が小動物を飼育し、野菜類を栽培した。第三は、採集、狩猟、魚釣などであった。ただし、第二と第三はすべての奴隷にあてはまったわけではない(7)。

ヒリアードは、白人主人と黒人奴隷の食には、多くの共通部分があったとする。白人主人が黒人奴隷に配給した食材が、白人主人家族と同じものである事例は多数あった。最も重要な食材とされた豚の場合、その数が豊富な場合には、黒人奴隷は豚を丸ごと配給された。このような事例に照らすならば、ソウル・フードについてしばしば散見される説明、すなわち「奴隷制時代に白人が口にしないような食材を使って作った料理」とする説明は、間違いではないが不正確ということになる。なぜなら、黒人奴隷は、白人主人が口にしないような食材も使用したが、白人主人が口にする食材も使用したからである。

とはいえ、白人主人と黒人奴隷の関係が「支配／被支配」の関係であったことは、決定的に重要であった。最終的な決定権はつねに白人主人にあった。一頭の豚を分け合うという場合は、白人主人は良質の部分を取り、黒人奴隷には残った部分が配給された。おそらく、ヒリアードの研究から確認できることの一つは、黒人奴隷が白人主人とどの程度まで同じ食べ物を食べていたか、黒人奴隷がどの程度まで菜園所有や採集、狩猟、魚釣を許されていたかは、白人主人の態度やその地域の自然環境といった諸条件によって左右されたという点であろう。[8] 次に、奴隷制下における食が、自由そして「ソウル」とどのように関係していたのかを考えていきたい。

奴隷制下における「食」と「自由」と「ソウル」との関係

奴隷制下における「食」と「自由」と「ソウル」との関係について考える際には、人類学者シドニー・W・ミンツによる指摘がきわめて示唆に富む。[9] 以下、彼の指摘に照らしながら、黒人奴隷にとって「ソウルを込める」とはどのような意味を持っていたのかを考察していきたい。

まず、ミンツは次のように説明する。

> 食の問題は、食べるという生物的行為としてだけでなく、すべてを奪われていた人々が全人的な行為として、いかにして自らの生を再建していったのか、その脈絡において捉えられるべきだ。[10]

奴隷が食べたさまざまな食材は、どこに起源するものであったのか。アフリカ起源の食材はどのようなものがあるか。アメリカ大陸起源のものは何か。西洋起源のものは何か。確かに、このような食材の発祥地の研究も、重要な作業の一つではある。しかし、ミンツがここで主張していることは、奴隷の「食」の意味を考える際には、そのような部分は本質的な問いではないということである。さまざまな発祥地を持つ食材が人の移動によって融合するといったことは当然起こるのであって、そのような部分に注意を払っているだけでは、奴隷と「食」との関係、「ソウルを込める」の意味はいつまでたっても理解できないということを、彼はいっている。

かれら〔多くは女奴隷〕はそこで入手できる物だけを材料にして、自発的に新しい「食」を創造したんだよ。開けた心と創意がなければできないことだ。これは「混合」ではない、そんな生やさしい言葉では形容できない。[11]

支配者側は奴隷制を維持しながら、一方では奴隷の人間性を認めてしまったのだ！[12]

奴隷制下において、南部各州が持っていた「奴隷法」によれば、黒人は人間ではなく、白人主人の所有物、財産と規定された。ところが、人間にしかできない行為というものがある。料理するという行為が、まさにそれである。

「食」を創造したとき、奴隷は人間としての、人間にしかない技術を使った。〔中略〕味わう、比較する、好みを生かすなどの、人間的な能力〔生産、処理、調理〕を発揮していた。[13]

〔傍点――原文はイタリック〕

黒人奴隷は、日の出から日没まで野良仕事をしている間、白人主人や白人監督から、およそ人間性と呼べるものの一切を否定されていた。しかし、一週間のうち、日曜日は特別だった。この日は、黒人奴隷は別のプランテーションの親族を訪ねることを許可されることがあった。また、彼ら（多くは女奴隷）は家族や友人に時間をかけて料理を作ることができた。いっそう特別だったのはクリスマス（キリスト降誕祭。一二月二五日）であった。白人主人は黒人奴隷に一週間の休みを与えることもあったからである。このときには、食材もいつも以上に与えられた。

このような文脈をふまえることによって、黒人奴隷が「食の創造」にどれほど情熱を込めようとしたか、喜びを込めようとしたか、人間としての誇りを込めようとしたのかを理解することができるだろう。所有物、財産と規定される状況下にあって、黒人奴隷がなおも自分たちの「人間性」を保持しえた理由は、実に「食の創造」という行為のうちにあった。

魂から湧きでた材料を、奴隷は食材に加え調理した。「食」は魂のこもった想像力を注ぎこむ容器だった。もし、料理に使われた素材が汗水ながす苦しい労働から得られたものでなかったら、ソウル・フードは生まれなかっただろう。それだけではない。ソウル・フードには誇りと、歓喜と、食べ物を大切に思う心、まじりけのない愛が含まれている。(14)

そして、白人主人の都合によって黒人奴隷の家族はいつでも解体離散させられる危険性に直面していたという点をふまえるならば、黒人奴隷にとって自分たちが「全人的な行為」として作った料理を、家族で一緒に食べ、親族で一緒に食べ、他の仲間と一緒に食べるという行為がどれほど重要とされていたのかも、理解することができる。食は黒人奴隷にとって「コミュニティ意識」を保持するための欠くべからざる手段であった。

同時に、黒人奴隷が作った料理は、白人主人たちの味覚にも影響を与えることになった。なぜなら、家内奴隷は白人主人の家族のためにも料理を作ったからであり、幼少期にかぎっては黒人と白人は一緒に遊ぶことがあったからである。

奴隷は食に対する好みを持っていた。多様な好みを持っていた。そればかりか、かれらの好みは支配者の好みにも影響をあたえるようになる。奴隷制の社会で、プランター階層がいつしか喜んで口にするようになった「食」は、奴隷から教えてもらったものだよ。食糧を栽培・採集・調理したのは、つまり食の創造に最大の貢献をしたのは奴隷だったからね。[15]

このように見てくると、黒人の伝統的料理はソウル・フードと呼ばれるに足る理由があるということができるのではないだろうか。ここまでの議論をふまえたうえで、本章冒頭で取り上げた二つの引用文をもう一度読み返してみると、ソウル・フードを料理する際になぜ五感をすべて働かせ、愛情、心、魂を込めて作らなければならないか、本来ならば計量カップや時計などに頼るのではないといっているのか、ソウル・フードがなぜ家庭の味や一家団欒を想起させるものであるか、その理由がいっそう深い意味を帯びて理解されるのである。

秘密の礼拝集会、鉄鍋、「食」

奴隷制という徹底した非人間化と家族破壊の試みに直面した黒人奴隷にとっての中心的問いは、いかにして生き残り、かつ自分たちの「人間性」と「コミュニティ意識」を保持できるかということであった。白人主人側の徹底した黒人奴隷管理の試みにも関わらず、黒人奴隷はそれらを可能にする場を持っていた。研究者たちが「見えざる教会」と呼ぶ秘密の礼拝集会である。それは森の奥や奴隷小屋などで密かに行なわれ、週に二、三回開かれたという。この秘密の礼拝集会は、黒人奴隷が互いに交わり、自己のキリスト教信仰を公然と告白でき、日々の抑圧的経験によって鬱積した感情を発散し慰めを得ることができ、そして、ときに逃亡や反乱を計画する唯一の場として機能した。

秘密の礼拝集会は、鉄鍋（pot）と「食」とも興味深い形で結びついていた。すなわち、礼拝の音が外部に漏れないよう、音を消す、ないし吸収するための方法として、黒人奴隷は料理に使うポットや洗濯に使う金だらいなどを「伏せる」（turning down）ということを行なっていたのである。元奴隷の証言を二つ引用してみよう。

彼らは、よく祈禱集会をもったものです。いくつかの祈禱集会の場所で、彼らは床のまん中に

鉄鍋《ポット》を伏せ、祈禱したり、信仰告白をするのを白人に聞かれないようにしました。(16)

彼らは時々、自分の家で祈禱集会を開きましたが、彼らは許しを受けなければなりませんでした。もし許可が得られなかった場合、彼らは、音を封じ込めるために、ポットを伏せなければならないことを知っていました。はい、私の家でポットを伏せている間は、彼らが捕まることは決してありませんでしたが、彼らが捕まったという話を聞いたことはあります。(17)

歴史家G・P・ローウィックによれば、西アフリカにおいてさまざまな種類のポットは、神々や祖先との交流、葬式の際などに用いられる正式の儀礼道具の一部であった。したがって、アメリカの黒人奴隷の間でも、ポットは護身の効果をもたらすと信じられたという。実際にポットが効果を発揮したかといえば、そうではない。ローウィックは、一人がポットに頭を突っ込んだ場合には多少の消音効果があったかもしれないが、人数が多いときには効果はなかったと説明し、実際、白人監督に見つかり、奴隷たちが鞭打たれたという事例も紹介している。(18)

しかし、ここで興味深いことは、黒人奴隷たちがポットに向かって自由と解放を願う「魂（心）の底から噴き出る感情」をぶつけ、そのポットはまた、魂から湧き出る料理を作る際にも使用されたという点である。いわば、ポットは二重の意味で「ソウルを込める」容器だったのである。

3　ソウル・フードという語の社会的背景

ソウル・フードという語

では、黒人の伝統的料理を南部の伝統的料理と区別しようという、いわゆる差異の強調が生まれたのはいつごろからなのか。その社会的背景とはいかなるものであったか。ソウル・フードに関するある新聞記事の次の一節が、その手がかりとなる。

黒人文化の分かちがたい部分として、「ソウル・フード」というフレーズは、一九六〇年代におけるブラック・パワーとブラック・プライドの運動のなかで造り出された。その目的は、アフリカ系アメリカ人の料理を南部の食という大きな枠から区別するためであった。ボブ・ジェフリーズが一九六九年に、この語を最初に使用した料理本の一つ『ソウル・フード・クック・ブック』のなかで書いたように、「すべてのソウル・フードは南部の食であるが、南部の食すべてがソウルというわけではない(19)」。

引用文には、「すべてのソウル・フードは南部の食であるが、南部の食すべてがソウルというわけではない」とある。図1（二三九頁）に戻って確認してみよう。南部の食は「A＋B＋C」の全部である。このうち、ソウル・フードと定義されるのは、「A＋B」の部分であるから、「すべてのソウル・フードは南部の食」となる。しかし、「C」の部分はソウル・フードと定義されないから、「南部の食すべてがソウルというわけではない」ということになる。

「アフリカ系アメリカ人の料理を南部の食という大きな枠から区別」しようとする動き、すなわち図1でいくと「A＋B」を「C」から明確に区別しようとする動きは、一九六〇年代に起こり、それはブラック・パワー運動（＝ブラック・プライド運動）と関連していたという。その際、黒人は自分たちの料理を「ソウル」と呼ぶことで、南部の白人料理との差異を強調しようとしたということになる。

歴史的に見て、黒人にとって「ソウル」が重要な位置を占めてきたことは想像に難くない。奴隷制とそれに続く法律上と実質上の人種差別という過酷な環境下にあって、それらを耐え抜き、解放、自由を達成するためには、霊的、精神的な力＝「ソウル」が必要となった。黒人にとって「ソウル」は、つねに社会的被抑圧状態からの解放、自由と関連づけられてきたのであり、その意味では「ソウル」は彼らにとって、いつの時代にも重要な位置を占めてきたのである。

とりわけ一九六〇年代は、さまざまな分野において「ソウル」が問題となった時代であった。食の分野だけでなく、音楽の分野においてソウル・ミュージックと呼ばれるジャンルが登場するのもこの時期である。そして、何よりも「ソウル」が問題となったのは、一九五〇年代後半から六〇年代前半にかけて展開した南部を中心とする公民権運動と、それに続く一九六〇年代後半のブラック・パワー運動という社会変革運動においてであった。「ソウル」という語が選ばれた理由も、そのことと無縁ではなかったであろう。以下、これら二つの社会変革運動と「ソウル」とはどのように関係していたのかを確認していこう。

南部公民権運動(一九五五年ごろ―一九六五年ごろ)と「ソウル」

南部公民権運動と「ソウル」との関係を考える最適な材料は、一九五七年に創設された公民権団体SCLC(南部キリスト教指導者会議)である。キングを議長とする同団体のモットーは、「アメリカの魂を贖《あがな》う」(To redeem the soul of America)であった。このモットーが象徴的に物語るように、南部公民権運動という文脈における「ソウル」には、次の二つの意味が込められていた。①黒人自身の解放また自由達成の力としての「ソウル」、②白人およびアメリカ社会全体を救済する力としての「ソウル」である。

SCLCの団体名には、「キリスト教」という語が入っている。南部公民権運動という文脈における「ソウル」は、この運動が黒人教会を母体に展開したことからもわかるように、多分に宗教的な意味合いを含んでいた。とりわけ、それはキリスト教における贖罪《しょくざい》信仰と関係していた。[20] すなわち、イエスの十字架における死は、神が人類をその深い罪から贖うための犠牲死であり、イエスの贖罪愛に身をゆだねることによって救われた人間は、今度は自分が受けた贖罪愛を他の人々にも証《あかし》していかなければならない、という信仰である。南部公民権運動は、非暴力の徹底によって、死傷者を最小限にまで抑えることができた。しかし、白人市民と警官の暴力、投獄、さらに白人至上主義者による発砲や黒人教会の爆破によって、悲惨な犠牲者が生まれる現実もあった。これら犠牲者たちの苦難の意味、血の意味は何なのか。その意味を、キングとSCLCは贖罪信仰に結びつけたのである。すなわち、社会的正義を求める闘いの途上で黒人が負う不当な苦難は、イエスの贖罪愛を自らが他人に証《あかし》する行為であり、したがって罪なき黒人が流す血には、白人とアメリカ社会全体を救う贖罪の働きがある、と。キングの次の言葉ほど、南部公民権運動と「ソウル」との関係を端的に示しているものはない。

> われわれは、最も恨み重なる敵対者に対し、次のようにいう、「われわれは苦難を負わせるあなたがたの能力に対し、苦難に耐えるわれわれの能力を対抗させよう。われわれは、あなたがたの腕力には魂の力で対抗しよう〔We shall meet your physical force with soul force〕。〔中略〕われわれを刑務所に放りこむがいい、それでもわれわれはなお、あなたがたを愛するだろう。われわれの家庭に爆弾を投げ、われわれの子供らをおどかすがいい、それでもわれわれはなお、あなたがたを愛するだろう。〔中略〕しかし、われわれは耐え忍ぶ能力によってあなたがたを摩滅させることをはっきり覚えておくがいい。いつの日かわれわれは自由を勝ち取るだろう。しかしそれは、われわれ自身のためだけではない。われわれはその過程で、あなたがたの心と良心に強く訴えて、あなたがたを勝ち取るだろう。そうすればわれわれの勝利は、二重の勝利となろう」[21]。
>
> （傍点――筆者）

ブラック・パワー運動（一九六〇年代後半）と「ソウル」

第四章第四節で見たように、ブラック・パワーという言葉がスローガンとして公に登場したのは、一九六六年六月のことである。その主唱者たちが提出した最大の問いとは、人種統合の中身についてであった。彼らは公民権運動がめざした人種統合が、現状では白人的価値観への一方的「同化」にほかならないと批判し、そのような人種統合を完全に拒絶したのであった。ブラック・パワーの主唱者であったストークリー・カーマイケルは、次のように書く。

> 黒人コミュニティの人種的、文化的個性は保持されなければならず、黒人コミュニティはその文化的健全性を保持しながら自由を勝ち取らなければならない。〔中略〕自己の一部を否定しなければならないような者は、誰一人として健全で完成し成熟した人間にはなれないのである。これまで「統合」は、これ〔自己の一部の否定〕を要求してきたのである。(22)

白人的価値観への一方向的「同化」を拒絶する態度は、白人と黒人との差異の強調として現れることになる。ブラック・パワー運動においては、次の四点が強調された。①「黒さ」――黒人の歴史と文化の再評価、「黒は美しい」――の肯定、②黒人相互の責任の呼びかけ、③黒人の集団としての政治的、経済的パワー獲得、そのための方法として運動からの白人の排除、④自己防衛の肯定である。一九六〇年代後半に展開したブラック・パワー運動は、暴力を肯定するメッセージをも含んでおり、それまでの公民権運動を全面否定するかの印象を与えたことは否定できない。しかし、同時に真の人種統合とはどうあるべきなのかをめぐる議論を活発化させ、黒人コミュニティの再活性化を促すという積極的意義も有していた。以上をふまえると、ブラック・パワー運動という文脈における「ソウル」には、次の二つの意味が込められていたといえる。①黒人自身の解放また自由達成の力としての「ソウル」、②黒人の「ソウル」は白人のそれとは異なるという差異の強調、である。

南部公民権運動と比較すると、②の部分が異なっている。公民権運動における「ソウル」が「包括的」(inclusive) であったとするならば、ブラック・パワー運動における「ソウル」は「排他的」(exclusive) であった。すなわち、白人の魂はいまや救済の余地のないほど病んでしまっている。白人の経験と黒人の経験は本質的に異なっており、白人の魂と黒人の魂は本質的に違うのだ。そのような認識がブラック・パワー運動にはあった。

以上、南部公民権運動およびブラック・パワー運動という二つの社会変革運動と「ソウル」との関係について検討してきた。さきに引用した新聞記事の説明と照らし合わせるならば、ソウル・フードという語は、ブラック・パワー運動の文脈における「ソウル」の②と関係していたということになる。すなわち、「ソウル・フード」という語をあてることで黒人の伝統的料理を南部の白人の伝統的料理から区別したいという黒人側の意識は、黒人の魂と白人の魂は本質的に違うという、黒人と白人との差異を強調するブラック・パワー運動の延長線上に生まれたものであった。

4　黒人共同体意識の表象としてのソウル・フード

ここまで、ソウル・フードという語が一九六〇年代後半に登場したことを確認した。ソウル・フードという語があてられ、南部の白人の伝統料理から区別されることで、黒人の伝統的料理には新たな意味が付与されることになった。それは、典型的には次のような形で説明される。

ソウル・フードは、合衆国におけるアフリカ系アメリカ人の経験を称える料理のやり方を指す。最初から、アフリカ系アメリカ人の料理は、手に入るもので何とかし、それをできるだけ美味しく、栄養価の高い食べ物に変えることに拠ってきた。(23)

すなわち、ソウル・フードは「黒さ」、つまり黒人のアイデンティティと関連づけられるようになったのである。ソウル・フードを食べることは、黒人が集団として奴隷制という共通の過去を持つ「一つの民」であることを記憶し想起する行為となり、同時に黒人奴隷の食と、彼らが食に対して傾けた姿勢を再評価し、称える行為となったのである。

しかし、黒人のアイデンティティの源泉、黒人の共通の歴史的経験を称える意味を付与されたソウル・フードが黒人コミュニティ内で占める位置は、必ずしも一様であったわけではない。まず、黒人中産階級と黒人下層階級との間では、ソウル・フードに対して場合によっては異なる位置づけ方が見出された。さらに、ソウル・フードを拒絶することが、むしろ黒人の文化的誇りとなるとする応答もみられた。

黒人中産階級のアイデンティティとしてのソウル・フード

ブラック・パワー運動は、主として北部や太平洋岸の諸都市の黒人ゲットーにおける貧困問題に注意を喚起するものであった。それゆえ、一見するとソウル・フードを重要とみなしたのは、都市部の黒人下層大衆であったと思われがちであるが、ソウル・フードを重要とみなしたのは、むしろ黒人中産階級であった。これは、一九六〇年代後半から七〇年代初頭にかけて、ブラック・パワー運動への積極的応答を求められていた者が黒人中産階級であった点に起因している。

社会学者フランクリン・フレイジァは、著書『ブラック・ブルジョアジー』（一九五七年）のなかで、黒人中産階級が有する二側面について指摘を行なった。第一の側面は、黒人中産階級は一般的に黒人コミュニティにおいて人種隔離制度に対処するための戦略的位置を占めていることである。黒人中産階級は、黒人大衆のための国際情勢や政治情勢についての解釈者であり、黒人コミュニティのなかに思想的風潮を創り出す設計者の役割を果たしている。黒人中産階級は、その潜在力が発揮された場合、黒人大衆の具体的窮状を「市民権」「民主主義」「自由」といった抽象的な概念で議論する能力を有しているがゆえに、黒人解放運動が成立するために不可欠な存在となる[24]。

しかし、フレイジァは、もう一つの側面をも指摘したのだった。すなわち、黒人中産階級は、個人として白人上流社会に受け入れられたいという強い願望を持ち、黒人下層大衆と同一視されることから逃れようとする。彼らは、黒人の身体的特徴を忌み嫌い、白人の思考、行動、生活、マナーを模倣するが、どれだけ努力しようとも白人上流社会に受け入れられることはない。そのため、彼らは強烈な劣等感と自己嫌悪に陥り、そうした感情から逃避するため、社会的地位を象徴するあらゆるもの――学位、大邸宅、キャデラック、ミンクのコート、宝石やアクセサリー、ポーカーや玉突きといった社交生活――を手に入れようとする。そうすることで、彼らは黒人下層大衆に対して優越感を得るとともに、白人並みであることを誇示し、劣等感や自己嫌悪を癒そうとする。(25)

ブラック・パワー運動において、主唱者の一人ストークリー・カーマイケルはフレイジァの指摘を引用し、黒人中産階級の二側面のうち、後者の側面を問題にした。すなわち、黒人中産階級の多くに見られる問題は、個人の物質的富の増大という白人中産階級的価値観に自己を同調させ、黒人下層大衆を顧みないばかりか敬遠さえし、郊外へ移住する形で黒人下層大衆のもとから去ろうとしているところにある。しかし、黒人中産階級は、今こそ黒人が集団として物質的にも精神的にも豊かになるよう、黒人コミュニティにとどまって黒人の歴史的、文化的遺産を黒人下層大衆に伝え、彼らを指導すべきである。(26) カーマイケルは、黒人下層大衆に対する黒人中産階級の責任を指摘したのであった。

要するに、ブラック・パワー運動において黒人中産階級は、白人的価値観への同化主義者として批判の対象となっていたのである。これに対する黒人中産階級の応答の一つが、食に関わるものであった。すなわち、黒人中産階級は、一方でアメリカ主流社会での上昇を志向しながら、他方で白人中産階級の価値観との距離を保ち、「黒さ」を肯定し、黒人下層大衆との連帯感を表明する手段としてソウル・フードを価値づけたのである。したがって、ソウル・フードを重要とみなしたのは主として黒人中産階級であり、ソウル・フードは黒人中産階級が「黒人《ブラック》」としてのアイデンティティを表現するための手段であった(27)。

これに対し、ゲットーの黒人下層大衆のなかからは、次のような応答もみられた。当時、黒人解放運動の急進的結社ブラック・パンサー党（一九六〇年代後半から七〇年代に武装と革命による黒人解放を唱えた政治組織）の指導者だったエルドリッジ・クリーバーは、こうした黒人層の代弁者であったと考えられる。彼は、著書『氷上の魂』（一九六八年）のなかで、次のように書いている。

ゲットーの黒人は必要からチタリングを喰うが、黒人ブルジョアジーはそれを嘲笑のスローガンにかえてしまった。彼らにとっては、チタリングを喰うことはスラムの住民になることと同じだ。彼らはステーキ代を払えるようになったので、今度はソウル・フードをもてはやす。ゲットーの人々はステーキがほしい。ビーフステーキだ。ブルジョアジーを本当にソウル・フードで暮らさなければならない目に合せてやる力がほしいものだ(28)。

（傍点——原文はイタリック）

黒人中産階級と黒人下層大衆との間では、ソウル・フードに対する位置づけが異なっていたことが、ここには示されている。すなわち、前者は自己を黒人コミュニティに結びつけておくための手段としてソウル・フードを位置づけたのに対し、後者は忌むべき、脱出すべきスラム生活の象徴としてソウル・フードを位置づけたのである。

黒人キリスト教徒のアイデンティティとしてのソウル・フード

黒人コミュニティのなかには、クリーバーから一歩進んで、ソウル・フードを拒絶することが、むしろ黒人の文化的誇りとなるとする応答もみられた。たとえば、イライジャ・ムハンマドを指導者とするNOIである。

ムハンマドの主張の中心は、黒人が真の知識に目覚め、本来の宗教と本当の敵を知ることができれば、黒人は自己の苦難の原因とそれに対する解決策がわかるというものであった(第四章第四節参照)。ムハンマドは、これを食についてもあてはめた。彼は、NOIから『生きるための食べ方』という二巻(一九六七年、一九七二年)からなる本を出しているが、そのなかでおおよそ次のような議論を展開する。[29]

黒人は本来、健康で長寿でいられるにも関わらず、現実はそうではない。糖尿病、肥満、心臓病などを患い、医療費にもお金がかかっている。その原因は、奴隷制時代にキリスト教徒の白人主人が与えた食を、いつまでも食べ続けているからである。最大の問題は、豚を食べることである。旧約聖書において豚は汚れているとされ、他の忌むべき物も含め、これを食べる者は「ことごとく絶たれる」

とある（旧約聖書「レビ記」一一章七、八節。「イザヤ書」六六章一七節）。ところが、アメリカの白人はキリスト教徒と自称しておきながら、神の法に背き豚を食べ、それを黒人にも与えてきた。とはいえ、ヤカブが創造した白人種は本質的に善を行なうことができないのであるから、これはいたしかたない。むしろ、白人は神の敵であると気づき、白人の策略を見抜くべきは黒人のほうなのである。黒人は、白人主人が与えた食が有害であるという真の知識に目覚め、黒人にとり本来の宗教であるイスラーム教の教えに則り、正しい食をとらなければならない。これが黒人の苦難の原因に対する解決策なのである。

ムハンマドが説く正しい食とはいったい何か。彼は本のなかで食材を細かく指定しており、ここに書き出す余裕はない。しかし、基本的には菜食主義の勧めである。彼は、豚肉はもちろんだが、鳥肉やその他の動物の肉も避けるよう忠告する。野菜、豆、果物を奨励するが、ソウル・フードの食材として挙げられるカブ、コラード、ブラック・アイ・ピーズなどは食に適さないとする。これ以外にも避けるべきものとして、パイやケーキなど甘い食べ物、清涼飲料、酒などがある。ムハンマドはまた、一日三食ではなく一食、それを決まった時間——午後四時から六時ごろ——に取ることを勧める。これらが実践できるようになれば、黒人は健康と長寿を取り戻すことができるのである。

ソウル・フードは奴隷の食であり、不健康な食であるとして拒絶するムハンマドの信念は、黒人教会に対する批判と関連づけられていた。ムハンマドは、黒人教会では他の不健全な教えとならんで、飲食についても間違った教えが説かれていると批判した。彼は次のようにいう。

〔説教者など〕こういう人たちが、いわゆるニグロと呼ばれる人々に対して教えているのです。間違った食を食べ、飲み、賭け事（ギャンブル）にふけり、露出度の高い服を着てもよい、死後に救済を求めるようにと（正しい文明がわれわれに教えているような、この世における救済ということには少しも構わず）。こうした教えは、同胞よ、あなたがたにとってよくありません。(30)

（傍点――原文はイタリック）

ムハンマドは、ソウル・フードと黒人教会の結びつきを指摘した点で正しかった。しかし、それに対する評価という点においては、一面的であった。現実には、黒人教会はムハンマドが理解した以上に積極的な役割を黒人コミュニティにおいて果たしてきた。

奴隷解放後に南部に出現した黒人教会は、黒人の社会生活の全領域に密着しており、黒人コミュニティにおける唯一の社会組織として重要視されるにいたった。一九六〇年代後半以降にソウル・フードと呼ばれることになる黒人の伝統的料理は、家庭やレストランで食べるものであっただけでなく、黒人教会で食べるものでもあった。思想家・社会学者であったW・E・B・デュボイスは、著書『黒人のたましい』（一九〇三年）のなかで、南北戦争後に出現した黒人教会について、「黒人生活の社会的中心」であると書いたのち、典型的な教会を次のように説明した。示唆に富む指摘である。

さまざまな組織がここ〔黒人教会〕に寄りあうのである、――教会そのもの、日曜学校、二、三の保険組合、婦人団体、秘密協会、それに各種の大衆集会。毎週五回ないし六回の正規の宗教上の礼拝式のほかに、催しものだとか晩餐会だとか講演会が開かれる。〔中略〕そして、リヴァイヴァルつまり特別伝道集会が、毎年、作物の穫り入れが済んだあと、開催されるのである。(31)

黒人教会において人々は、礼拝が終わると教会スタッフ——その多くは黒人女性——が作った、あるいは自分たちが持ち寄った料理を分け合い、食べた。同じことは、晩餐会にもあてはまった。それは、黒人教会のさまざまな催し物の際にもあてはまった。そのなかには、黒人教会が主催するピクニックがあった。また、黒人教会の重要な年間行事の一つに、「無料の食」(free food)というものがあった。すなわち、イースター（キリストの復活祭。春分の日以降最初の満月のあとの最初の日曜日）、サンクスギビング（収穫と健康に対する神への感謝祭。アメリカでは一一月第四木曜日）、クリスマス、奴隷解放宣言を祝う大晦日のウォッチナイト（真夜中まで続く除夜の礼拝式）などの宗教的、文化的行事において、黒人教会に集まった人々には歌、聖歌隊の音楽、祈りの礼拝のあとに、黒人の伝統的料理がふんだんに提供された。さらに、通常七、八月に行なわれたリヴァイヴァル集会では、作物の穫り入れが済み、食と余暇を楽しめる時期であるだけに、特別伝道集会の場で黒人の伝統的料理が豊富に用意され、人々は料理を持ち寄り、さらには料理の腕を競い合うこともあった。(32)

このような、黒人教会というコミューナル（共同的）な空間で食を分かち合うという行為のルーツは、奴隷制時代にまでさかのぼる。黒人奴隷は日曜日や特別な日には、白人主人の許可を得て、家族やさらに広範囲の親族集団、またときにプランテーションの黒人全員、あるいは周囲から仲間を呼び、皆で料理し、食べる時間を楽しむことができた。この伝統は黒人教会に受け継がれた。南北戦争後、南部において黒人は政治的、社会的には法的人種隔離制度の下に、経済的にはシェアクロッピング制度（分益小作人制度）の下に置かれ、個々人は貧しい暮らしをしていた。黒人教会は、そうした黒人たちにコミューナルな交わりの空間を提供した。皆で会話し、皆で食を分かち合うことで、黒人は身体を育み、同時に苛酷な環境をともに生き抜く霊的活力を育んだのであった。そして、この点は北部の黒人教会にもあてはまった。

二〇世紀に入り、北部に移住した南部黒人は、自分たちの伝統的料理を北部に持ち込んだ。当初、地元の黒人中産階級からは洗練されていない食として反発もみられたが、北部に到着した南部黒人は、自分たちの伝統的料理を保持した。加えて、北部に押し寄せる南部黒人の波は途絶えることがなかった。その結果、一九三〇年代までに南部黒人の伝統的料理は、そうした料理を扱うレストランの増加、南部出身者が通う黒人教会の増加と相俟って、北部の黒人コミュニティにおいても定着するにいたった。南部と同様に、北部においても黒人の伝統的料理と黒人教会は深く結びついたのである(33)。このように、南部と北部を問わず、黒人教会は黒人の伝統的料理を通して、黒人の身体と霊的活力の両方を育む役割を担ってきた。その意味で、のちにソウル・フードと呼ばれる黒人の伝統的料理は、歴史的には黒人キリスト教徒のアイデンティティの重要な構成要素となってきたということがいえる。

ムハンマドによる黒人教会と黒人の伝統的料理に対する批判は、確かに一面的ではあった。しかし、彼のそのような主要な動機を脇に置いて考えるとすれば、ムハンマドの勧めとは暴飲暴食を慎み、野菜や果物を中心とする健康食を摂取するということになる。黒人の伝統的料理が唯一ないし最大の原因ではないとはいえ、白人と比べた場合、高血圧、糖尿病、肥満、心臓病にかかる黒人の割合が高い傾向を示してきた事実に照らすとき、ムハンマドの健康食の勧めは、黒人教会も傾聴すべきものであった。事実、近年の黒人教会は、従来の高脂肪で高カロリーなソウル・フードに手を加え、野菜と果物を取り入れ、より健康な食を取ることに注意を払うようになってきている。『ニューズウィーク』誌の二〇〇六年一月三〇日の記事では、国立癌センターが主催する「身体とソウル」プログラムに二〇〇〇を超える黒人教会が参加し、健康食増進に取り組んでいると報告する。(34)

＊

「ソウル」(soul) という語、また「ソウル」がつく言葉をしばしば耳にする。「ソウル・フード」「ソウル・ミュージック」「ソウル・ブラザー」「ソウル・シスター」などがある。感覚的にはわかるような気もするが、この「ソウル」なる語が具体的に何を意味しているのかを説明するとなると難しい。本章は、そのような曖昧模糊とした「ソウル」の意味を探ってみた。もちろん、本章で扱った「ソウル」は、あくまでも黒人の食文化におけるそれである。もし、他のエスニック集団の食文化における「ソウル」を問おうとするならば、異なった歴史的考察が必要となり、異なった意味づけが可能となることはいうまでもない。

アメリカにおけるソウル・フードの現在について、五点指摘したい[35]。①当然ともいえるが、黒人はソウル・フードばかりを食べているわけでない。②ソウル・フードのレストランは全米にある。③ソウル・フードの食材や種類は、各家庭、各レストラン、各地域で実に多様である。他のエスニック料理との融合も起こっている。④ソウル・フードは高カロリーや高脂肪といわれるため、最近はヘルシーに料理できるソウル・フードを紹介した料理本が人気である。もっとも、奴隷制時代、日の出から日没まで野良で過酷な労働に従事させられた黒人奴隷にとっては、高カロリーや高脂肪の食がむしろ必要であった。⑤レストランによっては、オーナーや料理人、その他の従業員が白人やラティーノといったところも出てきている。このことについては、黒人の間に賛否両論がある。一九六〇年代後半における差異の強調という社会背景から誕生したソウル・フードというカテゴリーに対し、そのアイデンティティを維持したいという者もいれば、あまりこだわらないという者もいる。

第九章　ヒップホップ

ヒップホップは、一九七〇年代半ばにニューヨークのサウス・ブロンクス地区で生まれ、主として四つの要素——ＤＪ、ＭＣ、ブレイキング、グラフィティ——からなるとされる。(1) ヒップホップは、特定の語彙、ものの見方、ファッション、ヘアスタイルなどを形作りながら、現在までにアメリカ国内のみならず世界各地において、代表的な若者文化の一つとなるにいたっている。

ヒップホップは、その初期の生成過程をとってみても、インナーシティにおいて黒人若者だけによって作られたものではなかった。それは同じ境遇で暮らすラティーノの若者、特にプエルトリコ系などカリブ海地域出身の若者も不可欠な役割を担ったのである。そうした人々は、大きな見方をすれば、かつて奴隷船でアフリカから南北アメリカ大陸に運ばれた人々をルーツに持っていた。その意味では、ヒップホップはアフリカから離散した人々(ブラック・ディアスポラ)全体を起源とするということも可能である。[2]とはいえ、同時にヒップホップの生成期から今日にいたるまで、つねにその中核に位置してきたのは、アメリカ黒人の若者であった。こうしたことから、ヒップホップは第一義的に黒人若者文化におけるサブカルチャーの一つと認識される。[3]

ヒップホップは、何よりもインナーシティの黒人若者にとり娯楽であってきたと同時に、貧困、失業、暴力、犯罪が蔓延する過酷な環境を生き抜くための道具であった。それはまた、黒人若者相互のコミュニケーションの道具であり、さらには主流社会との数少ない対話の経路としての役割も担ってきた。実際、これまでに社会的に不利な立場に置かれた黒人若者のなかからは、「ヒップホップは私の人生を救ってくれた」という言葉がしばしば発せられてきた。[4]これは、ヒップホップが相互に矛盾する雑多な要素を内部に抱えつつも、黒人若者の間で重要な位置を占めてきたことを物語る言葉であろう。

しかし、黒人若者文化のサブカルチャーの一つと関連づけられるヒップホップ、特にラップ音楽に対するアメリカ世論の反応は、それが主流社会に徐々に認知された一九八〇年代から現在にいたるまで、決して好意的なものではない。いや、むしろ否定的といったほうがよく、この見方は黒人の場合も白人の場合も変わらない。その理由は、ラップ音楽がしばしば攻撃的で侮蔑的な言葉を用い、暴力、女性蔑視、物質主義を美化する反社会的、反道徳的な音楽としてイメージされているからである。たとえば、世論調査機関ピュー・リサーチ・センターが二〇〇七年に行なった調査によれば、ラップ音楽が社会に悪影響を与えるとする回答は、白人が七四パーセント、黒人が七一パーセントであった。他方、よい影響を与えるとする回答は、白人四パーセント、黒人六パーセントにすぎなかった。[5]

ラップ音楽のなかに、攻撃的で侮蔑的な言葉を用い、暴力、女性蔑視、物質主義を美化する内容のものが多いことは事実である。そして、このことがアメリカ社会、黒人社会、インナーシティの黒人若者、さらには世界の視聴者に与える影響については、過去になされてきた議論や研究をふまえた検討が必要である。しかし同時に、異なる種類のラップ音楽の存在にも目を向ける必要があるだろう。ラップ音楽には、商業的成功度とは別に、政治意識や社会意識の高いもの、女性の自立を説くもの、神や「スピリチュアリティ」の次元に触れるものなどがある。[6]こうしたラップ音楽も、暴力、女性蔑視、物質主義を美化するラップ音楽同様、各々が黒人若者の経験の一部を語っている。そして、ラップ音楽のそうした多様性に目を向けることこそ、「ヒップホップは私の人生を救ってくれた」という言葉をしばしば発する、社会的に不利な立場に置かれた黒人若者の経験を理解する第一歩となるであろう。

本章では、以上の問題意識に照らし、ヒップホップのなかでもラップ音楽に焦点をあて、それが持つスピリチュアリティの次元を考察することを目的とする。このようなテーマは、ラップ音楽に関する議論全体のなかでは周辺化される傾向にある。それはおそらく、一般的にラップ音楽が「世俗」を歌い、「聖」なる次元を扱う宗教とは対極に位置するとみなされることと関係しているのだろう。しかし、事態はそれほど単純ではない。ラップ音楽のなかには神に言及するものも数多くあり、それらはインナーシティの黒人若者が持つスピリチュアリティを知る素材となり得る。それでは、彼らが発するスピリチュアリティとはいったいどのようなものなのか。インナーシティにおいて黒人教会との接点を持たない若者が増えるなか、彼らのスピリチュアルなメッセージは黒人教会に対して何を語りかけているのか。こういった問いを考察していきたい。

1 ラップ音楽をめぐる論争

公共空間におけるラップ音楽に関する議論の焦点は、その多くがこの音楽に含まれる攻撃的で侮蔑的な言葉や、暴力、女性蔑視、物質主義を美化する歌詞と映像表象の是非に向けられてきた。それは、このような種類のラップ音楽がアメリカ社会、黒人社会、インナーシティの黒人若者、さらには世界の視聴者に与える影響が憂慮されたからにほかならなかった。

そうした憂慮を支持する調査結果はいくつもある。たとえば、一九九七年の調査(7)では、次の結果が出た。まず、ケーブルテレビの音楽専門チャンネルの大手であるMTV、VH1、BET、CMTで流された五一八のミュージック・ビデオのうち、平均して六・一回の暴力的シーンが登場するビデオは、全体の一四・七パーセントだった。このうち、暴力的なシーンの多いミュージック・ビデオのジャンルはラップ(二〇・四パーセント)であることが判明した。ただし、それはロックにもあてはまることを付言しておこう（一九・八パーセントで二位）。

また、二〇〇四年のある研究[8]はこう報告する。まず、BET、MTV、VH1、Country.comのウェブサイトで配信される九五一のミュージック・ビデオのうち、一六・四パーセント（一五六本）に暴力的シーンが認められた。暴力的シーンの多いミュージック・ビデオのジャンルは、ヒップホップ／ラップが最も多く二四・三パーセント（四つに一つ）であり、次がハード・ロック一四パーセント（七つに一つ）であった。

とりわけ憂慮の声を上げたのは黒人社会であった。黒人政治家、黒人教会、黒人女性団体その他の市民団体などは、侮蔑的な言葉への検閲を訴え、ときにメディア企業に対し、アルバム発売中止を求めるボイコット運動やデモ行進を各地で展開してきた。これに対し、メディア企業側は、CDに未成年者に不適切な表現や内容が含まれることを意味する「ペアレンタル・アドバイザリー」のラベルを貼る措置を取りつつ、ラップ・アーティストと同様、基本的にはこのような種類のラップ音楽を擁護する立場をとってきた。

規制派と擁護派の論点は複数あるが[9]、最大の論点は次のものである。まず、規制派は、ラップ音楽が黒人に対する否定的なステレオタイプを強化することにつながると論じ、特定の黒人若者像——男性は暴力的、犯罪者的、ハイパー・マスキュリンな存在、女性は性的魅力で黒人男性に媚びるハイパー・セクシュアルな存在——のみが「超可視化」される点を問題にする。これに対し擁護派は、ラップ・アーティストはインナーシティの「現実」を歌っているにすぎず、ラップ音楽を攻撃してもインナーシティの現実は変わらないと論じ、インナーシティの現実が「不可視化」される点を問題にする。規制派と擁護派の論点は、双方ともにインナーシティに暮らす黒人若者を取り巻く環境を的確に映し出している。すなわち、グローバルに展開するメディア企業によって特定の黒人若者像のみが商品として「超可視化」されるという現象と、インナーシティの黒人若者の現実の生活は「不可視化」され続けるという現象が同時に進行しているのである(10)。

特定の黒人若者像の「超可視化」現象にどのように対処し、「不可視化」されたままのインナーシティの黒人若者の現実をどのように「可視化」させるか、そのための建設的な議論の空間を生み出すことが、現在求められている。この問題を考えるにあたっては、黒人フェミニストのベル・フックスや黒人知識人マイケル・エリック・ダイソンの議論が、示唆を与える。

フックスは、暴力、女性蔑視、物質主義を美化するギャングスタ・ラップが流行をきわめていた一九九四年、黒人フェミニストの立場から意見を求められた。その際、彼女はそうした価値観が実はアメリカの主流社会に支配的な価値観の反映である点に注意を喚起した。すなわち、暴力、女性蔑視、物質主義の価値観は、歴史的に白人優位、男性優位、性差別、資本主義の価値観を生み出し維持してきたアメリカ社会と文化に深く根ざしたものである、と(11)。

一方、ダイソンは、こうしたラップ音楽を攻撃する黒人教会に対し、同様の注意を喚起する。すなわち、黒人教会は会衆の七割近くを女性が占めるにも関わらず、女性の牧師任命には消極的な姿勢をとってきた。黒人教会は、ラップ音楽を批判するだけではなく、程度は異なれども教会内に男性優位や女性蔑視といった問題を抱えていることを自覚する必要がある。黒人教会に必要なことは、一つは教会内に根強く存在する女性蔑視という問題に向き合うことであり、もう一つはインナーシティの問題について黒人若者と対話することである[12]、と。

フックスとダイソンが共通して指摘しているのは、主流社会や黒人教会はインナーシティの黒人若者を「異質な他者」として排除するのではなく、克服すべき同じ問題を抱える存在として彼らに向き合う必要があるということである。このような認識こそが、主流社会と黒人教会がインナーシティの黒人若者との間に意味ある対話を生み出すための第一歩となるであろう。

2　ラップ音楽における「スピリチュアリティ」

特定の黒人若者像の「超可視化」現象にどのように対処し、「不可視化」されたままのインナーシティの黒人若者の現実をどのように「可視化」させるか。そのための一つの方法は、異なる種類のラップ音楽に目を向けることである。

以下では、特にラップ音楽におけるスピリチュアリティの次元を考察していく。一般的にラップ音楽は「世俗」を歌うものであり、「聖」なる次元を扱う宗教の対極に位置するとみなされる傾向にある。ラップ音楽に対する社会の一般的イメージが暴力、女性蔑視、物質主義の美化にあることは、そのような印象をいっそう強めているといえる。しかし、ラップ音楽は無神論と同義でもなければ、神の存在を完全に無視しているわけでもない。

ブルースにおける「聖」と「俗」

奴隷解放と南部再建期のしばらくあととなる一九世紀末ごろに起源を持つとされるブルースは、黒人教会からはしばしば「悪魔の歌」として拒絶されてきた(13)。困窮、苦悩、孤独、挫折、絶望、失業、恋愛、失恋、性、人種差別といった「この世」の個人的経験を赤裸々に歌うブルースは、黒人教会の道徳的規範からはずれる、下品でわいせつな歌であるとみなされたからである。確かに、黒人霊歌や一九二〇年代に北部都市を中心に発展していくゴスペル・ソングと比較すれば、それらとブルースとの間には相違点が見出される。黒人霊歌やゴスペル・ソングは、黒人が経験する苦難や不条理に対し、正義と愛の神は応答されるのだという信仰と希望を歌ってきた。これに対し、ブルースはそうした超越的な存在や超自然的な側面の多くを無視し、黒人が経験する苦難や不条理に対し、人間に生起する「生《なま》」の諸感情を歌ってきた。それゆえ、ブルースにおいては、多くの場合、嘆き、無力、絶望などが中心的テーマとなってきた。

しかし、このことはブルースが神の存在を完全に無視したことを意味しない。神学者コーンが指摘したように、結局のところブルースとは、「抑圧的矛盾の直中《ただなか》に生きていながらもなお、生き残り、忍耐し、生存しつづけようとする黒人の力について語っている(14)」のであった。ブルースと黒人霊歌はどちらも黒人経験という基盤を共有しており、ブルースが逆境にあるにも関わらず生存しつづけようとする黒人の精神性を語っているとすれば、それはむしろ「世俗的霊歌[15]」と呼びうるのである。実際、ブルース・シンガーは、ときに神との対話を求めることすらあった。たとえば、ブルースの歌詞には、次のようなものもあった。

われわれは主の子供だそうだ、私はそれがうそだとはいわない、
われわれは主の子供だそうだ、私はそれがうそだとはいわない、
だが、もしわれわれが互いに同じなら、ああ、ああ、なぜ彼らは私に今のような仕打ちをするのだろう。
私は主の子供として生きたい、そうでありたい[16]。

ブルースの歌詞にはまた、「全能の神よ、みんな気分が悪いのです、だって持っているものを全部失ったんですから」や、「主よ、私はただ一つのことだけをあなたにお願いしたいのです。どうか私の墓がきれいに保たれるように見守ってください[17]」などの対話も認められる。ブルースは、歌の関心事を圧倒的に「世俗」的な事柄に置きつつも、「聖」なるものとの結びつきを完全には無視しない音楽なのである。

ブルースにおける「聖」と「俗」とのこうした関係を想起するなら、同様の関係はラップ音楽にも

あてはまる。ラップ音楽が、その本質においてインナーシティに蔓延する貧困、失業、暴力、犯罪といった過酷な環境のなかにあって、なおも生きる意味を見出そうとする黒人若者の試みを歌っているとすれば、そこに神との対話が生起してくることは、むしろ自然なことである。

ラップにおける「スピリチュアリティ」

それでは、ラップ音楽におけるスピリチュアリティの次元とは、いったいどのようなものだろうか。具体的考察に入る前に、ここではその際の前提理解となるものを二点、指摘しておきたい。

第一は、ラップ音楽におけるスピリチュアリティの次元は、一人のラップ・アーティストのなかにおいて、あるいは一曲中において、あるいは一つのアルバムのなかにおいて、しばしば断片的に表れることである。それは、ラップ・アーティストに備わる特性と関係している。この点を考えるうえで示唆に富む指摘を、ヒップホップの牽引者KRS―ONEは、著書『サイエンス・オブ・ヒップホップ』（一九九六年）のなかで次のように行なっている。

KRS―ONEは、ラップ音楽を便宜的に娯楽的スタイル、性的スタイル、知的スタイル、暴力的スタイルの四つに分類したうえで、次のように書く。まず、一人のラップ・アーティストは、いずれか一つのスタイルに納まるわけではなく、これら四つのスタイルが混ざり合って一人のラップ・アーティストを作っている。その結果、一人のラップ・アーティストがライブやアルバムにおいて、これら四つのスタイルすべてを見せることがあるとする。次に、優れたラップ・アーティストになると、これら四つのスタイルのうち複数の要素を、一曲のなかに歌い込むことができると書いている。[18]

KRS—ONEの指摘は、ラップ音楽におけるスピリチュアリティの次元を考察する際にもあてはまる。すなわち、一人のラップ・アーティストのアルバム、あるいは一曲中には、必ずしも宗教的要素のみが歌われているわけではない。むしろ、そこにはしばしば貧困、暴力、犯罪、性など雑多な要素が混在している。また、一人のラップ・アーティストの成長過程において、歌われる要素に変化がみられる場合もある。しかし、これらの点は、ラップ・アーティストが相互に矛盾する雑多な日常経験の要素を抱えつつ、自己の生について自問し、インナーシティにおいて生きる意味と目的を見出そうと試行錯誤を繰り返していることの表れとして理解されるべきであろう。そして、ラップ音楽の歌詞に表れるそのような自問と試行錯誤こそは、インナーシティに暮らす黒人若者の生の現実を映し出していると考えられる。

第二は、ラップ・アーティストが歌う神は、伝統的な宗教において「正統」とみなされるような神とは異なる場合が多い。むしろ、ラップ・アーティストが神に言及する場合、しばしばそこには黒人教会も含め既存の宗教組織に対する批判的な眼差しが存在する。この点について、ラップ音楽に関する複数の研究者の指摘は興味深い。彼らはラップ・アーティストやインナーシティの若者から、しばしば次の言葉を耳にすると指摘する。すなわち、自分は「スピリチュアル(spiritual)だが宗教的(religious)ではない、神（God）にゆだねるが教会（church）や宗教（religion）にではない」と。[19]

この場合の「スピリチュアル」や「神」が何を意味するのかは多様であり、また不明瞭でもある。

しかし、確かなことが二つある。一つは、「スピリチュアル」という語がいわゆる既存の宗教組織や特定の制度化された信仰、伝統的教義と距離をとる含みで使用されていることである。もう一つは、そうとはいえ、彼らのなかには神や「聖」なるものとの結びつきを希求する姿勢が存在することである。

今日、インナーシティに暮らす、特に黒人若者男性の間では、黒人教会が何らの社会的存在意味も持ち得ないとみなす傾向が認められる。それは、彼らが黒人教会は自分たちの痛み、絶望、苦悩に応答し損なっていると感じているからであった。彼らのそのような感覚はまた、ラップ音楽に対する黒人教会の反応が、一部の共感者を除けば概して否定的であることによっても強められている。しかし、このことは彼らが神との対話を必要としないことを意味しない。彼らはそれを黒人教会の外部で模索するのである。むしろ彼らは、「宗教的」ではないが「スピリチュアル」であるといって制度的教会との距離をとることで、逆に神についての自己探求を可能にしているといえる。

3　ストリートの神学

コーンは、奴隷制下において黒人奴隷は社会的被抑圧者の経験に照らしてキリスト教を解釈し直したと論じた。(20)とすれば、同様のことがインナーシティの若者やラップ・アーティストにもあてはまるはずである。すなわち、彼らはインナーシティ、とりわけ「ストリート」という言葉で表現される路上での苦難――貧困、ドラッグ、銃、売春、ギャングの抗争など――に基づいて神を解釈し直しているのであり、その意味において、このような生活空間から生起してくる神に対する解釈や意識のあり方を総称する言葉として、「ストリートの神学」[21]（street theology）をあてることができるであろう。「ストリートの神学」は、制度的教会の確立された信仰や教義とは異なる。それは、体系的ではなく断片的であり、未加工であり、雑多な要素から成る。しかし、その中心的問いは次の関心に結びつけられている。すなわち、神はストリートの苦難にいかに関わるのか、ストリートに救済をもたらすのか、ストリートの痛みを和らげてくれるのか、自尊心を高めてくれるのか。そして、ラップ・アーティストが歌う神の断片性、未加工性こそは、インナーシティに暮らす黒人若者に備わるスピリチュアリティを映し出していると考えられる。

「ストリートの神学」における中心的問いは、神はストリートの苦難にいかに関わるのかというものである。これに対し、ラップ音楽のなかには、大きく三つの応答を見出すことができる。第一は、ストリートの苦難の解決をキリスト教に求めるものである。第二は、それを黒人イスラーム教組織の教義に求めるものである。そして、第三は、それを特定の信仰や教義と結びつけないで模索するものである。以下、具体的に見ていきたい。

クリスチャン・ラップ

第一部で見たように、歴史的に見て黒人コミュニティのなかには、キリスト教は黒人解放の源泉と

「なり得る」のか、「なり得ない」のかという問いが絶えず存在してきた。この点に関し、一九七〇年代以降、インナーシティに暮らす黒人若者、特に黒人男性の多くのなかに、キリスト教は「白人の宗教」「中産階級のもの」「女性のもの」であるがゆえに、ストリートの苦難を克服する源泉には「なり得ない」とする傾向が認められると論じた。

これに対し、「なり得る」とするのが、自己の回心体験に基づくキリスト教信仰を歌うラップ・アーティストである。このようなラップ音楽を、便宜上「クリスチャン・ラップ」と呼ぶことにする。その語りには大きく三つの要素を見出すことができる。一つは自己の回心体験の語り、もう一つは暴力、犯罪、ドラッグなどの克服に対する希望、さらにもう一つは救済への祈りないし叫びである。

まず、自己の回心体験の語りは、多くのクリスチャン・ラップのアーティストに見られる。たとえば、ニューワイン(Nuwine)もその一人に含めてよいだろう。彼は、十代はじめに学校を中退し、ギャング活動に関わるようになった。その後、一九九〇年に発砲事件で逮捕され、裁判にかけられた。しかし、「神はあなたを許され、あなたに対して目的を持っているのです」というある陪審員の言葉が、彼を回心させた。その後、彼はこの回心体験をラップ音楽に乗せて歌うようになった[22]。『ゲットー・ミッション』(Ghetto Mission、一九九九年)が制作された際、彼はあるインタビューで次のように答えている。

誰もが答えを求めている。なぜ自分はここにいるのか、なぜ文無しなのか、なぜ殺し合うのか。〔中略〕俺はゲットーに手を差し伸べている、つまり、神はあなたを愛してると[23]。

ニューワインと同様に、ストリートの世界を経験しつつも、回心体験により救われたとする語りは、ビー・ビー・ジェイ（B. B. Jay）、リル・ラスカル（Lil' Raskull）、エル・ジー・ワイズ（L.G. Wise）などのクリスチャン・ラップのアーティストにも見出すことができる。リル・ラスカルは、ドラッグの影響を受ける生活から脱し、一九九五年にキリスト教を受け入れると、クリスチャン・ラップを歌うようになった。彼は、「バンク・オン・ザット」（Bank on That、二〇〇三年）のなかで、「神によって考え方一つ一つが改まった」と回心体験を語り、それゆえ「彼（イエス）は王だというのを、あてにしていい」と歌うのである。(24)

次に、暴力、犯罪、ドラッグなどの克服に対する希望の語りも、クリスチャン・ラップのアーティストに見出される要素である。暴力、女性蔑視、物質主義を美化するラップ音楽がそれらをストリートの「現実」として提示するとすれば、クリスチャン・ラップは、そうした「現実」を克服できるのだというメッセージを語ることに力点を置く。

エル・ジー・ワイズは、十代のときにブルックリンでギャング・メンバーとして犯罪と刑務所を経験したが、まともな人生を送ろうと決意し一九九二年にフロリダに移った際に、教会で回心体験を得た。彼は、「天国」（Heaven、二〇〇四年）のなかでこう歌う。「サグ（thug＝チンピラ）はギャングにも天国があるのか知りたがる」。だが、「サグ、ポン引き、ギャングはそこに入れない」。しかし、このように歌うワイズの強調点は、むしろその次であり、これまでの罪を悔い改めることで「元強盗、元ポン引き、元ギャングになれる」。だから、「もしまだ迷っているなら、さあ、ついてきな」と歌う[25]。

このように、クリスチャン・ラップのアーティストは、ストリートという世界が痛みと誘惑に満ち溢れており、ドラッグで簡単に稼ぎ、女性を物扱いし、銃がはびこる問題を抱えている現実を直視しつつ、なおもそうした問題は乗り越えられるのだという希望を語る。その語りがインナーシティの若者の共感を誘うとすれば、その理由は彼ら自身がストリート上がりであるという事実に求められる。すなわち、彼らの回心体験自体が、キリスト教は「白人の宗教」「中産階級のもの」「女性のもの」であるとする主張の反証例となっているのである。

さらに、クリスチャン・ラップにおいては、救済への祈りないし叫びが歌われる。クリスチャン・ラップのアーティストは、自分がストリートに戻って救いを説くために自己に回心体験が起きたと考える[26]。そして、そのための主の導きを祈る。たとえば、リル・ラスカルは「ゲットー・ドリーム」（Ghetto Dreams、一九九九年）においてこう歌う。ストリートの仲間が追求する「ゲットー・ドリーム」とは、ギャング集団の利益のためにドラッグを売り、富を得ることである。しかし、そこから仲間を救うため主に導いてほしい、と次のように歌う。

主よ、どうか降りてきて俺を助けてくれないか、
ゲットー・ドリーム、
主よ、どうか降りてきて俺を助けてくれないか、

主よ、あなたの民にこうした時代をどう生きるか教えるため、
どうか俺に力をくれないか。(27)

しかし、同時にクリスチャン・ラップにおいては、ラップ・アーティスト自身もまた不完全な人間であり、神の導きを必要としているという自覚も歌われる。DMXもその一人である。幼少期にストリートで犯罪に関わったDMXは、ヒップホップに救いを見出した。彼は、一九九八年以降に出したアルバムにおいて、毎回、主イエスへの「祈り」(Prayer) の文言を入れる。しかし、DMX自身は問題をすべて克服したのではない。彼は、今日にいたるまで違法薬物の使用や窃盗などの問題を抱えている。むしろ、DMXによる神の導きに対する渇望は、自身がどこまでも不完全な人間であるという自覚に基づくものである。たとえば、彼は「主よ、俺に合図をくれ」(Lord Give Me a Sign、二〇〇六年)のなかで、こう歌う。「主よ、あなたに本当に話しがあるんだ」、「あなたが俺を置いてきぼりにしないことはわかっている。だが、俺は一人ぼっちだと感じるんだ」。その後、次のように続く。

俺がすべきことを示してくれないか、
あなたに近づくために、
なぜなら、俺は労苦をいとわない、
あなたが俺に欲することは何でも、

何をすべきか教えてくれないか、
主よ、俺に合図をくれないか！[28]

このように、ラップ音楽のなかには、ストリートの現実を直視したうえで、なおもキリスト教がストリートの苦難を克服する源泉と「なり得る」とするメッセージが存在している。自己の回心体験に基づくキリスト教信仰を歌うこうしたラップ音楽は、インナーシティに暮らす若者の神に対する意識のあり方について、一つの側面を映し出しているといえる。

NOIとファイブ・パーセント・ネーション

クリスチャン・ラップが、キリスト教はストリートの苦難を克服する源泉と「なり得る」というメッセージを発するのに対し、「なり得ない」とみなすラップ音楽もある。そのようなラップ・アーティストに影響力を持つのが、黒人イスラーム教組織であるNOI（ネイション・オブ・イスラーム）や、同じく「ファイブ・パーセント・ネーション・オブ・イスラーム」[29]（Five Percent Nation of Islam）などの教えである。NOIについてはすでに論じている（第三章第四節、第四章第四節、第五章第三節参照）ため、ここでは「ファイブ・パーセント・ネーション」について簡単に触れておきたい[30]。

ファイブ・パーセント・ネーションは、一九六四年にニューヨークのハーレム地区において、NOIの第七寺院を去ったクラレンス13Xにより創設された。彼がNOIを去った理由には諸説あり、N

ＯＩの教義にあるウォレス・Ｄ・ファードの神性を疑ったとするもの、ＮＯＩが禁ずるギャンブルや酒に興じたとするものまでである。クラレンス13ＸはＮＯＩを去ると、自身をアッラーと呼び、ストリートの若者に説教をはじめた。その教義はＮＯＩに類似しており、おおよそ次のようなものである。

すなわち、黒人は「原初の人間」であり、神としての性質が備わっている。よって、黒人は訓練により真の知識に目覚め、それを体得し、隠された才能を開花させることができれば、誰しも「神」(god)となれる。実際、ファイブ・パーセント・ネーションの男性は、互いを「神」と呼び合う。このように、神は人間として現れるのであり、目に見えない「神秘的」な、また「幽霊」(spook)のような存在ではない。そのため、ファイブ・パーセント・ネーションは、イスラームを「宗教」ではなく「自然な生き方」とみなす。さらに、次の点を強調する。すなわち、八五パーセントの人々は無知な状態に置かれている。一〇パーセントの人々は、知識を持つがそれを悪用して八五パーセントの人々を搾取し、そこから利益を得ている。このなかには、神を神秘的な存在と捉える正統派イスラーム教徒やキリスト教の牧師も含まれる。真の知識を持つ五パーセントは、自由、正義、平等を広め、八五パーセントの人々を救い出すことができる。

ファイブ・パーセント・ネーションは、正統派イスラーム教の教義からは逸脱したものである。しかし、互いを「神」と呼び合い、「真の知識」獲得への訓練を積み、八五パーセントを導く使命感を得ることで、実質的効果という観点からすると、メンバーは犯罪や薬物から脱し、誇りを持ち、規律正しく振る舞う人間として更生されていくという積極的側面が認められた。ファイブ・パーセント・

ネーションの教義は、NOIと同様、アメリカにおける黒人の苦難の原因を理解しそれを解決するための方法について、一つの枠組みを提供し得るものなのである。

NOIやファイブ・パーセント・ネーションがインナーシティの黒人若者男性を引きつける理由については、第五章第三節で行なった指摘を想起したい。第一に、両組織はストリートや刑務所など黒人教会が見落としがちな底辺層を対象に改宗活動を行なう。第二に、黒人の優越性を説き、家父長制的姿勢を取り、自己防衛を肯定する両組織の教義は、男性性に価値が置かれるインナーシティの黒人若者にとって、黒人教会のそれよりも戦闘的に映る。両組織は、黒人若者男性にとってより「男性的」な組織であるとみなされる。第三に、黒人教会の反応とは対照的に、両組織はラップ音楽とラップ・アーティストを歓迎する姿勢を示した。そして、これら諸点が、男性が中心を占めるラップ音楽において、両組織が多くのラップ・アーティストに直接的に、あるいは間接的に思想的影響を与えている理由ともなっている。[31]

両組織と結びつきの強いラップ・アーティストに見出される要素は、大きく二つある。一つは両組織の教義の普及、もう一つは制度的キリスト教会（黒人教会）への批判である。そして、両組織の思想的影響を受けたラップ・アーティストの多くは、「知識」(knowledge)、「知恵」(wisdom)、「理解」(understanding) などの語彙を使用し、これらを獲得することが自己の解放につながるというメッセージを発する。

まず、両組織の教義の普及という点に関し、ファイブ・パーセント・ネーションの教義を歌うラップ・アーティストのなかには、ブランド・ヌビアン（Brand Nubian）、プア・ライチャス・ティーチャーズ（Poor Righteous Teachers）、ウー・タン・クラン（Wu-Tang Clan）などがいる。たとえば、ウー・タン・クランは、「ウー・レボリューション」（Wu-Revolution、一九九九年）のなかで、「俺たちは原初の人間であり」と歌い出し、歌の最後には今述べたファイブ・パーセント・ネーションの教義――五パーセント、一〇パーセント、八五パーセントの教義――をそのまま歌う(32)。

次に、制度的キリスト教会への批判という点に関し、ファイブ・パーセント・ネーションとの結びつきが強いキラ・プリースト（Killah Priest）は、「B.I.B.L.E（Basic Instruction Before Leaving Earth）」（一九九八年）のなかで、次のように歌う。「俺は幼少期から真理を探してきた」、「そして生まれたときから教会に通った」、「だが、寄付し祈ってもあまり価値はなかった」、「説教者は嘘で興奮させてきた」。ところが、自分で聖書を読むと、豚を食することを禁じていると知り、これを機に自己探求を深めた結果、「俺たちは選ばれし者だとわかった」、「理解こそが俺に精神的解放を与えた」、「だからこの暗黒の日々のなかで、学び、賢くあれ(33)」。

ここには、ゲットーにおいて制度的教会が社会的存在意味を持たず、むしろ教会を離れることで真理に出会うことができるというメッセージを読み取ることができる。これとの関連では、ＮＯＩがキリスト教を「来世的」であり、黒人解放の源泉とは「なり得ない」という批判を行なった点も想起したい。そのような認識は、キラ・プリーストの別の曲「救済」（Salvation、二〇〇七年）のなかで、次のように歌われる。すなわち、「救済は死後に地獄から救われるということだけでない。それは、生きているうちに自身から救われることなのだ[34]」。

キリスト教がストリートの苦難を克服する源泉とは「なり得ない」、また黒人教会はインナーシティにおいて社会的存在意味を持たないとする批判は、NOIとの結びつきのあるアイス・キューブ（Ice Cube）のなかにも認めることができる。アイス・キューブは、「天国」（Heaven、一九九三年）のなかで、キリスト教は「白人の宗教」であるとするNOIのキリスト教理解を歌う。すなわち、「悪魔がおまえを奴隷にして、聖書を与えた」、「四〇〇年間ケツをけられ続けてきた、いわゆるキリスト教徒とカトリックに」、「教会はファッション・ショーにすぎない[35]」と。

さらに、アイス・キューブは「教会へ行きな」（Go to Church、二〇〇六年）のなかで、「もし怖い（＝女々しい）のなら、教会に行きな[36]」と歌う。ミュージック・ビデオのなかでは、ヒップ部分に「Go to CHURCH」と書かれた短パンを身につける女性が腰を振りながら踊っており、教会を冒瀆するものと映る。しかし、これはむしろ、インナーシティの黒人男性若者の間で、黒人教会が「女性的なもの」とみなされている側面を映し出している。

以上のように、ラップ音楽のなかには、キリスト教がストリートの苦難の克服する源泉には「なり得ない」とするメッセージ、また黒人教会から離れ、NOIやファイブ・パーセント・ネーションに接近することで真の知識、知恵、理解を獲得し、自己の解放に結びつくとするメッセージが存在する。そして、こうしたラップ音楽もまた、インナーシティに暮らす若者の神に対する意識のあり方について、もう一つの側面を示している。

4　ラップ音楽における神意識

さらに、ラップ音楽のなかには、特定の信仰や教義との結びつきが認められないものもある。むしろ、そうしたラップ音楽は、多様な教えや考え方のなかにインスピレーションがあり、それらを通じて神と自己との個人的な結びつきを探求することが重要であるという姿勢をとる。その意味において、こうしたラップ音楽は、キリスト教がストリートの苦難を克服する源泉と「なり得る」とも「なり得ない」とも明確には答えない。

トゥパック

まず、研究者ダニエル・ホッジは、著書『ヒップホップにおけるソウル』（二〇一〇年）のなかで、必ずしも明確なキリスト教信仰を持たないとみなされる者も、イエスに対しては愛着を語り、イエスの受難を自己の苦難に結びつけようとすると指摘する。[37] そのような者は、制度的教会とイエスの生とを自己のなかで区別しているのである。こうした姿勢は、一九九〇年代に隆盛を誇ったギャングスタ・ラップを牽引したトゥパック・アマル・シャクール（Tupac Amaru Shakur、一九七一―一九九六）のなかにも見出すことができる。

ギャングスタ・ラップは、一般的に「聖」なる次元の対極に位置するとみなされる傾向にあると以

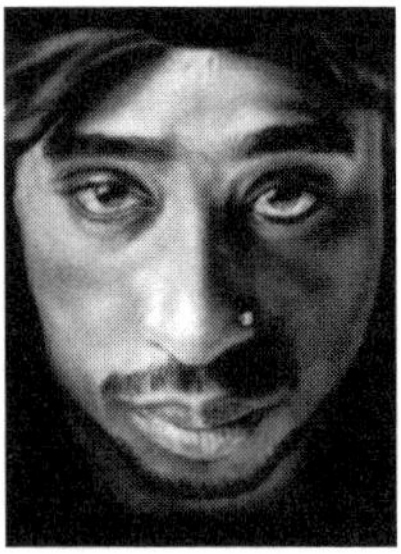

トゥパック

前に述べた。しかし、黒人知識人マイケル・エリック・ダイソンは、「トゥパックは神のことに取り憑かれていた[38]」と指摘する。すなわち、トゥパックは制度化された宗教組織がインナーシティの苦難に対する答えを提供し損なっているという批判的認識を一方に持ちつつ、他方では神がストリートの若者の苦難にどう関わるのかを模索したのである。たとえば、トゥパックは、「凶悪な人間」(Hellrazor) のなかで次のように歌う。それは、神が存在するならば、ストリートの若者の苦難はなぜかくも長く続くのかという実存的問いである。それは神の介入を求める悲痛な叫びであるとともに、この苦難のなかでなおも生きることの意味を見出そうとする試みである。

神様、俺の存在を感じてくれるかい、もしそうなら合図を送ってくれ、
時間切れが迫ってるんだ、どいつもこいつも死んでいく、
母ちゃんは俺を凶悪な人間に育て上げた、
サツどもがどうして俺たちニガーを痛めつけるのか、俺にはその理由が解らない、
世のなかの金持ち連中だけが安全を手に入れて、
貧しい家に生まれた赤ん坊は、幼くして墓に埋められる、
神様、若い命を救ってくれ。[39]

トゥパックはまた、「ブラック・ジーザス」(Black Jesuz)のなかで次のように歌う。「俺たちが心から信頼できて、俺たちを助けてくれる救世主が必要なのさ。それはブラックのキリスト[40]」だと。ホッジは、この曲のタイトルにある"Jesuz"——本来は"Jesus"——は、意図的に"z"があてられたと指摘する。このブラック・ジーザスは、「フッド」(hood)すなわちストリートの経験に照らして解釈されたイエスであり、ストリートのためのイエスである。それはストリートの苦しみ、怒り、欠点、矛盾、問題に理解と共感を示し、ストリートの苦難に同一化するイエスである[41]。逆説的にそれは、制度的教会がストリートの問題に無関心であるとする批判的メッセージともとることができる。要するに、トゥパックは「ブラック・ジーザス」という語によって、イエスは本来「最も小さき者」「罪人」とともにあるのではないかという問いを提起するのである。

ナズ

神は「最も小さき者」「罪人」とともにあるとするメッセージは、他の多くのラップ・アーティストのなかにも見出される。たとえば、ナズ(Nas)も、その一人である。彼は「神は俺たちを愛している」(God Love Us、一九九九年)という歌のなかで、「なんたってジーザスの横にいるのは盗人野郎たち」だったのであり、「神は俺たちを許してくれる」と歌う。そして最後に次のように結ぶ。「俺たちの暮らしは最低で、そのうえ貧乏ときている。それだから神は俺たちを誰よりも愛してくれるんだ[42]」と。

このように、必ずしも明確なキリスト教の信仰を持たないとみられる者のなかにも、イエスの生をストリートの生に関連づけて再解釈し、ストリートの若者にとって意味あるものにしようという姿勢が認められる。

コモン

次に、ラップ音楽のなかには、多様な教えや考え方のなかにインスピレーションがあり、それらを通じて神と自己との個人的な結びつきを探求することが重要であるというメッセージを発するものもある。今取り上げたナズは、NOIやファイブ・パーセント・ネーションなどから影響を受けているとも指摘される。しかし、「ブラック・ゾンビ」(Black Zombie、二〇〇二年。zombieとは、麻薬常用者で、麻薬を求めて街頭を徘徊する死人のような人)という歌において、彼は自己探求の重要性を語る。すなわち、「イスラーム教は美しいものだ、それからキリスト教とラスタファリ〈一九三〇年代にジャマイカで生まれた思想運動で、エチオピアの「ハイレ・セラシエ」〈一九三〇年一一月、皇帝即位〉を救世主と信じ、アフリカへの回帰を唱えるもの〉も、暗闇から平和を取りだす助けになる」、「それなら黒人の真の宗教は何だ、誰に従えばいい。直感を使うんだ[43]」。

こうした自己探求の重要性は、コモン(Common)の歌にも見出される。彼はスンナ派イスラーム教の影響を受けているとされるが、その教義を代弁しようとしているわけではない。むしろ、彼は制度的な宗教組織には懐疑的でありつつ、多様な教えのなかに自己探求のヒントがあると語る。コモンの歌には「G.O.D.（Gaining One's Definition）」（一九九七年）があるが、この歌のタイトルは「神」という意味ではない。「自分なりの定義を獲得すること」というタイトルが示すように、神が何であるかは既存の伝統的宗教を通して外部から教えられるものではなく、自己洞察のなかから生起してくるものだという点が強調される。コモンは次のように歌う。「豊かな人間とは、知識と幸福と健康のあるもの」、「俺の心は、禅や道教（古代中国の老荘思想をもととし、人為を捨て天地自然の流れにそった心と行動が人間本来の生き方につながるとする考え方）やクルアーン（コーラン）や聖書とつきあってきた」、「俺にとってはそれはすべてとても重要なものさ」、「そしてそれらのなかにある真実をつかんだ」、「みんな、読まなきゃいけないぜ」、「ざっと読んでわかるなんてことはない(44)」。

KRS—ONE

コモンと同様に、KRS—ONEも、ストリートの苦難を克服するうえで神との精神的結びつきが不可欠だと歌う。彼は、一九八七年にブギー・ダウン・プロダクションズの名で、ギャングスタ・ラップのはしりとなったアルバム『クリミナル・マインデッド』（Criminal Minded）を出した。しかし、親友DJが殺害されるという事件を契機に精神的幸福とは何かを深く問うようになり、「ストップ・ザ・バイオレンス」運動を起こし、よりいっそう社会意識、政治意識の高いラップを歌うようになった。一九九六年にKRS—ONEは「ヒップホップ寺院」（The Temple of Hip Hop）を創設した。この寺院は、ヒップホップが人々を団結させ精神性を高める源となるとの認識に基づき、ヒップホップの歴史を記録し、ヒップホップを健康、愛、気づき、富を手に入れる建設的な力とするための活動拠点としようというものであった。さらに、ヒップホップは神からの贈り物であると考えるようになったＫＲＳ―ＯＮＥは、その後ヒップホップの歴史とその精神性を記した『ゴスペル・オブ・ヒップホップ』(45)(二〇〇九年)を刊行するにいたった。

ＫＲＳ―ＯＮＥの歌詞には、「教育者」(teacher)、「知識」(knowledge)、「寺院」(temple)といった語彙が使用されており、ＮＯＩやファイブ・パーセント・ネーションとの結びつきを認めることができる。しかし、イエスに対する愛着も語られており、キリスト教との結びつきも認めることができる。ＫＲＳ―ＯＮＥにおいて神とは、特定の信仰を超え出た存在として認識されているのである。

神との精神的結びつきの重要性を説くＫＲＳ―ＯＮＥの姿勢は、二〇〇二年のアルバム『スピリチュアル・マインデッド』(Spiritual Minded)において強力に示された。まず、「準備ができていない」(Ain't Reday)という歌のなかで、ＫＲＳ―ＯＮＥは制度的教会に対する批判的眼差しを向ける。すなわち、牧師たちはヒップホップに偏見を持ち、ヒップホップのなかで「神が働かれていることが見えない」、「だから彼らはヒップホップを見ると、それを教会の隅に追いやってしまう」と歌う。そして次のように続ける。

俺たちは伝統に敬意を払ってる、最初から、
だが、今や悟ったんだ、神の真実の言葉は自分たちの心に書かれてるってことを、

俺たちはストリートの子供たちに何かいわなきゃいけない、
教会は悪魔を取り囲んでいるっていうのに、どれもそいつを打ち負かしちゃいない。(46)

教会も、監督も、執事も、聖歌隊も、教会の案内人も「準備ができていない」。だから、ストリートの問題に取り組むために、「ヒップホップ寺院で、俺たちは多くのことを教える」のだと。

このように制度的教会には批判的な眼を向けつつも、KRS―ONEは制度的教会とイエスの生を区別する。たとえば「神に持っていけ」(Take it to God)という歌のなかでは、「イエスのような生き方を送れ」と説く。この場合のイエスとは、「罪人とともに十字架に架けられた革命家」であったという彼の認識に基づくイエスである。(47)さらに、この歌のなかで彼は次のように歌う。「考えてみてくれ、考えてみてくれ、もしマルコムXやキング牧師が戻ってきたらって。俺たちは何を学んできたかいってみてくれ。俺たちの番になって、何を成し遂げてきたかいってみてくれ」(48)。この歌におけるKRS―ONEの焦点は、黒人解放をめざした二人の指導者の行動力は、神との強力な結びつきに基づくものであったという点に置かれていると読める。そこには、ストリートの苦難の克服には、この二人の指導者と同様に、神との精神的結びつきが不可欠であるというメッセージが込められている。同時に、この歌詞にはヒップホップ世代が両指導者の精神的遺産を継承すべきだという意志を読み取ることができる。

このようにラップ音楽のなかには、特定の信仰や教義と結びつかないが、神意識の強いものもある。

このようなラップ音楽は、ストリートの苦難を克服する源泉をイエスに求めることもあれば、多様な教えや考えのなかに求めることもある。いずれの場合も、自己の内面において神との個人的な関係を築くために自己探求を行なうことが、ストリートの苦難を克服する力に結びつくというメッセージを発する。このようなラップ音楽もまた、インナーシティに暮らす若者の神に対する認識のあり方について、いま一つ別の側面を示しているといえる。

＊

ラップ音楽には多様なスピリチュアリティの次元が歌われている。そのなかでラップ・アーティストは、ストリートの苦難に照らして神を再解釈しようと試みている。それは試行錯誤の行為であり、それゆえ「ストリートの神学」は、体系的ではなく断片的であり、未加工であり、雑多な要素から成る。それは一枚岩ではなく、唯一正しいとされる解答もない。しかし、その中心的問いは、神はストリートの苦難にいかに関わるかという関心に結びつけられている。そして、「ストリートの神学」のこのような多様性こそは、インナーシティにおいて生きる意味を見出そうと模索する黒人若者に備わるスピリチュアリティを映し出していると考えられる。

ラップ音楽のなかで歌われる「ストリートの神学」は、黒人教会に対し、いったい何を語りかけているのか。それは、次のようにまとめることができる。すなわち、「ストリートの神学」は、黒人教会を介すことなく神との対話を模索する。何よりも黒人コミュニティにおける黒人教会の宗教上の権威に挑戦している。そして、このような挑戦の背景には、既存の黒人教会がインナーシティにおける黒人若者の痛み、絶望、苦難に応答し損なっているという認識が働いている。「ストリートの神学」は、インナーシティにおける黒人教会の社会的存在意味を問うているのであり、それは黒人教会の指導力に対する外部からの批判となって、逆説的ながら黒人教会の活性化を促す一つの要因として作用しているといえる。

終章　預言者と治癒者——キングとオバマ再考

二〇〇八年一一月四日にバラク・オバマがアメリカ大統領選挙に勝利すると、それを「キング牧師の夢の成就」とする声が世論やメディアに溢れた。たとえば、いくつかの記事の見出しを拾い出してみると、次のようなものがあった。「CBS：バラク・オバマ＝マーティン・ルーサー・キング」、「オバマ、マーティン・ルーサー・キングの夢を実現」、「バラク・オバマの勝利、マーティン・ルーサー・キングの夢の成就として歓呼」、「大半の黒人いわく、MLKのヴィジョンの実現、世論調査結果」、「キング牧師の夢がいま」(1)。オバマとキングとを「イコール（＝）」で結びつける、またオバマの大統領選挙の勝利をキングの夢の成就と捉えるこのような論調は、確かにそれを生み出す背景がいくつもあった。

オバマの大統領出馬をキング牧師の夢に重ねるTシャツ

第一に、オバマとキングが「黒人」だという点がある。第二に、二〇〇八年の大統領選挙期間中、オバマとキングの写真や似顔絵をペア印刷したTシャツやポスターが多数販売されたことも挙げられる。第三に、二〇〇八年八月二八日に行なわれた民主党全国党大会でのオバマの大統領候補指名受諾演説も挙げられる。この日は、キングの「私には夢がある」演説（一九六三年八月二八日）から四五年目のちょうど同じ日にあたっていた。オバマはこの大舞台において、キングと「私には夢がある」演説に言及したのである。

第四に、キングが暗殺された一九六八年四月四日からオバマ大統領の誕生までが四〇年であることも、象徴的意味を持った。すなわち、旧約聖書の「出エジプト記」において、エジプトで奴隷状態にあったイスラエル人は、モーセに率いられエジプト脱出後、荒野を放浪したのち「約束の地」に到達する。この荒野での放浪期間が四〇年なのである。モーセはカナンに入る前に亡くなり、カナンへの移住はヨシュアに引き継がれるが、オバマはこの物語に重ね、二〇〇七年三月以降、とりわけ黒人聴衆を対象とする演説のなかで、数回にわたってキング世代を「モーセ世代」、自分の世代を「ヨシュア世代」と呼んできた。「出エジプト物語」は、奴隷制時代から公民権運動期そして現在にいたるまで、黒人に解放への希望を提供してきた中心的物語であった（第六章参照）。したがって、多くの黒人がキングとオバマ大統領誕生との関係をこの物語に重ねて理解したとしても何ら不思議ではない。

そして第五に、二〇〇九年一月二〇日のオバマの大統領就任式の前日は、毎年一月の第三月曜日に設けられている「キング連邦祝日」にあたっており、必然的にオバマはキングについて言及を求められる状況にあったことも挙げられよう。

しかし、オバマとキングとを「イコール（＝）」で結びつけたり、オバマ大統領の誕生をキングの夢の成就と単純に結びつけることは、キングの夢、両者の社会的役割と政治的立場、アメリカが直面する課題について、各々が持つ複雑な次元を見落とすことになりかねない。むしろ、オバマ大統領の誕生に際し発すべきは、次のような問いではないだろうか。すなわち、キングの夢のどの部分が成就し、どの部分が未完なのか。オバマをキングに単純に重ねることができないとすれば、両者の違いは何で、その違いはどこから来ているか。終章では、これらの問いを複数の視点から考察し、キングとオバマの立ち位置は大きく異なるということを確認する。この点を確認することにより、両者の社会的役割は、むしろ相互補完的な関係にあるという点がみえてくることを期待したい。

1　「預言者」としてのキング

キングの二つの夢

キングの夢を考える際に重要なのは、キングの夢が彼の公的生涯が進むにつれ深められていったという視点を持つことである。キングの夢の深さと幅は、彼が何に取り組む必要があると認識したかという実践的側面から掘り下げる必要がある。ここでは、便宜上、キングの夢を公的生涯前半（一九五五年一二月―一九六五年夏）と晩年（一九六五年夏―一九六八年四月四日）の二期に分けて検討していく(2)。

まず、公的生涯前半のキングは、何よりも南部の人種差別問題に取り組む必要があると認識していた。なぜなら、南部は「親しんだ慣習」のもとに、アメリカ独立宣言に示された「すべての人間は平等」とする建国理念とは明らかに矛盾する法的人種隔離制度を維持し、黒人から政治参加の前提条件である投票権を奪っていたからである。したがって、南部公民権運動とは、主として法的平等の追求や投票権の保障など、いわば「機会の平等」を求める運動として展開したのであり、公的生涯前半のキングの夢もそのような特徴を持つものであった。

南部公民権運動はまた、概して個人の主流社会参入をめざす運動という傾向を持った。というのも、法的差別の根拠を「肌の色」に求める南部人種隔離制度を攻撃するためには、「肌の色は関係ない」というレトリックを採用する必要があったためである。キングの「私には夢がある」演説において最も頻繁に引用される言葉――「肌の色でなく人格によって判断されるようになる」――は、この文脈において発せられたものであった。

公的生涯前半のキングの取り組みは、このように概してアメリカの南部という限定された地域を中心に法的平等を追求するものであったため、既存の体制内で改革が可能であり、北部白人リベラルと連邦政府の協力を取りつけることができた。事実、多くの困難があったとはいえ、事態はそのように進行した。一九六四年公民権法と六五年投票権法の成立により、南部の法的人種隔離制度は崩壊し、キングは夢の実現に一歩近づいたと実感することができた。

ところが、一九六五年夏以降、キングはそれが幻想にすぎなかったと痛感する。彼は、北部や西部の都市にある黒人ゲットーと南部農村地帯の黒人の絶望的な貧困状況、それがアメリカの資本主義体制と人種差別との結びつきから生じていること、白人も含め四〇〇〇万人もの貧困者がいるという現実、ベトナム戦争の戦費増大からくる連邦政府の貧困撲滅対策資金の縮小、さらに米軍の北爆によるベトナムの無辜《むこ》なる子らの死という諸現実を目のあたりにすることになった。その過程で、キングはアメリカが人種差別と貧困と軍国主義という「三重の悪」に蝕まれており、アメリカが社会構造と経済構造とを、また価値観を物志向から人間志向へと根本的に変えないかぎり、夢の実現は不可能という痛ましい認識に到達するのだった[3]。キング自身の言葉を借りれば、「〔「私には夢がある」演説を行なった〕あの一九六三年の暑苦しい八月の午後以降、〔中略〕私の夢は粉砕されてきた[4]」のである。

その結果、晩年のキングは、徹底的に黒人貧困層を中心とする貧者に同一化し、貧者のために語り行動することに運動の目標を定めた。彼は、個人の主流社会参入に満足し黒人貧困層に無関心な黒人中産階級をも、批判の対象としたのである。そしてキングは、連邦政府を敵に回し、主要メディアから酷評され、多数の黒人指導者からも戦術的誤りと批判されることを覚悟のうえで、一九六七年四月四日には正式にベトナム反戦を表明するにいたった。暗殺により志半ばとなった一九六八年夏の「貧者の行進」は、経済的正義すなわち富の再配分による貧困の根絶を焦点に据えるものであった。それは、貧者を首都ワシントンDCに集めて可視化させ、大衆的非暴力直接行動に訴えて、首都機能を麻痺させてでも、連邦政府に対し、仕事と一定の収入をすべての人に保障するよう迫る計画であった。こうして晩年キングの夢は、「三重の悪」の根絶、いいかえれば「結果の平等」へと再定義されるにいたった。

以上のように、キングの夢の深さと幅を実践的側面との関連で捉えた場合、それは公的生涯前半から晩年にかけて、南部という枠を越え出てアメリカ全体へ、黒人という枠を越え出てすべての貧者へ、アメリカという枠を越え出て人類全体の平和的共存へと、広がりをみせるにいたったことが見てとれるのである。

キングと「エレミアの嘆き」

キングは徹底して貧者に同一化し、貧者のために語り、行動した。そして、キングをそのように駆り立てた理由は、彼が自己の天職を「牧師」とみなし、「最も小さい者」（新約聖書「マタイによる福音書」

二五章四〇―四五節）のために語るよう召し出されていると信じていたからにほかならない。晩年のキングには政界進出の誘いもあったが、彼はそれを断り、最後まで自己を政治の外に置いた。その理由もまた、キングが牧師とはつねに国家の良心、国家の監視者でなければならないと認識していたからである。(5)

しかし、このことは、キングの言動が「政治的」でなかったということを意味しない。むしろ逆であり、この点はキングが社会的福音の唱道者であったことと関係していた。社会的福音は、キリスト教の福音を魂の救済だけでなく社会の救済にも関係づけて解釈するもので、教会とりわけ牧師は、社会変革の中心的存在となるために、絶えず神の意志と社会的現実との隔たりを警告し、権力者や人々に神の裁きを説き、悔い改めを迫る預言者的役割を果たさなければならないという立場をとる。(6)キングは自己の社会的役割を「預言者」、すなわち主流政治に対する監視者と認識していたのである。したがって、キングを預言者的伝統の文脈、特に黒人教会のそれに位置づけて理解することが重要となる。

黒人教会には預言者的伝統が息づいてきた。その理由は、黒人キリスト教信仰が、南部の奴隷制、南部の法的人種隔離制度、北部の実質的人種差別という歴史的状況のなかで、黒人にとり抑圧的環境を生き抜く「生存のための宗教」としてだけでなく、正義と自由を求める「抵抗の宗教」として発展してきたことに関係する。

神学者コーンの指摘に従えば、黒人の関心は、神が社会的被抑圧者の解放に関与している聖書の箇所に集中してきた。彼らの関心を特に引いた箇所は、エジプトで奴隷とされていたイスラエル人を神が救い出す旧約聖書の「出エジプト物語」や、新約聖書の「ルカによる福音書」四章一八―一九節――「主がわたしを遣わされたのは、捕らわれている人に解放を、目の見えない人に視力の回復を告げ、圧迫されている人を自由にし、主の恵みの年を告げるため」――であった。そこから、黒人キリスト教信仰の核心は次の二点に集約されることになった。①人間は皆、神の前に平等であり、いかなるキリスト教徒も奴隷制や人種差別を容認することはできない。②神は社会的被抑圧者の解放のために働かれ、解放は遅かれ早かれ実現される。この場合、「早かれ」は地上的解放を、「遅かれ」は終末論的解放を指した。(7)

以上の文脈において黒人教会のなかで発展していったのが、歴史家デイヴィッド・ハワード・ピットニーが「黒人のエレミア」(African American Jeremiad)と呼ぶ説教形式である。(8)旧約聖書の「エレミア書」に登場する預言者エレミアは、紀元前七世紀末から紀元前六世紀前半にかけて、ユダ王国(パレスチナ南部にできた王国。首都エルサレム)存亡の危機にあってなお、神を忘れ堕落する民の様子を嘆き、民に悔い改めを説いた。しかし、そのために彼はしばしば迫害を受けた。神の真理を語る預言者エレミアは、自分が生きた時代の権力者や人々からは理解されず、疎んじられたのである。その後、エレミアの預言は、新バビロニアによるユダ王国の征服およびバビロン捕囚という形で現実のものとなるのであった。「黒人のエレミア」は、このエレミアの物語をモチーフとする黒人説教形式を指す。これは、歴史家サクヴァン・バーコヴィッチが「アメリカ人のエレミア」(American Jeremiad)と呼んだ、一七世紀アメリカのピューリタンが好んだ説教形式の黒人版ということができる。バーコヴィッチは、「アメリカ人のエレミア」は三要素から成るとした。すなわち、①約束（promise）、②堕落（declension）、③預言（prophecy）である。そして、アメリカにおいてこの説教形式の特徴は、神の意志（約束）と現実（堕落）との落差を嘆き、痛烈に批判し、神の裁きを警告（預言）しつつも、最終的にはアメリカを「約束の地」とみなす楽観主義にあるとした[9]。

これらの構成要素は、「黒人のエレミア」にも共通する。しかし、アメリカの奴隷制と人種差別の糾弾に主眼が置かれる点で、その内容はきわめて「政治的」である。すなわち、アメリカ建国理念（約束）と奴隷制や人種差別の現実（堕落）との矛盾を嘆き、痛烈に批判し、矛盾を正さなければアメリカは神の裁きを受けると警告（預言）しつつ、アメリカが最終的には「約束の地」となり得るという希望を肯定するのである。したがって、アメリカに対する嘆きと痛烈な批判は「憎悪」ではなく、アメリカを正すための建設的な「怒り」であり、この説教形式の基底に流れる希望の肯定は、黒人キリスト教信仰における解放への不屈の信仰に裏づけられたものと解される必要がある。

「黒人のエレミア」は、キングが一九六三年八月二八日にワシントン行進において行なった有名な演説「私には夢がある」のなかにも認めることができる。この演説においてキングは、リンカンの奴隷解放宣言の一〇〇年後の現在も黒人は自由ではないと嘆き、「『正義が洪水のように、恵みの業が大河のように、尽きることなく流れる』（旧約聖書「アモス書」五章二四節）ようになるまで、満足するわけにはいかない」と現状を批判する。しかし、演説の最後では、すべての神の子が手を取り合い、「ついに自由になった」という黒人霊歌を歌うことができる日が到来するという希望を肯定するのである。[10]

しかし、キングによる「黒人のエレミア」は、晩年において最も顕著かつラディカルに表明された。晩年のキングは、「然り、私は引き延ばされた夢、爆破された希望の犠牲者である」と嘆き、ベトナム反戦においては「私たちが生きているこの国が、最大の犯罪容疑者であることは、悲しいことだ」とアメリカを痛烈に批判した。[11] さらに、一九六八年三月、テネシー州メンフィスに黒人清掃員のストライキ支援のため駆けつけたキングは、「私がここにやってきたのも、もしアメリカがその富を用いないなら、アメリカも地獄に行くということをいうためである」と警告したのである。[12] しかし、キングは「私たちは新しいメンフィスを作ることができる」とも語り、アメリカの再生に対する希望を肯定した。したがって、キングの説教は預言者による「嘆き」と「警告」の伝統を踏襲するものであったということができるのである。

キングが暗殺されたのが、人種差別を受け、かつ貧困にあえぐメンフィスの黒人清掃員によるストライキを支援する最中であったことを想起したい。ここに、「最も小さい者」のために語らなければならないとするキングの政治的立場が集約されているのである。

2 「治癒者」としてのオバマ

「ライト発言」

二〇〇八年大統領選挙の最中、オバマが二〇年間通い続けたシカゴのトリニティ教会の牧師ジェレマイア・ライト（一九四一―）の説教の一部「神よ、アメリカに断罪を」(God Damn America) が、「ライト発言」としてメディアとYou Tubeで執拗に流された。その結果、オバマの大統領候補としての資質を疑う批判が噴出し、最終的にオバマは精神上の「師」と仰いできたライトと決別するにいたった。この決別は、オバマにとり苦渋の決断であったとはいえ、社会的役割と政治的立場においてオバマとライトのそれが異なることを示す象徴的な出来事であった。同時に、この出来事は、オバマとキングの立ち位置の違いを考えるうえでも役に立つ。すなわち、社会的役割の認識と政治的立場においてキングにより近いのは、オバマではなくライトだということである。[13]

シカゴのトリニティ教会は、一九七二年から二〇〇八年まで、ライトの三六年間におよぶ献身的努力により、教会員数は赴任時の一〇〇人足らずから現在六〇〇〇人を超えるまでに増えた。教会員の服装は、スーツ、ジーンズ、アフリカ的なものとさまざまである。この多様性は、ライトが多様な黒人層を受け入れ、かつ引きつけることに成功していることを物語っている。[14] ライトは、実際には次のような黒人牧師である。

第一に、ライトの思想的核にあるものは、黒人解放神学である。しかし、それだけでなく、ライトはハワード大学とシカゴ大学神学校で修士号を、ユナイテッド神学校で博士号を取得する過程で、ヘブライ語やギリシャ語、西欧神学にも精通しており、彼は説教を聴衆や状況に応じて平易にも難解にも語ることができる。したがって、多様な黒人層をトリニティ教会に引きつけたのは、実にライトの知性にあった。[15]

第二に、ライトは黒人牧師のなかでもきわめてリベラルである。彼は、女性の中絶権、同性婚を擁護し、公立学校での祈りに反対する立場をとる。また、人種的裏切りにならないかと心配して白人男性との結婚をためらっていたある黒人女性教会員に、人種で人を決めないよう諭し、結婚式もとりもった。白人青年団を自分の教会の礼拝に招くこともあった。そして、教会員と毎年アフリカを訪問し、逆にアフリカから牧師を教会に招く活動も行なってきた。[16]

第三に、ライトは黒人教会の預言者的伝統を受け継いでいる。ライトは、一九六〇年代の黒人教会が社会正義の拠点だったのに対し、最近は個人の物質的豊かさを神の報酬として積極的に肯定する「繁栄の福音」(prosperity gospel)を唱える黒人教会が増加していると批判し、黒人教会は徹底して貧者の問題に取り組むべきであると説く。[17]

こうした点に照らすと、二〇〇八年大統領選挙中のメディアによる「ライト」の表象は、ライトの実像とは異なっていたということがわかる。それでは、You Tube において、題目も「神よ、アメリカに断罪を」とわざわざ変えて流された二分ほどのライトの説教の断片について検討してみよう。それは、説教本来の文脈から完全に切り離されたものであった。元の説教は、二〇〇三年三月のイラク戦争直後の四月一三日に「神と政府を混同すること」(Confusing God and Government) という題目で行なわれた(18)。

この説教でライトは、戦争は一時的な平穏をもたらすかもしれないが、真の平和はもたらさないと述べる。そして、ブッシュ・ジュニア政権のアメリカが神の名のもとにイラクを攻撃することは、アルカイダの行動と同じであり、誤りであるとする。ライトはここで、アメリカが神の名のもとに奴隷制を正当化し、「明白なる運命」(Manifest Destiny、アメリカの領土拡張とアメリカ的生活様式の拡大は神の意志とするイデオロギー。一八四〇年代の西部開拓で使用され、一九世紀末以降は海外膨張政策の擁護にも利用された) を掲げ、先住民排除を正当化してきた歴史に言及し、アメリカのこの体質は二〇〇三年現在も変化していないとする。私たちは、神はつねに正しいが、政府はよい方向にも悪い方向にも変わることを知らなければならない。したがって、神と政府を混同してはならず、アメリカが神のごとく振る舞うかぎり、「神よ、アメリカに断罪を」(“God Damn America.” ライトはこの言葉を三度繰り返した) と警告するのである。

以上が You Tube で流れたライト発言の本来の文脈である。実に、先制攻撃ドクトリンを掲げイラク戦争に突入したブッシュ・ジュニア政権を批判することが、この説教の趣旨であった。さらに付言すれば、“damnation”とは、聖書では正義からの逸脱を神が罰する意味で使用される神聖な表現でもある(19)。たとえば、新約聖書 (欽定訳) の「マタイによる福音書」二三章一三―一五節では、イエス自身が偽善の律法学者、パリサイ人に対し、「あなたがたは、人一倍ひどい罰を受けます」（"you shall receive the greater damnation"）と発する。ライトはこのような聖書を念頭に「神よ、アメリカに断罪を」を使用しており、たんに「くたばれ」といった口語的使用法ではない点にも注意する必要がある。

ライトのこの説教は、キングと同様、黒人教会の預言者的伝統の文脈に位置づけられる「政治的」説教であり、黒人教会においては決してめずらしいものではない。それは「憎悪」ではなく、アメリカを正すための建設的な「怒り」なのである。むしろ、「ライト発言」に対する白人世論の不快感を伴う過剰反応は、主流社会の白人が黒人教会の伝統と文化にいかに無関心であり続けてきたか、またあり続けているかを露呈するものであったといえよう。ライトは、自己の職務を「牧師」とみなし、さらに牧師は国家に対する監視者として神の意志と現状との隔たりを警告し、権力者側に神の裁きを説き、悔い改めを迫る「預言者」としての役割を負うと考える点で、キングに近い立ち位置にいるのである。

オバマの「より完全な連邦」演説

オバマは「ライト発言」を発端に、二〇〇八年三月一八日、人種問題に対する自己の見解を演説「より完全な連邦」（A More Perfect Union）として国民に語ることとなった。[20] 合衆国憲法（一七八七年起革、翌年発効）の前文、すなわち「われら合衆国の人民は、より完全な連邦を形成〔中略〕する目的をもって、アメリカ合衆国のために、この憲法を制定する」を引用したこの演説は、アメリカの人種関係の歴史と現状を俯瞰し、アメリカ建国の理念を再確認しつつ、「より完全な連邦」の実現に向けてすべてのアメリカ人に協力を呼びかける、格調の高いものとなった。

この演説においてオバマは、白人は次のことを理解する必要があると説明する。すなわち、人種問題が現在も未解決であること、依然として残る白人と黒人との間の格差は奴隷制と人種隔離政策の歴史に根を持つこと、それゆえ黒人の怒りの感情は本物であること。そして、人種と人種差別の問題は、アメリカ主流社会で成功している黒人も含めて、黒人の世界観を根本のところで規定し続けていることである。しかし、同時に、黒人も白人コミュニティの一部にある恨みの感情を理解する必要があるとする。すなわち、経済のグローバル化のなかで失業の不安を抱える白人の中産階級や労働者層のほとんどは、「白人」であることで恵まれているとは思っていない。そうしたなかで、白人は次のような経験をする。まず、人種統合教育のために遠方の黒人地区に強制的に子供を通学させられる。次に、過去の人種差別を是正するために入学や求職において黒人は優遇されているという話をよく耳にする。さらに、都市部に犯罪が多いといったことを口にするやいなや、それは人種差別的な発言だと非難される。こうした経験の積み重ねによって、白人の側にも恨みの感情が出てくるのである。

このように黒人と白人双方が抱える怒りや恨みの感情を理解する必要があると述べることで、オバマは人種に中立的（race-neutral）な立場をとる。そのうえでオバマは、ライトの誤りは人種問題の変化しない側面にのみ焦点をあてることだとし、こう続ける。アメリカの偉大さはつねによい方向に変化できることであって、今回の選挙では二つの選択肢がある。一つはこのまま人種を政治の争点にして対立と分裂を生み出し続けるか、もう一つは皆で協力して今回の選挙は人種を政治の争点にしないと決め、教育、雇用、医療保険などすべてのアメリカ人に共通し、利益となる喫緊の課題に取り組むか、である。そして、オバマは後者を選択しようと呼びかけて演説を締めくくる。

アメリカをつねによい方向に変化できる国と位置づけ、人種を越えたより大きな共通の課題を前に黒人と白人との和解と連帯を説いた点において、この演説はオバマが人種間の亀裂を修復し国民を統一する「治癒者[21]」(healer)であり、人種に中立的な黒人の「政治家」であることを国民に印象づけるものであった。それは、大統領候補者オバマにとっては、必須の位置取りであったといえよう。しかし、同時に確認しておきたい重要な点は、人種に中立的なオバマの立場は、公民権運動以降展開する黒人の政治参加の必然的帰結として理解できることであり、またそれが持つ意味合いである。

公民権運動の成果である一九六五年投票権法成立以降、黒人の政治参加は当初、黒人が黒人コミュニティを管理することを主張する六〇年代後半のブラック・パワー運動の影響を多分に受けつつ展開した。七〇年代の黒人政治家誕生の主要なルートは、公民権活動家から政治家に転身するというものであった。その結果、黒人政治家の主眼は黒人コミュニティの改善という特殊利益に置かれる傾向にあった。黒人は連邦や州レベルでは人口面で少数派だったが、市レベルでは黒人人口が集中している選挙区もあったことから、市長選レベルで黒人が当選するようになった。しかし、当初「黒さ」を強調して当選した黒人市長も、財政面での支援は州政府から取りつける必要があり、黒人市長といえども、いったん当選すると、「黒人の論理」ではなく「政治の論理」によって動くことになり、彼らには黒人の特殊利益の強調を抑え、人種に中立的な政策と多様な利益を調停できる手腕が求められてくるのであった[22]。

このような手腕は、州知事、連邦下院議員、連邦上院議員など、選挙区が大きくなればなるほど、当選のためには必須条件となっていく。とりわけ一九六五年移民法によってラティーノやアジア系を中心に新しい移民が大量に流入し、アメリカ社会がいっそう多様化するなかにあっては、このような手腕は必然的に求められるものであった。その結果、一九八〇年代末になると、人種に中立的な立場、「調停」型の政治、「連合」による政治をめざす黒人政治家が登場しはじめ、二一世紀に入ると、最初から人種を越えた政策を基礎に据える黒人政治家が全米各地で生まれるようになってきた（第五章第二節参照）。したがって、オバマの大統領当選は、その延長線上に起きた出来事——それは重大な出来事であったが——であり、人種に中立的なオバマの立場は、公民権運動以降展開する黒人の政治参加の必然的帰結として理解できるのである。

しかし、このことは同時に、政治的立場においてオバマとキングはきわめて対照的であることを浮き彫りにする。すなわち、それはオバマが大統領として主流政治の中枢に深く組み込まれている以上、彼が掲げる政策は結果的に中産階級志向とならざるを得ない、という点においてである。オバマのこの政治的立場は、貧者に同一化し、貧者のための政策を訴えて行動したキングの政治的立場とは異なるものであることがわかる。

3　オバマによるキングの政治的使用

オバマが政治家である以上、彼が言及する「キング」には政治性が働く。すなわち、オバマは大統領また「治癒者」として、必要な範囲において「キング」を使用するのである。

この問題を考えるためには、まず一九八三年にレーガン政権下で「キング連邦祝日」が制定されて以降、アメリカにおいて定式化されているキング像の中身を押さえておく必要がある。ここではそれを「公的記憶（public memory）としてのキング」と呼ぶことにする。「公的記憶としてのキング」とは、本章第一節で行なったキングの公的生涯の二期区分に重ねると、晩年のキングではなく公的生涯前半のキングのほうとなる。[23] その理由は、「公的記憶」が持つ特徴に由来する。

第一に、「公的記憶」は国民全体に共有可能な記憶でなければならないため、政治性が強い部分は後退させられ、結果として脱政治化されたものとなる。南部の法的人種隔離制度の不公正さ、一九六四年公民権法と一九六五年投票権法の意義を否定できる者はまずいない。したがって、「法的平等を追求したキング」という記憶は、国民全体で共有可能なものである。また、法的平等は両立法で達成された過去の既成事実であり、今日的政治性をもたない。要するに、「法的平等を追求したキング」は、脱政治化された存在なのである。他方、人種差別と貧困と軍国主義というアメリカの「三重の悪」の根絶を掲げる晩年のキングの未完の夢は、すでに見たように国民的合意の難しい、特に主流社会の反発を確実に招く課題で構成されている。晩年のキングが持つ今日的政治性はきわめて強力であり、それゆえ晩年のキングは「公的記憶」から除外され、忘却されていく。

第二に、「公的記憶」の脱政治化はそれ自体が権力者側の覇権維持という、きわめて「政治的」な意図により起こる。「公的記憶」は、法的平等を追求したキングと、六四年と六五年の両立法で南部人種隔離制度が崩壊した部分に焦点をあてる。それにより「キング連邦祝日」は、現在のアメリカが六〇年代の課題を克服し、より進歩した国家であることを確認する行事となる。他方、晩年のキングに焦点をあてた場合、「キング連邦祝日」は、現在のアメリカが本質的な部分――構造的な人種差別、貧困、軍事依存体質――において六〇年代の課題を克服していないことを確認する行事となる。それは、「キング連邦祝日」を国家の怠慢を批判する行事に変容させる危険性すらある。それゆえ、この点からも、晩年のキングは「公的記憶」から除外され、忘却されていく。

「公的記憶」が持つ以上の特徴を理解すると、オバマが大統領また「治癒者」としての立場から言及する「キング」は、公的生涯前半のキングに集中するであろうことが予想される。以下、オバマの演説や発言のうち、キングに言及しているものを拾い出し、検証してみよう。

まず、大統領選挙中の二〇〇八年一月、オバマはかつてキングが牧師をしていたアトランタのエベネザー・バプテスト教会（キングは、一九五九年までアラバマ州モンゴメリーのデクスター・アヴェニュー・バプテスト教会の牧師を務めたあと、一九六〇年より父キング・シニアとともに同教会の共同牧師となった）で演説を行なった。[24] 同演説の趣旨は、アメリカを変えるための「結束」（unity）の強調にあった。オバマが引用したのは、モンゴメリー・バスボイコット運動において「結束こそが今最も必要なこと」と語り、「私には夢がある」演説で「ともに祈り、ともに働き、ともに行進し」と語った、公的生涯前半のキングであった。この点は、二〇〇八年八月二八日に行なわれた民主党全国党大会での大統領候補指名受諾演説にもあてはまった。このときもオバマはキングの「私には夢がある」演説に言及し、「結束することによって、私たちの夢はひとつになる」と述べたのである。[25]「結束」「ともに」「一つ」といったキングの言葉の部分的借用は、オバマがブッシュ・ジュニア政権において顕著となった保守とリベラルの両極化、すなわち「二つのアメリカ」「分断されたアメリカ」を修復できる「治癒者」として自己を提示するには、きわめて有効であったといえる。

次に、二〇〇八年四月四日、キング暗殺四〇周年に際しオバマが行なった演説は、晩年のキングに言及している点で特筆に値する。オバマは「経済的正義を求める闘いはいまだ成就せざるキングの遺産の一部」と語ったのである。[26]しかし、このときオバマが晩年のキングに言及できた理由は、当時のオバマがまだ大統領候補者の一人にすぎず、政治の中枢に位置するブッシュ・ジュニア政権を批判する挑戦者の立場にあったという点において、キングに近い立ち位置にいたということと無関係ではない。オバマ政権発足以降は、晩年キングへの言及は後退していく。

二〇〇九年一二月一〇日に行なわれたオバマの「ノーベル平和賞受諾演説」は、「牧師」キングと「政治家」オバマの違いを最もよく浮き彫りにするものであった。[27]オバマはこの演説で、ガンジーやキングに敬意を払いつつも、「正しい戦争」というものがあると主張し、大統領として「ガンジーとキングの手本だけに導かれるわけにはいかない」と述べた。イラクとアフガニスタンという二つの「戦争」を遂行中のオバマにとっては、非暴力を国際平和構築の国家的実践課題に据えるよう唱え、またベトナム反戦の文脈においてであれアメリカを「最大の犯罪容疑者」と痛烈に批判した晩年のキングの記憶は不都合であり、後退させられなければならなかったのである。

二〇一〇年一月一七日、「キング連邦祝日」を前に、オバマはワシントンＤＣにあるヴァーモント・アベニュー・バプテスト教会で演説を行なった。(28) この黒人教会では、キングもかつて何度か——少なくとも二度——演説している。その一つは、一九五六年一二月六日の「新時代の挑戦に向き合うこと」(Facing the Challenge of a New Age) であった。

キングはこの演説のなかで、自分たちが生きている時代が、国際的にはアジアとアフリカ諸国の独立の機運が高まり、国内では黒人の自尊心が高まり人種差別撤廃運動が起こるというように、古い秩序が消えて新しい社会秩序が生まれつつある重要な転換点という意味で、「希望に満ちた」ものであることを指摘しつつ、しかし、この変化を加速させるために黒人は主体的に行動しなければならないと述べる。

私はここまで、急速に到来しつつある新時代について話してきました。この新時代をもたらすために神が歴史において働かれていることも話しました。だからこそ危険なことは、こういったことすべてを聞いたから、あとは自宅に戻って、腰かけて、何もせず、この必然的にやってくるものを待てばよいという印象をもって皆さんがここを去ることなのです。〔中略〕私たちは、その必然的にやってくるものを加速させなくてはなりません。〔中略〕もし新時代の到来を加速させようというなら、私たちはどこであれ不正をみつければ立ち上がり、抗議する道徳的勇気を持たなければなりません。(29)

一九六八年二月七日、キングはこの黒人教会でもう一つの演説、「方向感覚を求めて」(In Search for a Sense of Direction) を行なっている。この演説は、アメリカが人種差別と貧困と軍国主義の「三重の悪」に蝕まれているとの痛ましい認識に到達した晩年のキングが、連邦政府に対して「貧者の行進」の闘いを挑もうとしている最中に行なわれた。キングは次のように述べた。

ところで、今晩私が申し上げようとしていることは、この国はどこか間違っているという事実に基づいています。何かが決定的に間違っているのです。〔中略〕私たちがこの四月に政府の膝元に来て、非暴力的行動を起こそうと決心したのはこのためです。私たちはこの国に向かって、もしあなたがたの態度を改めなければ、そしてあなたがたの膨大な富の資源を用いて、神の子たちを絶望と貧困の地下牢から引き上げることをしないならば、あなたがたは自分自身の死亡記事を書くことになるのだということをいおうとしているのです。私たちはアメリカに向かって、「改めよ、直ちに改めよ」というために、ワシントンにこようとしているのです。(30)

オバマは、ヴァーモント・アベニュー・バプテスト教会で行なった自身の演説のなかで、キングがかつてこの黒人教会で説教をしたことに触れ、自分も同じ場所で演説できることを嬉しく思うと述べたあと、キングが行なった演説に言及しながら話を進めた。オバマが言及したキングの演説は、前者の「新時代の挑戦に向き合うこと」であった。すなわちオバマは、モンゴメリー・バスボイコット運動に勝利した直後のキングに触れ、キングと公民権活動家にとり、そのさきの公民権運動の展開——一九六四年公民権法と六五年投票権法という勝利——は、その時点では未知で不確かだったが、未来への信念と行動が当時の人々を前進させた点を強調し、それを今日の状況に重ねる。オバマは次のように語る。

さてここで、半世紀以上ののち、私たちは再び新時代の挑戦に直面しています。再び、未知なる未来に向かって行進をしています。〔中略〕私たちに必要なことは、前の世代の人々がどうやってあのような厳しい冬の時期を持ちこたえたのか、目標を貫き勝利したか、そこからどんな教訓が得られるかを問うことです。私たちヨシュア世代に属する者は、モーセ世代がどうやって克服したのかを学びましょう。(31)

オバマはモーセ世代から学ぶべき点として、目標への断固たる決意、政府への働きかけ、小さな成果の積み重ねの重要性、良心への訴えと自由、正義、平等という普遍的理念への献身、神への信頼を挙げたのち、モーセ世代と同様の信念を持って、自分たちも経済、医療保険、教育、エネルギーといった難問題の解決に向け前進しようと語りかけた。

しかし、オバマはキングの後者の演説、すなわち「方向感覚を求めて」に言及することはなかった。その理由は、晩年のキングのこの演説が「貧者の行進」計画中になされ、連邦政府に「悔い改め」を警告する預言者的内容だったからにほかならない。オバマ政権発足から一年が経過し、「変革」が思うように進まず国民の支持率も低下するなかで、現政権の取り組みに対する国民の信頼を回復するためには、オバマにとり未来への信念の強調につなげることのできる「新時代の挑戦に向き合うこと」こそが、言及するにふさわしいキングの演説だったのである。

以上の事例を通して、オバマが大統領また「治癒者」という立場から言及する「キング」には、政治性が働いていることがわかる。そこから、オバマに対しても次の危惧が生じることを指摘しなければならない。すなわち、オバマによるキングへの言及は、レーガン大統領以降の歴代大統領がそうであったように、それがもっぱら公的生涯前半のキングに集中することにより、晩年のキングの夢を呼び覚ますより忘却させ、むしろ「公的記憶としてのキング」をより固定化させる力として作用するのではないか、と。

＊

オバマ大統領の誕生をキングの夢の成就に単純に結びつけることはできない。確かに、公民権運動以降、法的平等の恩恵とアファーマティブ・アクションと呼ばれる社会的マイノリティに対する教育、雇用における積極的是正措置の恩恵を受けることができた一部の黒人は豊かになり、黒人中産階級の数は増え、個人の主流社会参入は進んだ。国民の人種的偏見もかなりの減少傾向が認められる。したがって、オバマ大統領の誕生は、公民権運動の結果起きた諸変化の産物であり、その意味ではキングの夢の半分の成就といえるかもしれない。しかし、「三重の悪」の根絶という晩年のキングの夢は未完のままである。むしろそれは、オバマ政権が取り組むべき課題として残されている。

オバマは、二冊の著書『マイ・ドリーム』（二〇〇四年）と『合衆国再生』（二〇〇六年）のなかで、次のような見解を提示している。[32] アメリカにおいて人種の重要性は今日でも失われておらず、「ポスト・レイシャル社会」（＝人種問題が克服され、人種がほとんど意味を持たなくなった社会）到来の声には警戒が必要である。[33] 見えにくい差別が存在し、黒人貧困層が抱える問題を自己責任論では単純に説明できない。公民権運動のような、下からの草の根運動こそが社会変化を生み出す。黒人教会には預言者的伝統が息づいている。オバマのこうした見解は、彼がシカゴの黒人スラム地区でコミュニティ・オーガナイザーとして活動し、公民権専門の弁護士として働き、シカゴ大学で憲法を教えるなかで培われたものである。オバマが、アメリカの歴史、人種や貧困の問題に対し、きわめて多面的かつ鋭い洞察力を持っていることは疑う余地がない。そして、それが晩年キングの取り組みに対する理解についてもあてはまるであろうことは想像に難くない。

このような知的背景と活動経歴を有するオバマ大統領は、経済と教育の再生、国民皆保険、国際協調主義を政策に掲げており、ブッシュ・ジュニア前大統領と比べると、確かに晩年キングの夢と共鳴する部分がある。しかし、結局のところ、大統領また「治癒者」としてのオバマは「政治の論理」で動かざるを得ず、この点でオバマの立ち位置は、政治の外に身を置き、神の真理を語り、貧者のために行動した「預言者」としてのキングとは決定的に異なってくる。特に、オバマが大統領として主流政治中枢に組み込まれている以上、彼の政策が保守とリベラルとの軋轢のなかで妥協を強いられ、結果的に中産階級志向となり、彼が言及する「キング」も、公的生涯前半のキングに固定化される可能性は高まるといえよう。したがって、「三重の悪」の根絶という晩年キングの夢を成就に近づけるためには、それが未完であることをオバマ大統領に絶えず想起させ、警告する存在が必要となる。オバマ大統領に対しても、「預言者」の役割を果たす者は必要だということである。その意味で、キングとオバマとの関係、すなわち「預言者」と「治癒者」との関係は、対照的であると同時に相互補完的でもあるということになる。

二〇一〇年一月一八日の「キング連邦祝日」当日、キングが牧師をしていたジョージア州アトランタのエベネザー・バプテスト教会で記念式典が開かれた。オバマがヴァーモント・アベニュー・バプテスト教会で演説を行なった翌日である。記念式典の基調演説でプリンストン大学教授コーネル・ウェストは、「貧困の議論はどこにいったのか」と語り、キングの遺産を生き続けさせるためには、オバマを同胞として守り敬いつつも、「彼を正していかなくてはいけない」と述べた。(34) この事例は、キングが体現したような「預言者」が、今もなお主流政治の外部に存在するという希望を抱かせてくれるものである。

あとがき

本書は「キリスト教は解放の源泉か、抑圧の源泉か」という問いに黒人はどのような応答を試みてきたのか、また試みているのか、という観点から、黒人とキリスト教との関係を探るものであった。この作業にあたり心がけたことは、人種間の社会正義をめざす運動において、黒人教会にはつねに現状適応的な側面と現状変革的な側面があり、その活動は両側面の緊張関係のなかで展開してきたという一貫した軸を持つことであった。このような軸を持つにいたった経緯について、ごく簡単に触れておきたい。それは、黒人教会に関する研究の流れと関係している。

翻ってみるに、一九五〇年代から六〇年代の公民権運動以前に行なわれた研究は、概して黒人教会を現状適応的で社会変革に無力であると解釈する傾向にあった。本書でも触れたベンジャミン・メイズ、グンナー・ミュルダール、フランクリン・フレイジァといった研究者は、二〇世紀前半の黒人教会を観察しつつ、概してそのような評価を下した。

ところが、公民権運動におけるキングに代表される黒人牧師と黒人教会の活躍をきっかけに、黒人教会の再評価が促されることになった。そして、一九六〇年代後半以降しばらくの間、研究者の主要課題は、黒人教会は現状適応的であるとする一面的解釈を否定することに向けられた。ジェイムズ・H・

コーンやヴィンセント・ハーディングなど本書で触れた研究者のほかにも、多くの研究者が、公民権運動における黒人牧師と黒人教会の活躍を引き合いに出しつつ、黒人教会が持つ現状変革的側面を論じるようになった。

こうして一九八〇年代末ごろまで、黒人教会に関する研究はしばしば、アメリカ史の各時期において黒人教会が持った現状変革的側面を掘り起こす作業に集中することになった。それにより、黒人教会に備わる現状変革的側面がその歴史的伝統とともに明らかにされたことの意義は大きかったといえよう。しかし、黒人教会の再評価という学問上の要請は、同時にこの時期の研究者の視点を黒人教会の現状変革的側面に限定する傾向を生み、黒人教会を考察するうえではいささかバランスを欠くという問題も生み出した。

一九九〇年代に入ると、黒人教会が持つ両側面を総合する視点が必要だとする認識が顕著になる。そのような視点は、本書でも引用した宗教社会学者のC・エリック・リンカンとローレンス・H・マミヤによる研究（一九九〇年）のなかで提示されることになった。すなわち両者は、黒人教会は絶えず現状適応的と現状変革的という両側面を持ち、その活動は両側面の「弁証法的緊張状態」のなかで捉えられる必要があると論じた。本書はこの視点を取り入れ、黒人とキリスト教との関係について、その歴史的展開と「スピリチュアリティ」の諸相を考察した。

私の研究の関心は、長らくキング牧師のキリスト教実践、また公民権運動における黒人教会の役割にあり、本書で取り上げた他のさまざまな問題関心もそこから派生している。そのような限定された立ち位置から書かれた本書は、黒人とキリスト教の捉え方について、一つの解釈を提示するにすぎない。とはいえ、日本において黒人のキリスト教信仰や黒人教会の問題を歴史的文脈に位置づけて論ずるまとまった書物があまりない状況に照らすと、本書が微力ながらこれらの問題に関する今後の議論のたたき台になることを願うものである。一般読者、専門家を問わず、本書の内容に多少なりとも意義をお認めいただけるならば、筆者としてはこれに勝る喜びはない。

本書は、ほとんどが書きおろしである。しかし、第二部のいくつかの章は、すでに発表したものに加筆訂正したものである。

［初出一覧］

・第六章「宗教、人種、アイデンティティ——アフリカ系アメリカ人の想像力における『出エジプト』物語——」『神田外語大学紀要』第二〇号、二〇〇八年三月、一—二二頁。

・第七章「米国公民権運動を支えた霊的活力——黒人教会における歌、祈り、説教の伝統——」『神田外語大学紀要』第一七号、二〇〇五年三月、一—二三頁。

・第八章「『ソウル・フード（Soul Food）』——アフリカ系アメリカ人の食文化における『魂』の意味に関する歴史的考察（研究ノート）」『神田外語大学紀要』第一八号、二〇〇六年三月、三五九―三七八頁。

・終　章「預言者（Prophet）と治癒者（Healer）――キング牧師、バラク・オバマ、未完の夢――」『国際社会研究』創刊号、二〇一〇年九月、一三三―一五九頁。

歴史家エリック・フォーナーは、著書『アメリカ　自由の物語（上）』（［原著一九九八年］横山良・竹田有・常松洋・肥後本芳男訳、岩波書店、二〇〇八年）の冒頭で、「歴史の著作はすべて、ある意味で、共同作業である」と書いた。これはあらゆる研究にあてはまる。本書は、多くの先輩諸兄姉との間接的な「共同作業」の産物である。本書は一次文献も使用しているが、同時に多くの場合、国内外の大勢の研究者によるこれまでの研究、洞察、情報に依拠している。本書の執筆にあたって、筆者は註で挙げた出典はもちろんのこと、それら以外の膨大な二次文献からも間接的に示唆を受けている。そのような貴重な研究成果を生み出してこられた研究者の方々すべてに感謝したい。しかし、いうまでもなく、本書に書かれた内容と解釈のすべての責任は筆者にある。

二名の先生には格段の感謝の意を表したい。まず、筑波大学で修士論文と博士論文をご指導くださった明石紀雄先生である。本書の執筆にあたっても、数度にわたり原稿に目を通してくださり、数えきれないほどの貴重なご助言をいただいた。先生の変わらぬご指導と励ましなくして、本書はなかった。次に、キング牧師の研究者の梶原寿先生である。キング牧師や黒人史の理解に黒人キリスト教信仰の理解が不可欠であるという視点は、先生から学んだものである。これまで先生から受けた励ましは、筆者の研究の支えとなっている。

神田外語大学出版局の中村司さんには大変お世話になった。途中、病で長期間執筆が滞ったことも含め、原稿提出が大幅に遅れてしまったにも関わらず、励ましで応じてくださり、丁寧に原稿に目を通してくださり、校正作業から出版にいたる段階でも数多くの貴重なアドバイスをくださった。厚く御礼申し上げたい。

本書の完成を応援してくれた両親にも感謝したい。最後に、心からの感謝を妻の聡美に送りたい。長男智文と長女志歩の育児に二人で励むなかにあって、長期間にわたり原稿執筆の時間を確保するための工夫をこらしてくれた。本書の完成はこの支えのおかげである。

二〇一五年三月

黒﨑　真

著者略歴

黒﨑　真（くろさき　まこと）
1971年生まれ。筑波大学大学院博士課程歴史・人類学研究科修了。博士（文学）。
神田外語大学外国語学部英米語学科准教授。

専　攻——歴史学（米国史、米国黒人史）
著訳書——『21世紀アメリカ社会を知るための67章』（共著、明石書店）
『グローカリゼーション——国際社会の新潮流』（共著、神田外語大学出版局）
『アメリカのエスニシティ——人種的融和を目指す多民族国家』
（共訳、明石書店）

アメリカ黒人《こくじん》とキリスト教《きょう》——葛藤《かっとう》の歴史《れきし》とスピリチュアリティの諸相《しょそう》

2015年 5月31日　初版第1刷発行
2015年10月 1日　第2刷発行

［著　者］黒﨑　真
［装　幀］菊地 信義
［発行者］佐野 元泰
［発行所］神田外語大学出版局
〒261-0014 千葉県千葉市美浜区若葉 1-4-1
TEL 043-273-1481
http://www.kandagaigo.ac.jp/kuis/press/
［発売元］株式会社ぺりかん社
〒113-0033 東京都文京区本郷 1-28-36
TEL 03-3814-8515
http://www.perikansha.co.jp
［印刷・製本］モリモト印刷株式会社

ISBN978-4-8315-3007-3　Printed in Japan

註

序　章　宗教の二つの側面——抑圧的機能と解放の役割

(1) 英語の歌詞は以下。"Didn't my Lord deliver Daniel/Deliver Daniel, deliver Daniel/Didn't my Lord deliver Daniel/And why not every man?/He delivered Daniel from the lion's den/And Jonah from the belly of the whale/And the Hebrew children from the fiery furnace/And why not every man?"

(2) 英語の歌詞は以下。"Precious Lord, take my hand/Lead me on, let me stand/I am tired, I am weak, I am worn/Through the storm, through the night/Lead me on to the light/Take my hand, precious Lord, lead me home."

(3) Martin Luther King, Jr., "'Why Jesus Called a Man a Fool,' Delivered at Mount Pisgah Missionary Baptist Church, Chicago, Illinois (August 27, 1967)," in *A Knock at Midnight*, ed. Clayborne Carson and Peter Holloran (New York: Warner Books, 1998), 146; クレイボーン・カーソン、ピーター・ホロラン編、梶原寿訳『真夜中に戸をたたく——キング牧師説教集』(日本キリスト教団出版局、2007 年)、185 頁。

(4) Martin Luther King, Jr., "Address to the First Montgomery Improvement Association (MIA) Mass Meeting," in *A Call to Conscience: The Landmark Speeches of Dr. Martin Luther King, Jr.*, ed. Clayborne Carson and Kris Shepard (New York: A Time Warner Company, 2001), 9; クレイボーン・カーソン、クリス・シェパード編、梶原寿監訳『私には夢がある　M・L・キング説教・講演集』(新教出版社、2003 年)、21 頁。

(5) Barack Obama, *Dreams from My Father: A Story of Race and Inheritance* ([1995] New York: Three Rivers Press, 2004), 272-295; バラク・オバマ、白倉三紀子・木内裕也訳『マイ・ドリーム——バラク・オバマ自伝』(ダイヤモンド社、2007 年)、335-364 頁を参照。

(6) Ibid., 294; 同書、362-363 頁。

(7) Quoted in Albert J. Raboteau, *Slave Religion: The "Invisible Institution" in the Antebellum South* (New York: Oxford University Press, 1978), 313.

(8) Elijah Muhammad, *The Supreme Wisdom*, vol.1: *Solution to the so-called NEGROES' Problem* (Atlanta, GA: Messenger Elijah Muhammad

Propagation Society, 1957), 36.
(9) Vincent Harding, "Black Power and the American Christ," *The Christian Century* 84, no.1, January 4, 1967, 10.
(10) この点を考えるうえで、以下の研究書の視点が参考になる。黒人教会の活動は、つねに現状適応的側面と現状変革的側面との緊張関係のなかで展開してきたという視点を提示する研究書は以下。Gayraud S. Wilmore, *Black Religion and Black Radicalism: An Examination of the Black Experience in Religion* (New York: Anchor Books, 1973), xii-xiii; C. Eric Lincoln and Lawrence H. Mamiya, *The Black Church in the African American Experience* (Durham, NC: Duke University Press, 1990), 10-19. また、キリスト教と黒人教会は、黒人コミュニティにおいて絶えずその社会的存在意味を問われてきたという視点を提示する研究書は以下。Mark L. Chapman, *Christianity on Trial: African-American Religious Thought Before and After Black Power* (New York: Orbis Books, 1996), 1-3.
(11)「スピリチュアリティ」(spirituality) という言葉は、多様な文脈で多義的に用いられており、捉えにくい概念である。以下は、本文の補足説明である。
「スピリチュアリティ」という言葉は、1960～70年代以降、欧米や日本において興隆が顕著に認められる。この場合の「スピリチュアリティ」は、「聖なるものとの結びつき」に関心があるものの、それを伝統的宗教 (religion) の外において求めようとする傾向がある。いわば、キリスト教を中心とする伝統的宗教（＝救済宗教）の対立概念として、「スピリチュアリティ」が位置づけられる。このことは、日本国内において「スピリチュアリティ」が、終末期医療、健康、自己探し、自己啓発、エコロジー、アロマやヒーリング音楽による「癒し」などの領域で使用されていることを想起すると、理解しやすい。伝統的宗教の枠外で追求される「スピリチュアリティ」の特徴は、個人主義的（当事者性の強調）で、伝統的宗教のように教義、教典、儀礼を通じて普遍主義を志向することがない。よって、堅固な組織や集団を嫌い、人と人との緩やかなネットワークを好む。また、生きる意味、内的強さ、心の平安、自己変容などを、唯一至高の神との関係のなかにではなく、見えないもの全般――超越的なもの、他者、自然、世界など――とのつながりに求める。この文脈における「スピリチュアリティ」は、「精神性」に近いものといえる。

しかし、「スピリチュアリティ」は、元来キリスト教の用語であった。この語の起源は聖書にさかのぼり、現在の英語の語根である "spirit" は、旧約聖書ではヘブライ語の「ルアッハ」(ruah)、新訳聖書ではギリシャ語の「プネウマ」(pneūma) に由来し、「息、風、霊」を意味する。旧約聖書では、神が

「命の息」を吹き込むことで人間（アダム）が誕生する。人間は神の霊、すなわち命の息によって生かされる存在である。したがって、呼吸は神の息を受け取ることであり、それ自体が神との交わりを示す。神の霊はまた、風（暴風、熱風、雨）などの現象を通して、人々に日常的に経験されるものとされた。旧約聖書の霊の概念は、新約聖書にも受け継がれる。新約聖書においても、神の本質は霊として規定される。神の霊、すなわち聖霊（holy spirit）は、風のように自由に吹き、復活したイエスは聖霊と一体となり、聖霊の息吹を弟子たちに吹きかける。そして、聖霊はあらゆる命の源として、人間に働きかける。このように、キリスト教における「スピリチュアリティ」は、人間単独では成立せず、神との関係によってのみ成立する概念である。なお、この文脈における「スピリチュアリティ」の訳語は、通常「霊性」があてられる。

以上から、現在、「スピリチュアリティ」という概念は、伝統的宗教——ここではキリスト教——の内と外の両方に存在することがわかる。日本国内では、伝統的宗教とは別個の多様な現象を指し示す概念として、「スピリチュアリティ」が使用される傾向がある。しかし、欧米圏（英語圏）では、キリスト教の枠外の諸現象を指し示す概念として「スピリチュアリティ」が使用される場合でも、そこには底流においてキリスト教における「スピリット」の意味との連続性を認めることができる。欧米圏（英語圏）において「スピリチュアリティ」の概念は、キリスト教の伝統との連続性を維持しつつ、非連続部分を拡大させている点を確認しておく必要がある。

ここに取り上げた議論は、以下を参照。加藤美紀「カトリック学校で育成するスピリチュアリティの特性—教会文書にみるニューエイジ評価に基づいて—」『上智大学教育学論集』第45号（2011年3月）、99-116頁；島薗進「救済からスピリチュアリティへ—現代宗教の変容を東アジアから展望する—」『宗教研究』第84巻2輯（2010年9月）、127-154頁；土屋博「作業仮説としての『スピリチュアリティ』の可能性と限界」『宗教研究』第84巻2輯（2010年9月）、201-224頁；松田央「キリスト教の霊性（その1）—基礎的考察—」『神戸女学院大学論集』第53巻2号（2006年12月）、31-51頁。

(12) アメリカにおいて「黒人教会」というと、主としてプロテスタント教会のうち、会衆の全員ないし大多数が黒人であるものを指す。そうした黒人教会の多くは、一般的には次の7つの全国的教派組織に属している場合が多い。すなわち、米国ナショナル・バプテスト連盟（National Baptist Convention, U.S.A., Inc.）、アメリカ・ナショナル・バプテスト連盟（National Baptist Convention of America）、プログレッシブ・ナショナル・バプテスト連盟（Progressive National Baptist Convention, Inc.）、アフリカン・メソジスト

監督教会（African Methodist Episcopal Church）、アフリカン・メソジスト監督シオン教会（African Methodist Episcopal Zion Church）、クリスチャン・メソジスト監督教会（Christian Methodist Episcopal Church）、そしてチャーチ・オブ・ゴッド・イン・クライスト（Church of God in Christ, Inc.）である。

このように、黒人が所属する個々の教会や教派組織は多様である。しかし、これらを総称して黒人教会（the Black Church）という語が使用される場合、そこには黒人のキリスト教信仰のなかには個々の教会や教派を超えて共有される、いわば核となるような要素が認められるという含みがある。これは、次の事実を想起するなら首肯されるであろう。第1に、黒人は南部奴隷制とその後に続く南部の法的人種隔離制度と北部の実質的人種差別という歴史的経験を「集団」として共有してきたこと。第2に、黒人キリスト教信仰を生み出す黒人の諸経験は、北部や南部において個々の黒人教会や黒人諸教派の全国的組織が誕生する以前、すなわち奴隷船上での経験にまでさかのぼることができること。

第一部　黒人キリスト教信仰の歴史的展開

第一章　アフリカの文化的遺産

(1) 奴隷の一部には、東アフリカの海岸地域、すなわちマダガスカル島やモザンビークの人々も含まれていた。

(2) 以下の書が参考となる。ロナルド・シーガル、富田虎男監訳『ブラック・ディアスポラ――世界の黒人がつくる歴史・社会・文化』（明石書店、1999年）、665-787頁。

(3) この点に関する詳細な議論は、以下を参照。Raboteau, *Slave Religion*, 16-92. 合衆国の場合も、地域によってはアフリカの神々の影響が残ることもあった。たとえば、ニューオリンズ地域には、18世紀後半になりハイチから自由黒人が流入したことで、黒人のなかにはハイチのヴードゥーと類似したフードゥー（Hoodoo）と呼ばれる民間信仰を実践する人々もいた。フードゥー、ヴードゥー、カンドンブレ、サンテリアなどに関する詳細な解説書は以下。檀原照和『ヴードゥー大全――アフロ民俗の世界』（夏目書房、2006年）。

(4) Raboteau, *Slave Religion*, 6-7; 福井勝義、赤阪賢、大塚和夫『世界の歴史24――アフリカの民族と社会』（中公文庫、2010年）、174-180頁。

(5) Ibid., 7; 同書、362-382頁。

(6) ジョナサン・アール、古川哲史・朴珣英『地図でみるアフリカ系アメリカ人の歴史――大西洋奴隷貿易から20世紀まで』（明石書店、2011年）、20頁。西アフリカの宗教的伝統については、以下を参照。Raboteau, *Slave Religion*,

5-16; A・M・ルギラ、嶋田義仁訳『アフリカの宗教』(青土社、2004年);ジョン・S・ムビティ、大森元吉訳『アフリカの宗教と哲学』(法政大学出版局、1970年)。
(7) 中間航路および大西洋奴隷貿易全般に関しては、主として以下を参照。James Ciment, *Atlas of African-American History* (New York: Checkmark Books, 2001), 1-35; Olaudah Equiano, *The Interesting Narrative of the Life of Olaudah Equiano* ([1789] Seattle, WA: Coffeetown Press, 2008), 23-41; オラウダ・イクイアーノ、久野陽一訳『英国十八世紀文学叢書5 ――アフリカ人、イクイアーノの生涯の興味深い物語』(研究社、2012年)、24-46頁; 池本幸三、布留川正博、下山晃『近代世界と奴隷制――大西洋システムの中で』(人文書院、1995年);ジャン・メイエール、猿谷要監修『奴隷と奴隷商人』(創元社、1992年);ダニエル・P・マニックス、土田とも訳『黒い積荷』(平凡社、1976年)。参考になる小説は以下。チャールズ・ジョンソン、宮本陽一郎訳『中間航路』(早川書房、1995年)。
(8) Ciment, 29-30; 池本、布留川、下山『近代世界と奴隷制』、118-120頁。
(9) マニックス『黒い積荷』、150-151頁。
(10) 同書、144頁。
(11) Katie Geneva Cannon, "Cutting Edge: Christian Imperialism and the Transatlantic Slave Trade," *Journal of Feminist Studies in Religion* 24, no.1, (Spring 2008), 127-130.
(12) Charles F. Irons, *The Origins of Proslavery Christianity: White and Black Evangelicals in Colonial and Antebellum Virginia* (Chapel Hill, NC: The University of North Carolina Press, 2008), 25.
(13) Raboteau, *Slave Religion*, 96-97.
(14) L. H. Whelchel, Jr., *The History and Heritage of African-American Churches: A Way Out of No Way* (St. Paul, MN: Paragon House, 2011), 68; 西山俊彦『カトリック教会と奴隷貿易――現代資本主義の興隆に関連して』(サン パウロ、2005年)、62-111頁。
(15) エリック・ウィリアムズ、山本伸監訳『資本主義と奴隷制――経済史から見た黒人奴隷制の発生と崩壊』(明石書店、2004年)、63、75-81頁;"John Hawkins, Slaves, and Gentlemen Pirates," *Chronicles of America: English Exploration of America*, http://www.chroniclesofamerica.com/sea-dogs/john_hawkins_slavers_gentlemen_pirates.htm (accessed February 2, 2011).
(16) ジョン・ニュートン、中澤幸夫編訳『「アメージング・グレース」物語

——ゴスペルに秘められた元奴隷商人の自伝』(彩流社、2006 年)、232 頁。
(17) 以下を参照。J・C・ブラウァー、野村文子訳『アメリカ建国の精神——宗教と文化風土』(玉川大学出版部、2002 年)、170-181 頁;ジェームズ・B・スチュワート、真下剛訳『アメリカ黒人解放前史——奴隷制廃止運動(アボリショニズム)』(明石書店、1994 年)、17-29 頁。
(18) ブラウァー『アメリカ建国の精神』、182-186 頁。
(19) 南北アメリカ大陸において、各植民地の政策や「シンクレティズム」(syncretism) の程度が、西アフリカの神々の残存に地域差をもたらした要因の一部であった。しかし、最も大きな要因とされるのは、南北アメリカ大陸の各地域に運ばれた奴隷数の相違である。大西洋奴隷貿易全体を見ると、運ばれた奴隷の割合は、ポルトガルの植民地ブラジルが 40%、イギリス領カリブ海地域が 20%、スペインのアメリカ植民地とカリブ海地域が 17.5%、フランス領カリブ海地域が 13.5%、オランダ領カリブ海地域が 2.5%、そして北米が 6.5%であった。北米に運ばれた奴隷は、全体から見るとわずかだった。

奴隷数に地域差が生じた理由には、奴隷の死亡率と出生率が関係していた。カリブ海地域やブラジルの場合、奴隷の死亡率は奴隷の出生率を大きく上回った。これらの地域では、過酷な労働に食環境の悪さと熱帯性の気候が重なり、病気による奴隷の死亡率が上昇した。奴隷の男女比が考慮されなかった点も出生率を低下させた。そのため、こうした地域は絶えず新しい奴隷を輸入することになった。キューバやブラジルでは、奴隷貿易が 19 世紀半ばまで存続したが、アフリカから奴隷が流入し続けたことで、アフリカの神々が存続する可能性は高くなった。

これに対し、合衆国の場合、労働の過酷さという点では変わらなかったが、比較的恵まれた食環境と温暖な気候が重なり、病気による死亡率は低下した。奴隷の男女比も極端な不均衡ではなかったため、奴隷の人口増は比較的早い時期に自然増によるものに転じた。合衆国では、アメリカ生まれの黒人が世代を重ねていったことで、アフリカの神々は徐々に消えていくことになった。

南北アメリカ大陸の各地域の白人と黒人の人口比、また白人と黒人との接触の程度も、アフリカの文化的遺産の残存度に影響した。まず、白人に対する黒人の人口比は、合衆国よりカリブ海地域や中・南米植民地のほうがはるかに高かった。次に、こうした植民地では、奴隷は 100 名以上というような大人数のグループで働かされた。そのため、白人支配層と奴隷が接する機会は少なかった。しかし、合衆国の場合、プランテーションの多くは小規模であったため、プランターも奴隷と肩をならべて働いた。その結果、合衆国では、黒人と白人が日常生活において接触する機会は増えた。

「シンクレティズム」とは、異なる宗教文化が接触した際に、一方が他方を排除することなく融合して新たな信仰として再構成される、またその段階にまでいたらなくとも、両方の要素が共存している現象を指す。シンクレティズムのあり方については、次の点を指摘できる。南北アメリカ大陸においてキリスト教とアフリカの宗教とのシンクレティズムが積極的に進んだのは、ポルトガル、スペイン、フランスの植民地などカトリック圏であった。その理由は、信仰面と儀礼面において、カトリックとアフリカの伝統的宗教との間に重要な類似性が認められたからである。

キリスト教は一神教とされるが、特にカトリックの場合は聖母マリアや数々の聖人も尊敬、崇拝の対象となってきた。諸聖人は特別な力を持ち、遺品を身につけていると加護が期待できるなどと考えられてきた。この点で、カトリックは準多神教的な性格を持ち合わせており、最高神と下位の神々や祖先霊の存在を信仰する西アフリカの伝統的宗教と親和的であった。加えて、カトリックでは、信仰の一助として、また儀礼の道具として聖母マリアや諸聖人の肖像画、聖水、聖油、ろうそく、芳香、ロザリオなどさまざまな道具が用いられた。この点も、アフリカの伝統的宗教に近い特徴であった。こうしたことから、カトリック圏の植民地において、奴隷はアフリカの価値観を保持しつつ、それに基づいてキリスト教を解釈することが比較的容易となった。奴隷は聖母マリアや諸聖人をアフリカの神々や祖先の霊と結びつけることで、表面上は支配集団の宗教であったカトリックを受け入れながら、実質的にはアフリカの宗教的伝統の多くを維持することが可能だったのである。このようにカトリックとアフリカの伝統的宗教とのシンクレティズムが積極的に進んだ結果、カトリック圏においては、アフリカの神々と儀礼の多くが、形を変えながらも強力に生き続けることになった。

これに対し、プロテスタントは「キリストのみ」という立場を取ることから、聖母マリアや諸聖人を崇拝の対象とはしなかった。また、プロテスタントは「聖書のみ」という立場をとり内面的回心を重視することから、肖像画を偶像崇拝として排し、儀礼の道具も可能なかぎり簡素なものとした。そのため、教義と儀礼においてプロテスタントとアフリカの伝統的宗教とのシンクレティズムは起こりにくく、プロテスタントが支配的であった地域では、奴隷がキリスト教を受容した場合、アフリカの神々や祖先霊が消える可能性はより高くなった。とはいえ、カトリックとプロテスタントとの違いは、西アフリカの神々と儀礼の残存に地域差をもたらした一要因と考えられるにすぎず、強調されすぎてはいけないという指摘がある。

ここに取り上げた議論については、以下を参照。Raboteau, *Slave Religion*,

87-92; S・エルキンズほか、山本新ほか編訳『アメリカ大陸の奴隷制――南北アメリカの比較論争』(創文社、1978年);アンソニー・W・マークス、富野幹雄・岩野一郎・伊藤秋仁訳『黒人差別と国民国家――アメリカ・南アフリカ・ブラジル』(春風社、2007年)、54-105頁。

(20) Quoted in John Hope Franklin and Alfred A. Moss, Jr., *From Slavery to Freedom: A History of Negro Americans*, 6th edition ([1947] New York: McGraw-Hill, 1988), 37-39; ジョン・ホープ・フランクリン、井出義光・木内信敬・猿谷要・中川文雄訳『アメリカ黒人の歴史――奴隷から自由へ』(研究社出版、1978年)、43頁; アイラ・バーリン、落合明子・大類久恵・小原豊志訳『アメリカ奴隷制と黒人――五世代にわたる捕囚の歴史』(明石書店、2007年)、122頁。

(21) E. Franklin Frazier/C. Eric Lincoln, *The Negro Church in America/The Black Church Since Frazier* ([1964] New York: The Schocken Books, 1978), 10-11; E・F・フレイジァ、溝淵寛水訳『アメリカの黒人教会』(未來社、1972)、15-16頁。

(22) Raboteau, *Slave Religion*, 127.

(23) Ibid., 65, 74.

(24) Ibid., 64, 67-68; 北村崇郎『ニグロ・スピリチュアル――黒人音楽のみなもと』(みすず書房、2000年)、90-92頁。

(25) Teresa L. Reed, *The Holy Profane: Religion in Black Popular Music* (Lexington, KN: The University Press of Kentucky, 2003), 114-116.

第二章 奴隷制時代――「見えざる教会」

(1) Raboteau, *Salve Religion*, 98; Irons, *The Origins of Proslavery Christianity*, 24; ベンジャミン・クォールズ、明石紀雄・岩本裕子・落合明子訳『アメリカ黒人の歴史』(明石書店、1994年)、39頁。

(2) Raboteau, *Slave Religion*, 96, 98-99; Franklin, *From Slavery to Freedom*, 53-63; フランクリン『アメリカ黒人の歴史』、55-66頁;クォールズ『アメリカ黒人の歴史』、39-40頁。

(3) Raboteau, *Slave Religion*, 114-120.

(4) 第二次大覚醒に関する有益な研究書は以下。Nathan O. Hatch, *The Democratization of American Christianity* (New Haven, CN: Yale University Press, 1989).

(5) 以下を参照。Raboteau, *Slave Religion*, 128-150.

(6) James H. Cone, *God of the Oppressed* ([1975] New York: Orbis

Books, 1997), 44; ジェイムズ・H・コーン、梶原寿訳『抑圧された者の神』(新教出版社、1976年)、84頁。
(7) Ciment, *Atlas of African-American History*, 50.
(8) この点に関し、これまでに挙げた文献のほかに、以下の研究書も参考になる。Thomas L. Webber, *Deep Like the River: Education in the Slave Quarter Community, 1831-1865* (New York: W. W. Norton & Company, Inc., 1978), 27-58; トーマス・L・ウェッバー、西川進監訳、竹中興慈訳『奴隷文化の誕生――もうひとつのアメリカ社会史』(新評論、1988年)、59-110頁；中島和子『黒人の政治参加と第三世紀アメリカの出発』(中央大学出版部、1989年)、63-127頁。
(9) Raboteau, *Slave Religion*, 158, 164.
(10) Ibid., 151-153, 164-173.
(11) Winthrop D. Jordan, *White over Black: American Attitudes Toward the Negro, 1550-1812* (Chapel Hill, NC: The University of North Carolina Press, 1968), 17-19; 斎藤忠利『主流に逆らって――白いアメリカの黒い文学』(近代文藝社、1993年)、252-253頁。
(12) PBS "This Far by Faith, Episode 1: There is a River," Transcript, http://www.pbs.org/thisfarbyfaith/about/episode_1.html (accessed August 5, 2009).
(13) バーリン『アメリカ奴隷制と黒人』、253-320頁。
(14) 奴隷の逃亡を援助する非合法的なネットワークは、「地下鉄道」(underground railroad) と呼ばれた。奴隷制のない北部自由州またはカナダが「終着駅」と呼ばれ、納屋、教会の屋根裏、地下室など、逃亡奴隷をかくまうための場所は「停車駅」と呼ばれた。自由黒人、逃亡に成功した元奴隷、奴隷制廃止主義者たちによって、逃亡ルートが網の目のように作られた。ある推計によれば、1830年から60年までに、およそ6万人がこの地下鉄道によって自由を得た。
(15) 黒人キリスト教信仰の核心については、ジェイムズ・H・コーンの以下の研究を参照。James H. Cone, *Black Theology and Black Power* ([1969] New York: Orbis Books, 1997); *Spirituals and the Blues: An Interpretation* (New York: Orbis Books, 1972); 梶原寿訳『黒人霊歌とブルース――アメリカ黒人の信仰と神学』(新教出版社、1983年); *Speaking the Truth: Ecumenism, Liberation, and Black Theology* (Grand Rapids, MI: William B. Eerdmans Publishing Company, 1986) など。また、Raboteau, *Slave Religion*, 211-288 も参照。

(16) 「見えざる教会」(invisible church) の代わりに、しばしば「見えざる制度」(invisible institution) という語もあてられる。本書では前者を使用する。
(17) この点に関する詳細な研究には、ほかに以下のものがある。George P. Rawick, *From Sundown to Sunup: The Making of the Black* Community (Westport, CT: Greenwood Press, Inc., 1972); G・P・ローウィック、西川進訳『日没から夜明けまで――アメリカ黒人奴隷制の社会史』(刀水書房、1986年)。
(18) Cone, *The Spirituals and the Blues*, 32; コーン『黒人霊歌とブルース』、64頁。
(19) Ibid., 32-33; 同上。英語歌詞は以下。"Oh Mary, don't you weep, don't you moan (x2)/Pharaoh's army got drownded/Oh Mary, don't you weep."
(20) Ibid., 50; 同書、96頁。英語歌詞は以下。"Jesus is our friend/He'll keep us to the en'/And a little talk with Jesus/Makes it right."
(21) 英語歌詞は以下。"Nobody knows the trouble I've seen/Nobody knows but Jesus/Nobody knows the trouble I've seen/Glory Hallelujah!"
(22) Cone, *The Spirituals and the Blues*, 81; コーン『黒人霊歌とブルース』、151-152頁。
(23) Quoted in Rawick, *From Sundown to Sunup*, 35; ローウィック『日没から夜明けまで』、56頁。
(24) Harold A. Carter, *The Prayer Tradition of Black People* (Valley Forge, PA: Judson Press, 1976), 93.
(25) Ibid., 21.
(26) James H. Cone, "Black Theology-Black Church," *Theology Today* 41 (January 1984), in *Martin Luther King, Jr. and the Civil Rights Movement* (以下、*MLK-CRM* と略記), vol.1: *Martin Luther King, Jr.: Civil Rights Leader, Theologian, Orator*, ed. David J. Garrow (New York: Carlson Publishing Inc., 1989), 212. このなかでコーンは、「説教の出来事自体のなかでそれ (自由、解放) がどんな感じか前もって与えられる」と書いている。しかし、説教と歌と祈りが不可分の関係にあるとすれば、コーンが「説教」とした部分に「祈り」という語をあてはめることができる。
(27) Quoted in Raboteau, *Slave Religion*, 221.
(28) Carter, *The Prayer Tradition of Black People*, 95.
(29) Wyatt Tee Walker, *Somebody's Calling My Name: Black Sacred Music and Social Change* (Valley Forge, PA: Judson Press, 1979), 23 ; ワ

イアット・T・ウォーカー、梶原寿訳『だれかが私の名を呼んでいる——黒人宗教音楽の社会史』(新教出版社、1991 年)、27 頁。
(30) Wyatt Tee Walker, *Afrocentrism and Christian Faith* (New York: Martin Luther King Fellows Press, 1993), 25.
(31) Cone, "Black Theology-Black Church," in *MLK-CRM*, vol.1, 212; *God of the Oppressed*, 17-18; コーン『抑圧された者の神』、44-45 頁。
(32) Stanley M. Elkins, *Slavery: A Problem in American Institutional and Intellectual Life* ([1959] Chicago, IL: The University of Chicago Press, 1976), 81-89.
(33) Vincent Harding, "Religion and Resistance among Antebellum Slaves, 1800-1860 (1969)," in *African-American Religion: Interpretive Essays in History and Culture*, eds. Timothy E. Fulop and Albert J. Raboteau (New York: Routledge, 1997), 109-130.
(34) Henry J. Young, *Major Black Religious Leaders, 1755-1940* (Nashville, Tennessee: Abingdon, 1977) は、奴隷制時代の北部の著名な黒人牧師たち—— Nathaniel Paul (1755-1839), Richard Allen (1760-1831), Daniel Alexander Payne (1811-1893), James W. C. Pennington (1812-1871) など——を取り上げ、皆これらの信仰を保持していたことを指摘している。
(35) Charles V. Hamilton, *The Black Preacher in America* (New York: William and Morrow and Company, Inc., 1972), 48-49; Young, *Major Black Religious Leaders*, 36-38.
(36) Henry Highland Garnet, "An Address to the Slaves of the United States of America, 1843," in *Walker's Appeal and Garnet's Address: To the Slaves of the United States of America* (Nashville, Tennessee: James C. Winston Publishing Company, Inc., 1994), 89-96.
(37) Ibid., 94.
(38) Quoted in Young, *Major Black Religious Leaders*, 70.
(39) Bishop Daniel Alexander Payne, *Recollections of Seventy Years* ([1888] New York: Arno Press and New York Times, 1968), 68.

第三章　南北戦争後から二〇世紀前半まで——「見える教会」へ

(1) Frazier, *The Negro Church in America*, 48; フレイジァ『アメリカの黒人教会』、76 頁。
(2) Cone, *The Spirituals and the Blues*, 41; コーン『黒人霊歌とブルース』、

80 頁。英語歌詞は以下。“Slavery chain done broke at last, broke at last, broke at last/Slavery chain done broke at last/Going to praise God till I die.”

(3) Benjamin Elijah Mays and Joseph William Nicholson, *The Negro's Church* ([1933] Salem, NH: Ayer Company, Publishers, Inc., 1988), 40, 312.

(4) Ibid., 12.

(5) 1950、60 年代公民権運動以前に存在していた黒人の全国的教派組織は、主に次の 5 つである。アフリカン・メソジスト監督教会（African Methodist Episcopal Church)、アフリカン・メソジスト監督シオン教会（African Methodist Episcopal Zion Church)、カラード・メソジスト監督教会（Colored Methodist Episcopal Church、1954 年に Christian Methodist Episcopal Church と改称)、全米ナショナル・バプテスト連盟（National Baptist Convention, U.S.A.)、アメリカ・ナショナル・バプテスト連盟（National Baptist Convention of America)。

(6) Frazier, *The Negro Church in America*, 35-49; フレイジァ『アメリカの黒人教会』、56-78 頁；中島『黒人の政治参加と第三世紀アメリカの出発』、94-96 頁。

(7) Lincoln, *The Black Church Since Frazier*, 116.

(8) W. E. B. Du Bois, *The Souls of Black Folk* ([1903] New York: Oxford University Press, 2007), 129; W・E・B・デュボイス、木島始・鮫島重俊・黄寅秀訳『黒人のたましい』(岩波書店、1992 年)、260 頁。

(9) Booker T. Washington, *Up From Slavery* ([1901] New York: Penguin Putnam Inc., 2000), 57; ブッカー・T・ワシントン、稲澤秀夫訳『奴隷より立ち上りて』(中央大学出版部、1978 年)、75-76 頁。

(10) Frazier, *The Negro Church in America*, 55; フレイジァ『アメリカの黒人教会』、86 頁。

(11) Mays and Nicholson, *The Negro's Church*, 39.

(12) Ibid., 7; Gunnar Myrdal, *An American Dilemma*, vol.2: *The Negro Problem and Modern Democracy* ([1944] New Brunswick, NJ: Transaction Publishers, 1996), 861-862; Frazier, *The Negro Church in America*, 51; フレイジァ『アメリカの黒人教会』、80-81 頁。

(13) Mays and Nicholson, *The Negro's Church*, 7.

(14) Cone, *Speaking the Truth*, 90.

(15) Washington, *Up From Slavery*, 153-154; ブッカー・T・ワシントン、

山形正男ほか訳「アトランタ博覧会での演説（1895年）」『アメリカ古典文庫19 ――黒人論集』斎藤真ほか編（研究社、1975年）、173-174頁。

(16) Washington, *Up From Slavery*, 162-165; ワシントン『奴隷より立ち上りて』、208-211頁。

(17) John T. McCartney, *Black Power Ideologies: An Essay in African-American Political Thought* (Philadelphia: Temple University, 1992), 60-61.

(18) Lincoln and Mamiya, *The Black Church in the African American Experience*, 247.

(19) James H. Cone, *Martin & Malcolm & America: A Dream or a Nightmare* (New York: Orbis Books, 1993), 8; ジェイムズ・H・コーン、梶原寿訳『夢か悪夢か――キング牧師とマルコムX』（日本基督教団出版局、1996年）、30頁。

(20) Du Bois, *The Souls of Black Folk*, 33-44; デュボイス『黒人のたましい』、64-85頁。

(21) W. E. B. Du Bois, *The Autobiography of W. E. B. Du Bois* (New York: International Publishers, 1968), 250.

(22) ニコラス・レマン、松尾弌之訳『約束の土地――現代アメリカの希望と挫折』（桐原書店、1993年）、13頁。

(23) Wallace D. Best, *Passionately Human, No Less Divine: Religion and Culture in Black Chicago, 1915-1952* (Princeton, NJ: Princeton University Press, 2005), 100-117.

(24) Ibid., 94-100.

(25) 以下を参照。Jon Michael Spencer, "The Black Church and the Harlem Renaissance," *African American Review* 30, no.3 (Autumn, 1996), 453-460; Ralph E. Luker, *The Social Gospel in Black and White: American Radical Reform, 1885-1912* (Chapel Hill, NC: The University of North Carolina Press), 1991.

(26) Kenneth L. Smith and Ira G. Zepp, Jr., *Search for the Beloved Community: The Thinking of Martin Luther King, Jr.* (Valley Forge, PA: Judson Press, 1974), 33-45; Lincoln and Mamiya, *The Black Church in the African-American Experience*, 12.

(27) Mays and Nicholson, *The Negro's Church*, 17, 41, 301-302.

(28) E. Franklin Frazier, *Black Bourgeoisie* ([1957] New York: Free Press Paperbacks, 1990), 43-59; E・F・フレイジァ、太田憲男訳『ブラック・

ブルジョアジー』(未來社、1977年)、43-57頁。フレイジァは同書のなかで、主として職種に基づいて黒人中産階級を定義している。すなわち、黒人中産階級を構成している職種は4つあり、それらは3つのホワイト・カラー職——①専門職・技師関係、②経営者・行政官・地主、③事務系・販売系——と、白人社会の基準からするとブルー・カラー職に分類される熟練工や職工長である。このうち、南部ではホワイト・カラー職の多くは黒人に閉ざされていた。フレイジァはまた、黒人中産階級と白人中産階級(=ホワイト・カラー職従事者)の所得中央値にも触れている。それによれば、黒人中産階級の所得中央値は2,000ドル〜2,500ドル程度であるのに対し、白人中産階級の所得中央値は4,000ドルから5,000ドル程度と倍であった。このように、フレイジァが定義する黒人中産階級は、職種と所得の面において白人中産階級の定義に必ずしも対応するものではないため、彼の指摘する1950年当時の黒人中産階級の割合——南部12.4%、北部24.4%、西部24.6%——が、どの程度現実を反映したものであったかについては議論の余地が残る。

(29) 以下を参照。C. Eric Lincoln, *The Black Muslims in America* ([1961] Grand Rapids, Michigan: William B. Eerdmans Publishing Company, 1994), 11-17; 大類久恵『アメリカの中のイスラーム』(寺子屋新書、2006年)、98-109、117-134頁。

(30) Frazier, *Black Bourgeoisie*, 43-59; フレイジァ『ブラック・ブルジョアジー』、42-57頁。

(31) Bayard Rustin, "Terror in the Delta," *Liberation* 1, no.9, October 1956, 17-19.

(32) Clayborne Carson, "Martin Luther King, Jr., and the African-American Social Gospel (1994)," in *African-American Religion*, 345-346;

(33) Ibid., 346-347; The Rev. Martin Luther King, Sr., with Clayton Riley, *Daddy King: An Autobiography* (New York: William Morrow and Company, Inc., 1980), 104-126.

(34) Quoted in Carson, "Martin Luther King, Jr., and the African-American Social Gospel," 347.

(35) Myrdal, *An American Dilemma*, vol.2, 877.

第四章　公民権運動と黒人教会——待つ姿勢から行動主義へ

(1) Steven F. Lawson, *Running for Freedom: Civil Rights and Black Politics in America since 1941* ([1990] Malden, MA: Wiley-Blackwell, 2009), 23-25, 38-45. なお、第二次世界大戦下の人種関係を知るうえで有益

な書は以下。上杉忍『二次大戦下の「アメリカ民主主義」――総力戦の中の自由』(講談社選書メチエ、2000年)、124-186頁。

(2) Martin Luther King, Jr., *Stride Toward Freedom: The Montgomery Story* (New York: Harper & Row Publisher, 1958), 35; M・L・キング、雪山慶正訳『自由への大いなる歩み――非暴力で闘った黒人たち』(岩波新書、1959年)、29-30頁。

(3) Ibid., 85-86; 同書、98-99頁。

(4) August Meier and Elliott Rudwick, "The Origins of Nonviolent Direct Acton in Afro American Protest: A Note on Historical Discontinuities," in *Along the Color Line: Explorations in the Black Experience* (Urbana, Illinois: University of Illinois Press, 1976), 365-366. Reprinted in *Martin Luther King, Jr. and the Civil Rights Movement* (以下、*MLK-CRM* と略記), vol.6: *We Shall Overcome: The Civil Rights Movement in the United States in the 1950s and 1960s*, ed. David Garrow (New York: Carlson Publishing Inc., 1989), 891-892.

(5) Charles U. Smith and Lewis M. Killian, "'The Tallahassee Bus Protest,' Pamphlet, Published by the Anti-Defamation League of B'nai B'rith (February 1958)," in *MLK-CRM*, vol.6, 1017-1039; Lewis M. Killian, "Organization, Rationality and Spontaneity in the Civil Rights Movement," *American Sociological Review* 49 (December 1984), 773, in *MLK-CRM*, vol.5: *We Shall Overcome: The Civil Rights Movement in the United States in the 1950s and 1960s*, 506.

(6) Andrew M. Manis, *A Fire You Can't Put Out: The Civil Rights Life of Birmingham's Reverend Fred Shuttlesworth* (Tuscaloosa, AL: The University of Alabama Press, 1999), 78.

(7) Martin Luther King, Jr., "'Facing the Challenge of a New Age,' Address Delivered at the First Annual Institute on Nonviolence and Social Change (December 3, 1956)," in *The Papers of Martin Luther King, Jr.* (以下、*Papers* と略記), vol.3: *Birth of a New Age, December 1955-December 1956*, ed. Clayborne Carson (Berkeley, CA: Univertisy of California Press, 1997), 452.

(8) この点に関しては、以下の研究書が参考になる。Aldon D. Morris, *The Origins of the Civil Rights Movement: Black Communities Organizing for Change* (New York: The Free Press, 1984), 77-99.

(9) *Statistical Abstract of the United States, 1965*, Bureau of the Census.

(10) ジョーゼフ・H・ジャクソンの政治的神学的思想については、以下の研究書に詳しい。Peter J. Paris, *Black Religious Leaders: Conflict in Unity* (Louisville, KY: Westminster/John Knox Press, 1991), 63-144.

(11) NBCの内部衝突の展開過程については、以下を参照。Joseph H. Jackson, *A Story of Christian Activism: The History of the National Baptist Convention, U.S.A., Inc.* (Nashville, TN: Townsend Press, 1980), 269-495; Charles H. King, Jr., *Fire in My Bones* (Grand Rapids, MI: William B. Eerdmans Publishing Company, 1983), 81-106; Leroy Fitts, *A History of Black Baptists* (Nashville, TN: Broadman Press, 1985), 98-106; Taylor Branch, *Parting the Waters: America in the King Years 1954-1963* (New York: Simon and Schuster, 1988), 335-339, 500-507; Lewis V. Baldwin, *There is a Balm in Gilead: The Cultural Roots of Martin Luther King, Jr.* (Minneapolis, MN: Fortress Press, 1991), 206-224; Wallace Best, "'The Right Achieved and the Wrong Way Conquered': J. H. Jackson, Martin Luther King, Jr., and the Conflict over Civil Rights," *Religion and American Culture: A Journal of Interpretation* 16, no.2 (Summer 2006), 195-226; 黒崎真「アメリカ公民権運動における教会の役割再考」『アメリカ史研究』第31号（2008年)、73-90頁。

(12) Jackson, *A Story of Christian Activism*, 428, 457.

(13) ルイジアナ州バトンルージュのバスボイコット運動（1953年）を指導し、その後SCLC幹部の1人となったT・J・ジェミソンは、1982年にジョーゼフ・H・ジャクソンがNBC議長を辞任すると、新たに議長に就任し、故キングが唱えた公民権運動路線の継承を誓った。そして、NBCはキングの母校モアハウス大学にキングの銅像を寄贈した。

(14) *Statistical Abstract of the United States*, 1965, 1968, Bureau of the Census.

(15) Andrew Young, *An Easy Burden: The Civil Rights Movement and the Transformation of America* (New York: HarperCollins Publishers, 1996), 209.

(16) Quoted in Adam Fairclough, "The Southern Christian Leadership Conference and the Second Reconstruction, 1957-1973," *The South Atlantic Quarterly* 80 (Spring 1981), 183.

(17) Martin Luther King, Jr., *Why We Can't Wait* (New York: Penguin Books, 1964), 67; マーチン・ルーサー・キング、中島和子・古川博巳訳『黒人はなぜ待てないか』(みすず書房、1965年)、79-80頁。

(18) John F. Kennedy, “President John F. Kennedy's Nationally Televised Speech (June 11, 1963),” in *The Eyes on the Prize Civil Rights Reader: Documents, Speeches and Firsthand Accounts from the Black Freedom Struggle 1954-1990*, eds. Clayborne Carson, David J. Garrow, Gerald Gill, Vincent Harding, Darlence Clark Hine ([1987] New York: Penguin Books, 1991), 160-162.
(19) Martin Luther King, Jr., “A Challenge to the Churches and Synagogues,” in *Race: Challenge to Religion: Original Essays and An Appeal to the Conscience from the National Conference on Religion and Race*, ed. Mathew Ahmann (Chicago, IL: Henry Regnery Company, 1963), 167.
(20) “Blake and Corrigan Lead Bias Protest,” *The Christian Century*, July 17, 1963, 902.
(21) 以下に詳しい。James F. Findlay, “Religion and Politics in the Sixties: The Churches and the Civil Rights Act of 1964,” *The Journal of American History* 77 no.1 (June 1990), 66-92; James F. Findlay, Jr., *Church People in the Struggle: The National Council of Churches and the Black Freedom Movement, 1950-1970* (New York: Oxford University Press, 1993).
(22) King, *Why We Can't Wait*, 123; キング『黒人はなぜ待てないか』、156頁。
(23) Clayborne Carson ed., *The Autobiography of Martin Luther King, Jr.* (New York: Warner Books, Inc., 1998), 287; クレイボーン・カーソン編、梶原寿訳『マーティン・ルーサー・キング自伝』(日本基督教団出版局、2001年)、340頁。
(24) Martin Luther King, Jr. “*Playboy* Interview: Martin Luther King, Jr., (January 1965),” in *A Testament of Hope: The Essential Writings and Speeches of Martin Luther King, Jr.* (以下、*ATOH* と略記), ed. James Melvin Washington (New York: HarperCollins, 1986), 346-347.
(25) ゲットー (ghetto) とは、16世紀のヴェニスのユダヤ人地区の呼称であった。のちにそれは、ユダヤ人が閉じ込められていた都市のあらゆる地区を指すようになった。アメリカにおいてゲットーという概念には、皮膚の色に基づいて人々をある特定の地域に限定し、選択の自由を制限するという意味が付加されることになった。
(26) McCartney, *Black Power Ideologies: An Essay in African-American*

*Political Thought*のタイトルにあるように、マカートニーは、“*Ideologies*”という複数形を用いて、多様な民族主義的思想家をブラック・パワーの思想家として扱っている。なお、マルコムXについて、NOI離脱（1964年3月）と聖地メッカへの巡礼（1964年4、5月）以降の彼の思想的深化については、以下を参照。大類久恵「第一回中東・アフリカ歴訪とマルコムX」『アメリカ史研究』第27号（2004年）、71-84頁；『アメリカの中のイスラーム』、136-180頁。また、ブラック・パワー運動の史的意義を再考する有益な論考は以下。藤永康政「ブラック・パワーの挑戦とアメリカン・リベラリズムの危機――デトロイトの黒人ラディカルズとニュー・デトロイト委員会の活動を中心に」『アメリカ史研究』第35号（2012年）、40-58頁。

(27) Lincoln, *The Black Muslims in America*, 25-26. “Black Muslims” という語は、同書のもととなったC・エリック・リンカンの博士論文においてはじめて使用された。NOIのメンバーは、通常自らを “Muslims” と呼んだ。

(28) しかし、イライジャ・ムハンマドの父もマルコムXの父も、正式に任命されたバプテスト牧師というよりは、いわゆる「辻説教者」（Jack-leg preacher）であった。

(29) Louis A. DeCaro, Jr., *Malcolm and the Cross: The Nation of Islam, Malcolm X, and Christianity* (New York: New York University Press, 1998), 3; Chapman, *Christianity on Trial*, 42-43. NOIの教義は、正統派イスラーム教のそれとは多くの点で異なっていた。たとえば、正統派イスラーム教が人種の境界を越えた兄弟愛を説き、イスラーム教の創始者ムハンマドをアッラーの最後の預言者としたのに対し、NOIは黒人種と白人種は分離すべきであるとし、イライジャ・ムハンマドをアッラーの使者と主張した。なお、イライジャ・ムハンマドの宗教思想については、以下を参照。Elijah Muhammad, *Message to the Blackman in America* (Atlanta, GA: Messenger Elijah Muhammad Propagation Society, 1965); *The Supreme Wisdom*, vol.1; *The Supreme Wisdom*, vol.2 (Atlanta, GA: Messenger Elijah Muhammad Propagation Society, 1957)；大類『アメリカの中のイスラーム』、91-180頁。

(30) Muhammad, *The Supreme Wisdom*, vol.2, 38-39.

(31) Muhammad, *Message to the Blackman in America*, 222.

(32) キングは「汝の敵を愛せ」と説いたが、同時に「自分自身を愛せ」とも説いたことはあまり知られていない。キングは「完全なる人生の三次元」(“Three Dimensions of a Complete Life”) という説教のなかで、人生の充実には「第一の次元＝自己愛」「第二の次元＝隣人愛」「第三の次元＝神への愛」

の三次元を建設的に発展させる必要があると説く。つまり、人は健全な意味においてまず「自分自身を愛す」よう命じられているとする。この説教をキングは黒人教会でしばしば行なったが、それはキングの牧師職の初期から、公民権運動の初期から行なわれていた点に注目したい。キングは同時代のブラック・パワーの思想家やこれに共鳴する者からあたかも自己愛を説かなかったかのように批判されたが、それは誤解に基づく、ある意味で不当な批判であったといえる。説教「完全なる人生の三次元」は、たとえば以下に収録されている。Martin Luther King, Jr., *Strength to Love* (New York: Harper & Row Publishers, 1963), 67-77; M・L・キング、蓮見博昭訳『汝の敵を愛せよ』(新教出版社、1965年)、127-145頁。

(33) Malcolm X, *The Autobiography of Malcolm X with the Assistance of Alex Haley* ([1965] New York: Penguin Books, 1968), 321; マルコムX、浜本武雄訳『マルコムX自伝』(河出書房新社、1993年)、281頁。

(34) Louis E. Lomax, *The Negro Revolt* ([1962] New York: Signet Book, 1963), 188-189.

(35) Malcolm X, *The Autobiography of Malcolm X*, 279,318; マルコムX『マルコムX自伝』、237、278-279頁。

(36) Lomax, *The Negro Revolt*, 188.

(37)「ミシシッピ夏期計画」およびこれとならんで結成された「ミシシッピ自由民主党」(Mississippi Freedom Democratic Party) については、以下を参照。Kwame Ture (formerly known as Stokely Carmichael) and Charles V. Hamilton, *Black Power: The Politics of Liberation in America* ([1967] New York: Vintage Books, 1992), 86-97; Clayborne Carson, *In Struggle: SNCC and the Black Awakening of the 1960s* (Cambridge, MA: Harvard University Press, 1981), 111-129; 中島『黒人の政治参加と第三世紀アメリカの出発』、222-239頁；川島正樹『アメリカ市民権運動の歴史——連鎖する地域闘争と合衆国社会』(名古屋大学出版会、2008年)、268-354頁。

(38) 以下を参照。Ture and Hamilton, *Black Power*, 31-81.

(39) Ibid., 44- 47, 71-81.

(40) Ibid., 53-55.

(41) Quoted in Adam Fairclough, *To Redeem the Soul of America: The Southern Christian Leadership Conference and Martin Luther King, Jr.* (Athens, GA: The University of Georgia Press, 1987), 319-320.

(42) Wilmore, *Black Religion and Black Radicalism*, 270; "Negro Baptists Reject Violence," *The Interchurch News* 8, no.3, November, 1966, 8.

(43) Frederick D. Jordan, "Marching Orders," *A.M.E. Church Review* 94, no.236, July-September, 1968, 8-10.
(44) Wilmore, *Black Religion and Black Radicalism*, 266.
(45) Martin Luther King, Jr., *Where Do We Go From Here: Chaos or Community?* (New York: Harper & Row Publishers, 1967), 23-66; マーチン・ルーサー・キング、猿谷要訳『黒人の進む道』(サイマル出版会、1968年)、26-70頁。キングはこの著書のなかで、まずブラック・パワーの積極的側面を述べ、次にその否定的側面を述べている。そのため、読者にはキングがブラック・パワーに否定的であったという印象を与える。しかし、晩年キングの実際の関心は、むしろブラック・パワーの積極的側面の実践に向けられた。この点に即して、本書では、ブラック・パワーに対するキングの理論的対応を整理するにあたり、否定的側面、積極的側面の順に取り上げることにした。
(46) マシーンとは、各地域において有権者に日常サービスを提供する代わりに、その見返りとして選挙の際に票を獲得しようとする政党の地方組織を指す。そのサービスとは、就職斡旋、病院や医師の紹介、法律的助言などで、特に大都市に移住してきたばかりで困難に直面している移民に恩恵をもたらした。シカゴでは1960年代に入ってからも、依然としてマシーンが機能していた。
(47) シカゴ自由運動についての分析は、以下を参照。Fairclough, *To Redeem the Soul of America*, 279-307; David J. Garrow, *Bearing the Cross: Martin Luther King, Jr. and the Southern Christian Leadership Conference* (New York: William Morrow and Company, Inc., 1986), 431-525; James R. Ralph, Jr., *Northern Protest: Martin Luther King, Jr., Chicago, and the Civil Rights Movement* (Cambridge, MA: Harvard University Press, 1993) ; 川島『アメリカ市民権運動の歴史』、356-429頁。; 藤永康政「シカゴ・フリーダム・ムーヴメント——転換期のブラック・アメリカと〈人種〉の再構築」『歴史学研究』第758号 (2002年1月)、16-32頁。
(48) "Jesse Jackson," in *Voices of Freedom: An Oral History of the Civil Rights Movement from the 1950s through the 1980s*, eds. Henry Hampton and Steve Fayer ([1990] New York: Bantam Books, 1991), 301.
(49) Ralph, *Northern Protest*, 204.
(50) "Breadbasket, Passes $2 Million Mark," *Chicago Daily Defender*, August 27-September 2, 1966, 3.
(51) Martin Luther King, Jr., "A Time to Break Silence (April 4, 1967)," in *ATOH*, 231-244.

(52) Lionel Lokos, *House Divided: The Life and Legacy of Martin Luther King, Jr.* (New York: Arlington House, 1968), 404-405.
(53) Martin Luther King, Jr., "Remaining Awake through a Great Revolution (March 31, 1968)," in *A Knock at Midnight*, 219-220; キング『真夜中に戸をたたく』、268 頁。
(54) James R. McGraw, "An Interview with Andrew J. Young," *Christianity and Crisis* 27, no.24, January 22, 1968, 324-330.
(55) Martin Luther King, Jr., "I See the Promised Land (April 3, 1968)," in *ATOH*, 282.

第五章　二極化の現実と黒人教会

(1) 公民権運動以降、黒人社会において、解放は「人種」「階級」だけでなく「性」(ジェンダーやセクシュアリティ) とも関連づけられて論じられてきている。本書では扱わないが、これに関する議論は、以下を参照。Makoto Kurosaki, "The Sociopolitical Role of the Black Church in Post-Civil Rights Era America," *The Japanese Journal of American Studies* 23 (2012), 263-283.
(2) Lincoln and Mamiya, *The Black Church in the African American Experience*, 226.
(3) この研究調査の成果は、以下の研究書としてまとめられている。R. Drew Smith, ed., *Long March Ahead: African American Churches and Public Policy in Post-Civil Rights America* (Durham, NC: Duke University Press, 2004).
(4) R. Drew Smith, "Assessing the Public Policy Practices of African American Churches" in *Long March Ahead*, 11-17.
(5) Ibid., 9.
(6) 詳細な議論は以下。Anthony B. Pinn, *The Black Church in the Post-Civil Rights Era* (New York: Orbis Books, 2002), 17-36.
(7) このような視点からの議論は以下。 Smith, "Assessing the Public Policy Practices of African American Churches," 1, 17-25.
(8) Bayard Rustin, "From Protest to Politics: The Future of the Civil Rights Movement (1965)," in *The American Civil Rights Movement: Readings & Interpretations*, ed. Raymond D'Angelo (New York: McGraw-Hill, 2001), 341-348.
(9) 公民権運動後の黒人の政治参加については、Lawson, *Running for*

Freedom の Chapter 5 以降（150-346 頁）を参照。
(10) 以下を参照。松岡泰『アメリカ政治とマイノリティ――公民権運動以降の黒人問題の変容』（ミネルヴァ書房、2006 年)、50 頁；Rawson, *Running for Freedom*, 126-127, 154, 162. なお、「『プロ』政治家」「黒人の論理」「政治の論理」という表現は、松岡の同書から借用した。
(11) ラテンアメリカ出身者に対する呼称としては、一般的に「ヒスパニック系」（スペイン語圏出身者の意）が用いられる。しかし、ラテンアメリカは白人、黒人、インディオなどの人々がさまざまな割合で混ざり合っている地域であると同時に、スペイン語圏以外にフランス語圏（ハイチ）やポルトガル語圏（ブラジル）もある。そのため、ラテンアメリカ全体の人々を含む用語として、「ラティーノ」が好まれる場合がある。本書では、ラティーノを用いることにする。
(12) 松岡『アメリカ政治とマイノリティ』、45-48 頁。
(13) 黒人の連邦上院・下院議員に関する情報は以下を参照。"Member Profiles, Black America in Congress," http://baic.house.gov/member-profiles/ (accessed October 28, 2010).
(14) 松岡『アメリカ政治とマイノリティ』、45-48 頁。
(15) Pinn, *The Black Church in the Post-Civil Rights Era*, 94-105.
(16) Smith, "Assessing the Public Policy Practices of African American Churches," 19-20.
(17) 以下を参照。William Julius Wilson, *The Truly Disadvantaged: The Inner City, the Underclass,and Public Policy* (Chicago, IL: The University of Chicago Press, 1987); ウィリアム・J・ウィルソン、青木秀男監訳、平川茂・牛草英晴訳『アメリカのアンダークラス――本当に不利な立場に置かれた人々』(明石書店、1999 年)。
(18) Lincoln and Mamiya, *The Black Church in the African American Experience*, 309-310; Pinn, *The Black Church in the Post-Civil Rights Era*, 20.
(19) 黒人教会の文脈において「預言者的役割の伝統」という場合、それは神の言葉を預かり、現状との溝を喚起し神の裁きを説くといった意味だけでなく、黒人コミュニティが抱える政治上、社会上、経済上の問題に関わろうとするという意味でも使用される。以下を参照。Lincoln and Mamiya, *The Black Church in the African-American Experience*, 12.
(20) Lincoln and Mamiya, *ibid.*, 305-306. 以下も参照。アンジェラ・デイヴィス、上杉忍訳『監獄ビジネス――グローバリズムと産獄複合体』(岩波書店、2008 年)。

(21) Sarah Eekhoff Zylstra, "Black Flight: African American Churches Leave the Inner City for the Suburbs," *Christianity Today*, December 30, 2008, http://www.christianitytoday.com/ct/2009/january/8.13.htm (accessed June 26, 2011).
(22) Sam Walker, "Black Churches in America Battle another Foe: Inertia (July 5, 1996)," *Christian Science Monitor*, http://www.csmonitor.com/1996/0705/070596.us.us.4.html (accessed June 26, 2011); Pinn, *The Black Church in the Post-Civil Rights Era*, 107.
(23) Pinn, *The Black Church in the Post-Civil Rights Era*, 107-108.
(24) リバーズの活動については、以下を参照。Wendy Murray Zoba, "Separate and Equal," *Christianity Today* 40, no.2, February 5, 1996, 17-22.

第二部　黒人共同体のスピリチュアリティ——その諸相

第六章　アメリカ黒人と「出エジプト物語」

(1) Albert J. Raboteau, *A Fire in the Bones: Reflections on African-American Religious History* (Boston, MA: Beacon Press, 1995), 17-36.
(2) Zora Neale Hurston, *Moses, Man of the Mountain* ([1939] New York: Harper Perennial, 1991); James Baldwin, *Go Tell It on the Mountain* ([1953] New York: Bantam Dell, 1981); Toni Morrison, *Paradise* ([1997] New York: Plume, 1999).
(3) 「出エジプト物語」が西欧世界に持った政治的意味について研究を行なったマイケル・ウォルツァーは、この物語を「エジプト」(最初)、「荒野」(中間)、「約束の地」(最後) という三段階構成で捉えている。Michael Walzer, *Exodus and Revolution* (New York: Basic Books, 1985), 10-11. この三段階構成は、この物語に対する一般的な解釈だと考えられる。本書では、黒人の想像力にあっては「エジプト」から「荒野」にいたる際の「脱出」というプロセスも重要だったと考えるため、この物語を四段階構成と解釈することにする。
(4) Raboteau, *A Fire in the Bones*, 32.
(5) Eddie S. Glaude, Jr., *Exodus! : Religion, Race, and Nation in Early Nineteenth-Century Black America* (Chicago, IL: The University of Chicago Press, 2000), 54.
(6) Raboteau, *A Fire in the Bones*, 33.
(7) Webber, *Deep Like the Rivers*, 196-197; ウェッバー『奴隷文化の誕生』、

328 頁。
(8) 英語歌詞は以下。“When Israel was in Egypt's land/Let my people go/Oppressed so hard they could not stand/Let my people go/Go down Moses/Way down, in Egypt land/Tell ole Pharaoh/To let my people go.”
(9) Raboteau, *A Fire in the Bones*, 34.
(10) Webber, *Deep Like the Rivers*, 144-145; ウェッバー『奴隷文化の誕生』、248-249 頁。
(11) Frederick Douglass, *The Life and Times of Frederick Douglass* ([1892] New York: Cosimo Classics, 2008), 109.
(12) Henry Highland Garnet, “Let Your Motto Be Resistance! (1843),” in *Let Nobody Turn Us Around: An African American Anthology* (以下、*LNTUA* と略記), eds. Manning Marable and Leith Mullings (Lanham, MD: Rowman & Littlefield Publishers, Inc., 2000), 62-63.
(13) 以下を参照。McCartney, *Black Power Ideologies*, 15-31; Franklin, *From Slavery to Freedom*, 154-157; フランクリン『アメリカ黒人の歴史』、182-186 頁。
(14) McCartney, *Black Power Ideologies*, 46.
(15) Martin R. Delany, “The Condition, Elevation, Emigration, and Destiny of the Colored People of the United States, Politically Considered (1852),” in *LNTUA*, 76, 86.
(16) Du Bois, *The Souls of Black Folk*, 10; デュボイス『黒人のたましい』、18-19 頁。
(17) Edward Wilmot Blyden, “Lecture Delivered at the American Colonization Society, Washington, D.C. (January 19, 1890),” in *LNTUA*, 156.
(18) Ibid., 151.
(19) Henry McNeal Turner, “Emigration to Africa (1883),” in *African American Religious History: A Documentary Witness* (以下、*AARH* と略記), ed. Milton C. Sernett (Durham, NC: Duke University Press, 1999), 292-293.
(20) Sojourner Truth, *Narrative of Sojourner Truth*, ed. Nell Irvin Painter ([1884] New York: Penguin Books, 1998), 159-160, 235-236.
(21) 黒人のカンザス移住に関する詳細な研究は、以下。Nell Irvin Painter, *Exodusters: Black Migration to Kansas after Reconstruction* ([1977] New York: W・W・Norton & Company, 1992).

(22) Milton C. Sernett, *Bound for the Promised Land: African American Religion and the Great Migration* (Durham, NC: Duke University Press, 1997), 11, 57-58.
(23) Ibid., 61-64.
(24) Ibid., 65-80.
(25) Claude Brown, *Manchild in the Promised Land* ([1965] New York: A Touchstone Book, 1999),7-8; クロード・ブラウン、小松達也訳『ハーレムに生まれて――ある黒人青年の手記』(サイマル出版会、1971 年)、7 頁。
(26) ガーヴェイの思想・運動については、以下を参照。McCartney, *Black Power Ideologies*, 74-90; ジョン・ホープ・フランクリン、オーガスト・マイヤー編、大類久恵・落合明子訳『20 世紀のアメリカ黒人指導者』(明石書店、2005 年)、186-241 頁。
(27) フランクリン、マイヤー『20 世紀のアメリカ黒人指導者』、229-230 頁。
(28) Sernett, *Bound for the Promised Land*, 81-82.
(29) King, *Stride Toward Freedom*, 86; キング『自由への大いなる歩み』、99 頁。
(30) Martin Luther King, Jr., "Address to MIA Mass Meeting at Holt Street Baptist Church (March 22, 1956)," in *Papers*, vol.3, 200.
(31) *Report of the National Advisory Commission on Civil Disorders* (New York: Bantam Books, 1968), 1.
(32) Martin Luther King, Jr., "I See the Promised Land (April 3, 1968)," in *ATOH*, 286.
(33) Barack Obama, "Remarks at the Selma Voting Rights March Commemoration in Selma, Alabama (March 4, 2007)," The American Presidency Project, http://www.presidency.ucsb.edu/ws/index.php?pid=77042 & st=Joshua & st1= (accessed February 23, 2010).
(34) Robert Allen Warrior, "A Native American Perspective: Canaanites, Cowboys, and Indians (1989)," in *Voices from the Margin: Interpreting the Bible in the Third World*, ed. R. S. Sugirtharajah (New York: Orbis Books, 2006), 237.
(35) Delores S. Williams, *Sisters in the Wilderness: The Challenge of Womanist God-Talk* (New York: Orbis Books, 1993), 89-90, 114-115, 150-152.
(36) たとえば、以下を参照。John Winthrop "A Modell of Christian Charity," in *God's New Israel: Religious Interpretations of American*

Destiny, ed. Conrad Cherry ([1971] Chapel Hill, NC: The University of North Carolina Press, 1998), 37-41; ジョン・ウィンスロップ、大西直樹訳「キリスト教的慈愛のひな形」、亀井俊介・鈴木健次監修、遠藤泰生編『史料で読むアメリカ文化史1――植民地時代15世紀末～1770年代』(東京大学出版会、2005年)、88-97頁；鈴木有郷「アメリカ・プロテスタント思想とアメリカのヴィジョン」、森孝一編『現代アメリカ5――アメリカと宗教』(日本国際問題研究所、1997年)、218-242頁；Robert N. Bellah, *The Broken Covenant: American Civil Religion in Time of Trial* ([1975] Chicago, IL: The University of Chicago Press, 1992); ロバート・N・ベラー、松本滋・中川徹子訳『破られた契約――アメリカ宗教思想の伝統と試練』(未來社、1983年)。

(37) Barack Obama, "President-Elect Victory Speech (November 4, 2008)," American Rhetoric, http://www.americanrhetoric.com/speeches/convention2008/barackobamavictoryspeech.htm (accessed February 23, 2010).

(38) Barack Obama, "Presidential Inaugural Address (January 20, 2009)," American Rhetoric, http://www.americanrhetoric.com/speeches/barackobama/barackobamainauguraladdress.htm (accessed February 23, 2010).

第七章　黒人教会の霊的活力

(1) Lincoln and Mamiya, *The Black Church in the African American Experience*, 441.

(2) Walker, *Somebody's Calling My Name*, 22；ウォーカー『だれかが私の名を呼んでいる』、26頁。

(3) "Program for MIA Mass Meeting at First Baptist Church (December 15, 1955)," in *Papers*, vol.3, 84-85.

(4) Walker, *Somebody's Calling My Name*, 22, 180, 183; ウォーカー『だれかが私の名を呼んでいる』、25-26、253-254、257頁。

(5) Carter, *The Prayer Tradition of Black People*, 19, 99-116.

(6) King, *Stride Toward Freedom*, 61; キング『自由への大いなる歩み』、68頁。

(7) Quoted in Preston Valien, "The Montgomery Bus Protest as a Social Movement," in *MLK-CRM*, vol.7, 91.

(8) King, *Stride Toward Freedom*, 80; キング『自由への大いなる歩み』、89

頁。
(9) Ibid., 136, 138; 同書、171-174 頁。
(10) 英語の歌詞は以下。“My country, 'tis of thee/Sweet land of liberty/Of thee I sing/Land where my father died/Land of the pilgrim's pride/From every mountainside/Let freedom ring.”
(11) Coretta Scott King, *My Life with Martin Luther King, Jr.* ([1969] New York: Puffin Books, 1994), 119.
(12) Jon Michael Spencer, “Freedom Songs of the Civil Rights Movement,” *The Journal of Black Sacred Music* 1 no.2 (Fall 1987), 9.
(13) Bayard Rustin, “Montgomery Diary,” *Liberation* 1, no.2 (April 1956), 8. 英語歌詞は以下。
“We are moving on to vict'ry/With hope and dignity/We shall all stand together/‘Til every one is free/We know love is the watchword/For peace and liberty/Black and white all are brothers/To live in harmony/We are moving on to vict'ry/With hope and dignity.”
(14) King, *Stride Toward Freedom*, 74; キング『自由への大いなる歩み』、81 頁。
(15) Rustin, “Montgomery Diary,” 8
(16) King, “Why Jesus Called a Man a Fool,” in *A Knock at Midnight*, 161; キング『真夜中に戸をたたく』、201 頁。
(17) King, *Stride Toward Freedom*, 134-135; キング『自由への大いなる歩み』、168-169 頁。
(18) King, “Walk for Freedom (May 1956),” in *Papers*, vol.3, 279-280.
(19) Cone, “Black Theology-Black Church,” in *MLK-CRM*, vol.1, 212.
(20) Hortense J. Spillers, “Martin Luther King and the Style of the Black Sermon,” in *MLK-CRM*, vol.3, 877.
(21) King, “Address to the First Montgomery Improvement Association (MIA) Mass Meeting,” in *A Call to Conscience*, 99; キング『私には夢がある―― M・L・キング説教・講演集』、21 頁。
(22) Ibid., 10; 同書、22-23 頁。
(23) 梶原寿「黒人説教者としての M. L. キング」『名古屋学院大学　外国語学部論集』創刊号 (1990 年)、205 頁。
(24) Cone, “Black Theology-Black Church,” in *MLK-CRM*, vol.1, 212.
(25) Cone, *God of the Oppressed*, 17-18; コーン『抑圧された者の神』、43-44 頁。

(26) Ibid., 18; 同書、44-45 頁。
(27) Quoted in David J. Garrow, "Martin Luther King, Jr. and the Spirit of Leadership," *The Journal of American History* 74, no.2 (September 1987), 443.
(28) Walker, *Somebody's Calling My Name*, 183-184; ウォーカー『だれかが私の名を呼んでいる』、258-260 頁。

第八章　ソウル・フード

(1) Sheila Ferguson, *Soul Food: Classic Cuisine from the Deep South* (New York: Grove Press, 1989), vii.
(2) Scott Hocker, "Oakland in midst of soul food renaissance," *San Francisco Chronicle*, August 18, 2004, http://www.sfgate.com/bayarea/aticle/Oakland-in-midst-of-soul-food-renaissance-2701066.php (accessed October 29, 2004).
(3) 映画『ソウル・フード』(1997 年) のホームページ http://www.foxhome.com/soulfood/htmls/soulfood.html (accessed August 1, 2004)
(4) Word Reference. Com Dictionary, http://www.wordreference.com/definition/soul+food (accessed October 28, 2004).
(5) free-definition.com, http://www.free-definition.com/Soul-food.html (accessed October 28, 2004)
(6) Sam Bowers Hilliard, *Hog Meat and Hoecake: Food Supply in the Old South, 1840-1860* (Carbondale and Edwardsville, IL: Southern Illinois University Press, 1972), 43.
(7) Hilliard, *Hog Meat and Hoecake*, 56.
(8) Ibid., 55-59.
(9) 以下を参照。Sidney W. Mintz, *Tasting Food, Tasting Freedom: Excursions into Eating, Culture, and the Past* (Boston, MA: Beacon Press, 1996); シドニー・W・ミンツ、藤本和子編訳『[聞書] アフリカン・アメリカン文化の誕生――カリブ海域黒人の生きるための闘い』(岩波書店、2000 年)、204-223 頁。
(10) ミンツ『アフリカン・アメリカン文化の誕生』、217 頁。
(11) 同書、209 頁。
(12) 同書、207 頁。
(13) 同上。
(14) 同書、217 頁。

(15) 同書、206 頁。
(16) Rawick, *From Sundown to Sunup*, 39; ローウィック『日没から夜明けまで』、62 頁。
(17) Ibid., 40; 同書、63 頁。
(18) Ibid., 41-42; 同書、65-66 頁。
(19) Hocker, "Oakland in midst of soul food renaissance."
(20) キング牧師の贖罪信仰については、以下を参照。梶原寿『み足の跡をしたいて――キング牧師における信仰のかたち』(新教新書、2000 年)。
(21) King, *Strength to Love*, 56; キング『汝の敵を愛せよ』、79 頁。
(22) Ture and Hamilton, *Black Power*, 55.
(23) Hocker, "Oakland in midst of soul food renaissance."
(24) Frazier, *Black Bourgeoisie*, 86; フレイジァ『ブラック・ブルジョアジー』、86 頁。
(25) Ibid., 213-232; 同書、215-236 頁。
(26) Ture and Hamilton, *Black Power*, 30-31, 40-41.
(27) Laretta Henderson, "Ebony Jr! and 'Soul Food': The Construction of Middle-Class African American Identity through the Use of Traditional Southern Foodways," *MELUS* 32, no.4 (Winter 2007), 81-82.
(28) Eldridge Cleaver, *Soul On Ice* ([1968] New York: A Delta Book, 1991), 49; エルドリッジ・クリーヴァー、武藤一羊訳『氷の上の魂』(合同出版、1969 年)、50 頁。
(29) 以下の二冊を参照。Elijah Muhammad, *How To Eat To Live: Book One* ([1967] Phoenix, AZ: Secretarius MEMPS Ministries, 1997); *How To Eat To Live: Book Two* ([1972] Phoenix, AZ: Secretarius MEMPS Ministries, 1997).
(30) Muhammad, *The Supreme Wisdom*, vol.2, 70.
(31) Du Bois, *The Souls of Black Folk*, 130-131; デュボイス『黒人のたましい』、263-264 頁。
(32) Frederick Douglass Opie, *Hog & Hominy: Soul Food from Africa to America* (New York: Columbia University Press, 2008), 74-82.
(33) Ibid., 33-35, 91-100.
(34) Claudia Kalb and Anna Kuchment, "Saving Soul Food," *Newsweek* 147, no.5, January 30, 2006, 54-55.
(35) これまでに参照した資料に加え、以下を参照。"Soul Food Gets a Healthy Makeover in Time for American Heart Month and Black History

Month," *Business Wire, Inc.*, February 5, 2004, http://web.lexis-nexis.com/universe/printdoc (accessed June 16, 2004); "Who's Serving up the Soul Food?" *Chicago Sun-Times, Inc.*, May 14, 2003, http://web.lexis-nexis.com/universe/document?_m=12def36ebb58a55af517b7e548… (accessed June 17, 2004).

第九章　ヒップホップ

(1) DJは「ディスクジョッキー」の頭文字で、主に2台のターンテーブルを駆使し音楽を流す行為を指す。MCは「マスター・オブ・セレモニー」「マスクロフォン・コントローラー」「ムーブ・ザ・クラウド」などの頭文字で、DJが流す音楽に合わせて聴衆に語りかける行為を指す。MCは徐々に自己主張の側面を強め、いわゆる「ラップ」に発展した。ブレイキングは、ヒップホップ音楽に合わせてアクロバティックに踊るダンス・スタイルを指す。グラフィティは、スプレー缶を使って電車や壁などに自分の名前などを描く行為を指す。

(2) ヒップホップの歴史、意義、課題に関する文献のなかで、邦語で入手可能な良書は以下。ジェフ・チャン、押野素子訳『ヒップホップ・ジェネレーション――「スタイル」で世界を変えた若者たちの物語』(リットーミュージック、2007年);S・クレイグ・ワトキンス、菊池淳子訳『ヒップホップはアメリカを変えたか?――もう一つのカルチュラル・スタディーズ』(フィルムアート社、2008年);トリーシャ・ローズ、新田啓子訳『ブラック・ノイズ』(みすず書房、2009年);ネルソン・ジョージ、高見展訳『ヒップホップ・アメリカ』(ロッキング・オン、2002年)。

(3) Baraki Kitwana, *Why White Kids Love Hip-Hop: Wankstas, Wiggers, Wannabes, and the New Reality of Race in America* (New York: Basic Civitas Books, 2005), 150. 今日ヒップホップは、もはや黒人若者文化におけるサブカルチャーの1つではなく、黒人若者文化そのものであるという議論が出てくることも予測される。しかし、ここではかつて『ソース』(*Source*)誌の編集長を務め、ヒップホップに関する論考を多数出しているキトワナの解釈に従うこととする。

(4) Darius Prier and Floyd Beachum, "Conceptualizing a critical discourse around hip-hop culture and Black male youth in educational scholarship and research," *International Journal of Qualitative Studies in Education* 21, no.5 (September-October 2008), 519.

(5) Pew Research Center, "Black See Growing Values Gap between Poor and Middle Class," November 13, 2007, 42, http://www.pewsocialtrends.

org/files/2010/10/Race-2007.pdf (accessed October 22, 2010)
(6) 商業的成功度という点に関し一例を挙げると、1990年代末にレコード業界は社会的、政治的意識の高いラップ音楽アルバムの売上は20万枚に対し、女性蔑視——「でかいケツの売春婦」(“Big Booty Hos”) ——を語るラップ音楽の売上は200万枚になると見込んだ。以下を参照。Daniel White Hodge, *The Soul of Hip Hop: Rims, Timbs And A Cultural Theology* (Downer Grove, IL: InterVarsity Press, 2010), 56. 女性の自立を歌うラップ音楽に関する論考は、たとえば以下。Layli Phillips, Kerri Reddick-Morgan, and Dionne Patricia Stephens, “Oppositional Consciousness within an Oppositional Realm: The Case of Feminism and Womanism in Rap and Hip Hop, 1976-2004,” *Journal of African American History* 90, no.3 (Summer 2005), 253-277; Robin Roberts, “Music Videos, Performance and Resistance: Feminist Rappers,” *Journal of Popular Culture* 25, no.2 (Fall 1991), 141-152. 神や「スピリチュアリティ」の次元に触れるラップ音楽については、本章で考察する。
(7) この調査結果は、以下の論文のなかにまとめられている。Debashis “Deb” Aikat, “Streaming Violent Genres Online: Visual Images in Music Videos on BET.com, Country.com, MTV.com, and VH1.com,” *Popular Music and Society* 27, no.2 (June 2004), 225.
(8) Ibid., 221-240. 補足として、以下の論文にも触れておく。Kate Conrad, Travis L. Dixon, and Yuanyuan Zhang, “Controversial Rap Themes, Gender Portrayals and Skin Tone Distortion: A Content Analysis of Rap Music Videos,” *Journal of Broadcasting & Electronic Media* 53, no.1 (March 2009), 134-156. この論文では、2006年に制作されたミュージック・ビデオのうちＭＴＶ、ＢＥＴ、ＶＨ１の年末カウントダウンに登場したラップのミュージック・ビデオ108本の内容と映像表象が分析され、その結果、次の3点が指摘された。

第1は、ビデオのテーマについてである。1990年代半ばまではギャングスタ・ラップに見られる暴力や犯罪が支配的であったが、今日その比重は物質主義とミソジニー（女性嫌悪）にシフトする傾向にある。登場人物の黒人男性は、高価な服や宝石や高級車を購入し、豪勢な生活をする者として映し出される。他方、黒人女性の登場人物は、黒人男性の従属物として映し出される。1980年代から1990年代には、ギャングスタ・ラップとならび政治意識や社会意識の高いラップもあったが、そのようなテーマは調査対象となったミュージック・ビデオのなかにはほとんど出てこない。

第２は、登場人物のジェンダー表象についてである。まず、ラップ音楽が黒人男性中心の音楽であることから、黒人男性が黒人女性より登場する。次に、黒人女性が登場する場合、そこには男性優位の伝統的なステレオタイプとミソジニーが認められる。黒人女性は、美しく性的魅力を備え、露出度の高い服をまとい、挑発的に踊り、黒人男性にこびる者、黒人男性が「買える」対象として映し出される。また、黒人女性は一個の人間というより胸、尻、足など身体のパーツに還元される形で映し出される。

第３は、登場人物の肌の色（黒さ）と顔立ち（鼻、唇、髪）の表象についてである。黒人男性と黒人女性と比較した場合、登場する黒人男性は黒人女性と比べ、より「アフリカ的」とみなされる肌の色と顔立ちを持ち、黒人女性はより「ヨーロッパ的」とみなされる肌の色と顔立ちを持つ傾向がある。黒人男性の場合、実際にはどのような肌の色と顔立ちもあり得るが、黒人女性の場合はより「ヨーロッパ的」とみなされる肌の色と顔立ちが美の基準とされており、これは黒人女性がきわめて低い位置に置かれていることを示唆する。

(9)　規制派と擁護派の論点に関する有益な書は以下。Tricia Rose, *The Hip Hop Wars: What We Talk About When We Talk About Hip Hop – and Why It Matters* (New York: Basic Civitas Books, 2008). 複数の文献から得られる規制派と擁護派の主要な論点、およびそれらに対する分析を筆者なりにまとめると、長くなるが、次のようになる。

まず、規制派の最大の論点は、攻撃的で侮蔑的な言葉、暴力、女性蔑視、物質主義を美化するラップ音楽は、黒人に対する否定的なステレオタイプを強化するという点である。

こうしたラップ・アーティストは、奴隷制から公民権運動にいたるまで、黒人が白人に使用させないよう懸命に闘ってきた黒人に対する差別用語である「ニガー」という言葉をなぜわざわざ使うのか。歴史的に人種差別、性差別、階級差別という三重の差別にさらされてきた黒人女性が、それらによって生み出された負の遺産を克服しようと努力しているなかにあって、黒人女性をおとしめる「ビッチ」「ホウ」などの言葉をなぜわざわざ使うのか。また、こうした種類のラップ音楽は、インナーシティの黒人若者を、男性は暴力的、犯罪者的、ハイパー・マスキュリンな存在として、女性は性的魅力で黒人男性にこびるハイパー・セクシュアルな存在として描く。そうした描写は、実に黒人男性と黒人女性に対して歴史的に作られ信じられてきた「野獣」「ジェゼベル」といった否定的なステレオタイプに合致する。こうしたラップ・アーティストは、黒人若者は暴力的で潜在的に犯罪者であるという偏ったイメージを、報道番組からたんにエンターテイメントに拡大しただけではないか。それは、現代版ミン

ストレル・ショー（minstrel show、焼きコルクで顔を黒く塗った〈blackface〉白人によって演じられた、踊りや音楽、寸劇などを交えた19世紀アメリカの大衆芸能。そこでの黒人像は多分に紋切り型で戯画化された）であり、黒人に対する否定的なステレオタイプをアメリカ主流社会と世界において強化するだけではないか。このような憂慮は、ラップ音楽の視聴者のなかに郊外に住む白人若者が多数含まれているという点に照らすと、いっそう強まる。

これまで、ラップ音楽の購買者の7割近くは郊外に住む白人若者であると、しばしば指摘されてきた。ジャーナリストのバラキ・キトワナは、サウンドスキャンを使って割り出されたとされるこの数値について、算出方法自体の問題点を指摘し、実際には正確な割合はわからないと指摘する。キトワナは、ラップ音楽は黒人若者の視聴者なしでは決して成り立たない点を強調しつつ、白人若者の購買者も多いことは確かだとする。

郊外に住む白人若者がこうした種類のラップ音楽をなぜ視聴するのかについての説明は、仮説の域を出ないが、いくつかある。第1は、主流社会や年配世代に対する反抗精神は人種を問わず若い世代なら誰でも持ち得るもので、その点において白人若者も共感できる部分があること。第2は、黒人社会との接触がほとんどない郊外に住む裕福な白人若者にとって、このような種類のラップ音楽が描くインナーシティは、別世界に触れる一種の「旅行」のような刺激を与えること。それは、未知なるものを鍵穴から覗くようなスリルと興奮を与えてくれる。そして、第3は、メディア企業による広告戦略である。メディア企業は、白人のほうが黒人よりも購買力があるという前提に立ち、白人顧客獲得のために、購買者には白人若者が多いと意図的に誇張してきた。

ラップ音楽を郊外に住む白人若者がどのように視聴するのかは、個人差がある。しかし、彼らの日常生活が実際の黒人社会との接点をほとんど持たないという点に照らすと、一般的傾向として次の点を指摘できる。すなわち、郊外に住む白人若者がラップ音楽を一種の「旅行」「覗き」として消費することは、同時にラップ音楽の描く世界と自分たちの日常生活とが結局はいかに異なるかということを彼らが再確認するプロセスでもある。郊外に住む白人若者にとってこうした種類のラップ音楽は、スリルと興奮をもたらす一方で、インナーシティの黒人若者を「異質な他者」と認知させ、黒人若者に対する否定的なステレオタイプを打破するより、維持する効果を持ち得る。

次に、規制派のもう1つの論点は、このような種類のラップ音楽が黒人若者の価値観、世界観、振る舞いに与える否定的な影響である。

1960年代までとそれ以降とを比較した場合、相対的に見て60年代まで黒人若者の多くは、価値観、世界観、立ち居振る舞いを家族、学校、教会を通じ

て身につけてきた。しかし、現在ではこうした社会組織の影響力は低下し、代わって彼らはヒップホップ（ラップ音楽）のメッセージを通じてそれらを身につけていくとされる。そして、ある調査によれば、一般的に十代の黒人若者は、1日平均3.3時間ミュージック・ビデオを視聴する。これらの点に照らすと、次の懸念が生ずる。このような種類のラップ音楽との接触時間が長く恒常的であるほど、暴力、女性蔑視、物質主義といった価値観、世界観を自然なものとみなし、そのように振る舞う可能性は高まるのではないか。

この懸念は研究者の関心を引き、1990年代半ばごろからは社会学的調査も数多く行なわれてきた。これまでに行なわれてきた社会学的調査研究の大半は、十代の黒人男子の振る舞いについてこの仮説を支持する結論を下している。また、十代の黒人女子の振る舞いについてもこの仮説を支持する結論を下す研究は多く、そこではラップのミュージック・ビデオに映し出される黒人女性の性的振る舞いを不自然とは思わず真似し、その結果、エイズなど健康へのリスクも高まる傾向が指摘される。さらに黒人女子の場合、「ヨーロッパ的」な肌の色や顔立ちを美の基準として描くラップのミュージック・ビデオを視聴することにより、その基準に合致しないと感じる黒人女子に対しては、自尊心の欠如をもたらす可能性も指摘される。

ただし、これまでの社会学の調査研究は、黒人若者がこうした種類のラップ音楽とは異なるラップ音楽をどのように視聴しているかをほとんど研究対象としていない。したがって、黒人若者がラップ音楽全体のなかでどのような種類のものを視聴し、その視聴の仕方が彼らの価値観や振る舞いにどのように影響するのかはいっそう複雑な問題であり、これは今後の研究課題として残されている。以上が規制派の主要な論点である。次に、擁護派の論点を見ていく。

まず、擁護派の最大の論点は、ラップ・アーティストはインナーシティの現実を歌っているにすぎないというものである。すなわち、暴力、女性蔑視、物質主義を美化するようなラップ音楽を規制したとしても、そうしたラップ音楽を生み出しているインナーシティの問題は依然として残り続ける。むしろ、インナーシティの現実を主流社会に訴える数少ないコミュニケーション手段であるラップ音楽は、規制されるべきではない。ラップ音楽が黒人若者の間に暴力や犯罪を誘発するとする規制派の議論は、社会悪の原因をラップ・アーティストに帰し、インナーシティの現実を隠蔽するものである。

ラップ音楽がインナーシティの現実を歌っているという主張には、一定の留保が必要である。ヒップホップの研究者ジェフ・チャンは、1990年代前半に影響力を持った西海岸を中心とするギャングスタ・ラップについて、それは東海岸で登場した政治意識の高いラップ音楽とは異なるタイプのラップ音楽を模

索するなかから生まれ、かつラップ音楽の歌詞を極限まで過激にしようと模索するラップ・アーティストの野心が生み出したものであったと指摘する。ギャングスタ・ラップは、ラップ・アーティストの実体験に基づきつつも、そこには最初から誇張の要素が介在していた。

加えて、ラップ音楽のアルバムは、メディア企業が利益を生み出すための商品として制作される以上、そこに誇張や創作が加えられることは、むしろ自然の成り行きである。社会学者S・グレイグ・ワトキンスは、ラップのミュージック・ビデオの映像には、魅惑的な女性、ポン引きやドラッグ売人などが頻繁に登場するが、これらはインナーシティのストリート・カルチャーを「リアル」に見せるためのお決まりの演出であると指摘する。

しかし、このような一定の留保を設けたうえでなお、ラップ音楽がラップ・アーティストの実体験に基づいているという点は重要である。彼らの実体験とは、社会学者ウィリアム・J・ウィルソンが「アンダークラス」という語を用いて理解を試みた現実を指す。これについては本書の第五章第三節ですでに触れたが、次の諸点も指摘したい。

1970年代半ば以降、政治面に目を転じると、保守派政治家の擡頭により、アメリカは「法と秩序」を重視し、市場原理と社会福祉縮小を掲げる「小さな政府」に舵を切りはじめた。この流れは、1980年代の共和党レーガン政権により確実となり、ブッシュ・ジュニア政権まで受けつがれていくことになった。人種関係について、保守派政治家の認識の特徴は、1964年公民権法と1965年投票権法の成立により、すべての人に「平等の機会」が与えられるようになったと見る点にある。そのため、一般的に保守派政治家は、インナーシティに集中する諸問題は、黒人若者の自己責任であり、黒人若者が「平等の機会」を活用しそこなった結果であるとみなした。インナーシティが抱える諸問題の原因を、社会構造上また経済構造上ではなく、黒人若者の文化的特性と結びつける議論が支配的となったのである。

「法と秩序」、黒人若者の文化的特性の議論と結びついて登場した政策の1つは、1980年代のレーガン政権期以降進む「麻薬との戦争」の強化であった。その結果、全体の受刑者に占める麻薬関連受刑者数は、1970年代に16%であったが、2004年までに54%に激増した。この増加する麻薬関連受刑者の多くは黒人である。麻薬消費者全体のなかで黒人が占める割合は13%程度であるにも関わらず、実際に麻薬取引違反で収監される者のうち、4人に3人は黒人となる。白人と黒人との間で、投獄率にこのような矛盾と差が出る理由は、麻薬取締の対象が、郊外の白人居住区は実施しづらいという理由から、インナーシティの貧困地区に集中するからであった。その結果、監獄者数全体に占める

黒人の割合は40％（2005年）になるという、著しい人種の不均衡が生じている。

さらに、問題はインナーシティの貧困黒人の監獄者数の増加という統計上の数字だけではない。それは、監獄が社会復帰の場ではなく、インナーシティの社会的荒廃を再生産する場となっている点である。バラキ・キトワナによれば、黒人若者がギャングのメンバーに加わる最初の場所は、監獄である。暴力が蔓延する監獄で安全でいるためには、監獄内のギャング集団のいずれかに属し、守ってもらう必要がある。その結果、麻薬取引という軽犯罪、暴力を伴わない犯罪で収監された黒人若者は、監獄内で暴力化し、出所後はストリートでギャング組織のネットワークのなかで働き、再び収監される際には、重罪、暴力犯罪が原因となるというサイクルが生まれる。さらに、黒人男性の収監者数とともに黒人女性の収監者数も多いことは、インナーシティの家庭崩壊を促進する要因となる。

キトワナは、ラップ音楽に見られる女性への侮蔑的な呼称、女性蔑視の態度は、このような文脈から生じている側面を指摘する。すなわち、監獄、ストリートを通して黒人若年男性の忠誠心は、黒人女性を犠牲にしても、黒人男性集団内の秩序維持に向けられるのである。

黒人若者が置かれた以上の現実に照らすならば、攻撃すべきはラップ音楽ではなく、それを生み出したインナーシティの現実でなければならないという擁護派の主張は説得力を持つ。

次に、擁護派のもう1つの論点は、合衆国憲法修正第1条で保障された表現の自由の権利、そしてラップ・アーティストの創造性は守られなければならないとするものである。個人により許容できる歌詞や表現の範囲は大きく異なり、一律な線引きはできない。アメリカが民主主義国家であるならば、表現の自由を認めたうえで、それを聴くか聴かないかは個人の選択の自由に委ねられるべきである。ラップ音楽のなかに反社会的、反道徳的な歌詞や表現があるとしても、表現の自由の権利に照らして守られなければならない。そのような歌詞や表現を検閲するという行為は、1950年代前半に共産主義の国内への浸透を極度に恐れて擡頭したマッカーシズム＝「赤狩り」のときと同じで、アメリカ民主主義にとり、きわめて危険である。このように、擁護派はアメリカ民主主義、表現の自由の権利に結びつけて、このような種類のラップ音楽の擁護論を展開する。

表現の自由と結びつける擁護派の論点は説得力を持つが、これも一定の留保が必要である。この擁護論は、メディア企業との関係で見た場合、利潤追求を正当化するための論法として使用されている感は否めない。これを確かめるた

めには、次の問いを発すればよい。すなわち、攻撃的で侮蔑的な表現を用い、暴力、女性蔑視、物質主義を美化するラップ音楽の登場人物全員を白人の男女に変えた場合、それでも企業はこのようなアルバムを大量に制作し販売し続けるか、である。研究者は次の点を指摘する。1990年代にギャングスタ・ラップが利益と論争を生むと判明するや、企業は郊外に住む白人若者をターゲットに積極的な広告戦略に出た。同様に、2000年代に入り、女性蔑視と物質主義を美化するラップ音楽が利益と論争を生むことが判明するや、メディア企業はむしろこの種のアルバム制作に力を入れるようになった、と。したがって、メディア企業側が利潤追求の観点から、特定の黒人若者イメージの商品化を進めてきた側面は否定できない。

ここに取り上げた議論については、以下を参照。Baraki Kitwana, *The Hip Hop Generation: Young Blacks and the Crisis in African American Culture* (New York: BasicCivitas Books, 2002), 76-77, 101; Kitwana, *Why White Kids Love Hip-Hop*, 26-106; Prier and Beachum, "Conceptualizing a critical discourse around hip-hop culture and black male youth in educational scholarship and research," 522; Shani H. Peterson, Gina M. Wingood, Ralph J. DiClemente, Kathy Harrington, and Susan Davies, "Images of Sexual Stereotypes in Rap Videos and the Health of African American Female Adolescents," *Journal of Women's Health* 16, no.8 (October 2007), 1157-1164; Conrad, Dixon, and Zhang, "Controversial Rap Themes, Gender Portrayals and Skin Tone Distortion," 152;（以下の英文記事は、LexisNexis Academicより検索）"Industry Must Fight Against Censorship: Foes of Free Speech are Using Their Political Power," *Billboard*, October 10, 1992, Section: Commentary, 4."Rap Music Mirrors Its Environment," *Billboard*, November 27 1993, Section: Commentary, 6; "Let's Have Community Debates Over Rap," *Billboard*, July 1, 1995; "Big World of Rock: Rappers Hold Key to Ending Gun," *Birmingham Post*, January 9, 2007, Section: Features, 15；チャン『ヒップホップ・ジェネレーション』、516頁；ワトキンス『ヒップホップはアメリカを変えたか』、101-102、210頁；デイヴィス『監獄ビジネス』；ロイック・ヴァカン、森千香子・菊池恵介訳『貧困という監獄――グローバル化と刑罰国家の到来』（新曜社、2008年）。

(10) これと関連する議論は以下。Patricia Hill Collins, *From Black Power to Hip Hop: Racism, Nationalism, and Feminism* (Philadelphia, PA: Temple University Press, 2006), 1-12.

(11) bell hooks, "Sexism and Misogyny: Who Takes the Rap?" March 9, 1994, http://race.eserver.org/misogyny.html (accessed September 21, 2010).
(12) Michael Eric Dyson, *Between God and Gangsta Rap: Bearing Witness to Black Culture* (New York: Oxford University Press, 1996), xiii-xiv, 185-186.
(13) Anthony B. Pinn, "Making a World with a Beat: Musical Expression's Relationship to Religious Identity and Experience," in *Noise and Spirit: The Religious and Spiritual Sensibilities of Rap Music*, ed. Anthony B. Pinn (New York: New York University Press, 2003), 4; Cone, *The Spirituals and the Blues*, 98; コーン『黒人霊歌とブルース』、182 頁。
(14) Cone, *The Spirituals and the Blues*, 106; コーン『黒人霊歌とブルース』、197 頁。
(15) Ibid., 100; 同書、185 頁。
(16) Ibid., 121-122; 同書、223-224 頁。英語歌詞は以下。"They say we are the Lawd's children/I don't say that ain't true/They say we are the Lawd's children/I don't say that ain't true/But if we are the same like each other, ooh, well, well, why do they treat me like they do?/I want to live on children, children, I would like to see."
(17) Ibid., 124, 126; 同書、228、232 頁。英語歌詞は以下。"Great gawdamighy, folks feelin' bad/Lost everything they ever had."; "Lord, there's one kind favor I ask of you/Please see that my grave is kept clean."
(18) KRS-ONE、石山淳訳『サイエンス・オブ・ラップ』(ブルース・インターアクションズ、1997 年)、79-99 頁。
(19) Mark Lewis Taylor, "Bringing Noise, Conjuring Spirit: Rap as Spiritual Practice," in *Noise and Spirit*, 118-119; Ralph C. Watkins, "Bring 'Em Out: Evangelizing and Pastoring the Hip Hop Generation," in *The Gospel Remix: Reaching the Hip Hop Generation*, ed. Ralph C. Watkins (Valley Forge, PA: Judson Press, 2007), 65.
(20) Cone, *The Spirituals and the Blues*, 39; コーン『黒人霊歌とブルース』、75 頁。
(21) Hodge, *The Soul of Hip Hop*, 20-28, 101.　ヒップホップ(ラップ音楽)のなかに見出される神意識を総称する語として決まった表現はない。ホッジは同書のなかで「ストリートの神学」(street theology) という表現を一度使用

しており、筆者はそこから着想を得た。ほかに、「ヒップホップの神学」(Hip Hop Theology)をあてる研究者もいる。たとえば、Ralph Basui Watkins, *Hip-Hop Redemption: Finding God in the Rhythm and the Rhyme*, (Grand Rapids, MI: Baker Academic, 2011), 97-113 を参照。ただ、「ヒップホップの神学」という表現は、ややもすると、ヒップホップに何か体系的な神学や教義があるかのような印象を与えかねない。ラップ音楽における神意識は、制度的教会という囲われた空間内で体系化されてきた権威ある信仰や教義に対抗する形で生み出されており、制度的教会の外側＝「(インナーシティの) 路上」という流動的な空間で生み出されている点を強調するにあたって、筆者としては「ストリートの神学」のほうが語感がよいと考える。

(22) Pinn, “Making a World with a Beat,” 15-16.

(23) Quoted in Ibid., 16.

(24) David L. Moody, “Political Melodies in the Pews?: Is Black Christian Rap the New Voice of Black Liberation Theology?” (Ph.D diss., Graduate College of Bowling Green State University, May 2010), 66-67, https://etd.ohiolink.edu/rws_etd/document/get/bgsu1269285586/inline (accessed February 2, 2011). 英語歌詞は以下。“Every thought was reestablished by the G.O.D./If I tell you, He's the King, You can bank on that.”

(25) L. G. Wise, “Heaven,” in *New Breed*, 2004. 英語歌詞は以下。“Thugs wanna know if there's heaven for a G/…/No thugs, pimps, and G's is getting' there/I ain't tryna judge you tho', I hope I'm makin' it clear/You could be a ex-thug, ex-pimp, ex-G/and if you repent for your sins, congratulations, follow me/.../If you still wonder tho', c'mon, follw me!”

(26) Garth Kasimu Baker-Fletcher, “African American Christian Rap: Facing ‘Truth' and Resisting It,” in *Noise and Spirit*, 42.

(27) Moody, “Political Melodies in the Pews?,” 69-70; Lil' Raskull, “Ghetto Dreams,” in *Certified Southern Hits*, 1999. 英語歌詞は以下。“Lord please come down and rescue me/Ghetto Dreams/Lord please come down and rescue me/Lord please give me the strength to teach your people how to live these times.”

(28) DMX, “Lord Give Me A Sign,” in *Year of the Dog…Again*, 2006. 英語歌詞は以下。“I really need to talk to you Lord/…/Now I know you haven't left me/But I feel like I'm alone/…Show me what I got to do/To bring me closer to you/Cause I'm gonna go through/Whatever you want

me to/Just let me know what to do/Lord give me a sign!"

(29) ファイブ・パーセント・ネーションの正式名は "The Nation of Gods and Earths" だが、しばしば前者の名でよく知られる。

(30) ファイブ・パーセント・ネーションとラップ音楽との関わりを考察する詳細な研究は以下。Felicia M. Miyakawa, *Five Percenter Rap: God Hop's Music, Message, and Black Muslim Mission* (Bloomington, IN: Indiana University Press, 2005).

(31) Ibid., 21-22.

(32) Wu-Tang Clan, "Wu-Revolution," in *Wu-Tang Forever*, 1999.

(33) Ralph C. Watkins, "Rap, Religion, and New Realities: The Emergence of a Religious Discourse in Rap Music," in *Noise and Spirit*, 187; Killah Priest, "B.I.B.L.E (Basic Instructions Before Leaving Earth)," in *Heavy Mental*, 1998. 英語歌詞は以下。"I searched for the truth since my youth/And went to church since birth, but it wasn't worth the loot/That I was paying, plus the praying/…/That the preacher had souped up with lies/…/I studied till my eyes was swollen/And only arose when I found out that we were the chosen/…The understanding, it gave me mental freedom/…/So study and be wise in these days of darkness."

(34) Killah Priest, "Salvation," in *The Offering*, 2007. 英語歌詞は以下。"Salvation isn't just about being saved from Hell after you die/It's also about being saved from yourself while you're still alive."

(35) Ice Cube, "Heaven," in *Lethal Injection*, 1993. 英語歌詞は以下。"The devil made you a slave and he gave you a bibe/400 years of getting' our ass kicked/By so-called Christians and Catholics/…The church ain't nothin' but a fashion show."

(36) Ice Cube, "Go to Church," in *Laugh Now, Cry Later*, 2006. 英語歌詞は以下。"Nigga if you scared, go to church."

(37) Hodge, *The Soul of Hip Hop*, 66.

(38) Michael Eric Dyson, *Holler If You Hear Me: Searching for Tupac Shakur* (New York: Basic Civitas Books, 2001), 202.

(39) Tupack, "Hellrazor," in *R U Still Down*, 1997. 英語歌詞は以下。"Tell me Lord can you feel me show a sign/And we're running out of time everybody's dyin'/Mama raised a hellrazor I can't figure/When you let the police beat down niggaz/I'm startin' to think all the rich in the world are safe/While the poor babies rushin' to an early grave/God come save

the youth."
(40) Tupack, "Black Jesuz," in *Still I Rise*, 1999. 英語歌詞は以下。"Times of war we need somebody/To rally the troops a saint/That we could trust to help carry us through/Black Jesus (Black Jesus)/He's like a saint that we could trust/To help to carry us through."
(41) Hodge, *The Soul of Hip Hop*, 127-131.
(42) NAS, "God Love Us," in *Nstradamus*, 1999. 英語歌詞は以下。"God love us hood niggas (I know)/Cause next to Jesus on the cross was them crook niggas/But he forgive us/…/Our loves are the worst on top of that, we broke/That's the main reason why God love us the most."
(43) Nas, "Black Zombie," in *The Lost Tapes*, 2002. 英語歌詞は以下。"Islam's a beautiful thing/And Christian and Rastafari, helps us to bring peace against the darkness, which is un-Godly/ So what's the black man's true religion, who should we follow?/Use your own intuition."
(44) Watkins, "Rap, Religion, and New Realities," in *Noise and Spirit*, 191; Common, "G.O.D. (Gaining One's Definition)," in *One Day It'll All Make Sense*, 1997. 英語歌詞は以下。"My mind has dealt with the books of Zen, Tao, the lessons Quran and the Bible/To me they all vital/And got truth within 'em gotta read them boys/You just can't skim 'em."
(45) KRS-ONE, *The Gospel of Hip Hop: First Instrument* (New York: powerHouse Books, 2009).
(46) KRS-ONE, "Ain't Ready," in *Spiritual Minded*, 2002. 英語歌詞は以下。"Your spirit Ain't Ready/Your church Ain't Ready/Your bishop Ain't Ready/Your deacons Ain't Ready/Your choir Ain't Rady/Your ushers Ain't Ready/At the Temple of Hip-Hop/We Teach Many!/…/It's when the pastor ain't sure, and deceives the church/They don't know God's law, and can't see God at work/So when they see hip-hop, they push it to the back of the church/…/We respect tradition, from the start/But we now know, the true word of God is written in our heart/All these churches surroundin the devil still ain't defeat it?"
(47) KRS-ONEはブギー・ダウン・プロダクション時代に、次のような革命家としてのイエス像を歌っている。Boogie Down Productions, "The Real Holy Place," in *Sex and Violence*, 1992. 英語歌詞は以下。"They all forgot Jesus was a revolutionary/That hung out with criminals."
(48) KRS-ONE, "Take it to God," in *Spiritual Minded*. 英語歌詞は以下。

"Just think, just think, what if Malcolm X returned or Dr. King returned/ Tell me what have we learned?/As we takin our turn, tell me what have we earned."

終　章　預言者と治癒者――キングとオバマ再考

(1) たとえば以下。Kyle Drennen, "CBS: Barack Obama=Martin Luther King (August 28, 2008)," *NewsBusters.org.*, http://www.newsbusters.org/node/23710/print (accessed November 23, 2009); Eddie Gonzalez, "Obama fulfills Martin Luther King's dream (November 11, 2008)," *Connection*, http://www.crcconnection.com/media/storae/papers572/news/2008/11/20/News/Obama.Fulfills.Martin.Luther.Kings.Dream-3555602.shtml (accessed November 23, 2009); Robert Winnett, "Barack Obama victory hailed as the realization of Martin Luther King's dream (November 5, 2008)," *Telegraph.co.uk.*, http://www.telegraph.co.uk/news/worldnews/northamerica/usa/barackobama/3385972/Barack-Obama-victory-hailed-as-the-realisation-of-Martin-Luther-Kin's-dream.html (accessed November 23, 2009); CNN. "Most blacks say MLK's vision fulfilled, poll finds (January 19, 2009)," *CNN Politics.com.*, http://www.cnn.com/2009/POLITICS/01/19/king.poll/index.html (accessed January 25, 2010);「キング牧師の夢がいま」『朝日新聞』朝刊(2008年11月7日)、1頁。

(2) 「便宜上」と書いた理由は、実際には公的生涯前半と晩年という形できれいに二分できるわけではないからである。

(3) King, *Where Do We Go From Here*, 1-22, 133, 162-165; キング『黒人の進む道』、2-23、142-143、173-175頁。

(4) Martin Luther King, Jr., "The American Dream (July 4, 1965)," in *A Knock at Midnight*, 98-99; キング『真夜中に戸をたたく』、135-136頁。

(5) King, *Stride Toward Freedom*, 36; キング『自由への大いなる歩み』、30-31頁; King, *Strength to Love*, 62; キング『汝の敵を愛せよ』、91頁; King, "Why Jesus Called a Man a Fool," in *A Knock at Midnight*, 146; キング『真夜中に戸をたたく』、185頁。

(6) Smith and Zepp, *Search for the Beloved Community*, 21-36.

(7) Cone, *Speaking the Truth: Ecumenism* などを参照。

(8) David Howard-Pitney, *The African American Jeremiad: Appeals for Justice in America* ([1990] Philadelphia, PA: Temple University Press,

2005).

(9) Sacvan Bercovitch, *The American Jeremiad* (Madison, WI: The University of Wisconsin Press, 1978), 7-8.

(10) Martin Luther King, Jr., "I Have a Dream (August 28, 1968)," in *ATOH*, 217-220.

(11) Martin Luther King, Jr., "The Drum Major Instinct (February 4, 1968)," in *ibid.*, 264.

(12) Carson, ed., *The Autobiography of Martin Luther King, Jr.*, 354; カーソン編『マーティン・ルーサー・キング自伝』、415頁。

(13) このことは、キングとライトがまったく同じというわけではない。たとえば、研究者クラレンス・ウォーカーは、ライトの問題点としてアフロセントリズムを指摘する。キングはそのような本質主義的立場をとらなかった。以下を参照。Clarence E. Walker and Gregory D. Smithers, *The Preacher and the Politician: Jeremiah Wright, Barack Obama, and Race in America* (Charlottesville, VA: University of Virginia Press, 2009), 44-51. しかし、ライトとキングは、自己の社会的役割と政治的立場を、「牧師」「預言者」、貧者との同一化と認識している点において、また両者の「政治的」な発言が黒人教会の預言者的伝統の文脈から出てきている点において、共通点が多い。これについては、以下を参照。 Michael Eric Dyson, "The prophetic anger of MLK," *Los Angeles Times*, April 4, 2008, http//www.latimes.com/new/opinion/la-oe.dyson4apr04,0,7405848,print.story (accessed February 15, 2009); Stephen Mansfield, *The Faith of Barack Obama* (Nashville, TN: Thomas Nelson, 2008), 138-139; Bernard W. Bell, "President Barack Obama, the Rev. Dr. Jeremiah Wright, and the African American Jeremiadic Tradition," *Massachusetts Review* 50, no.3 (Autumn 2009), 332-343; Wlaker and Smithers, *The Preacher and the Politician*, 13-44.

(14) Mansfield, *The Faith of Barack Obama*, 31-32.

(15) Ibid., 36-39.

(16) Ibid., 45-47; Eli Saslow, "Congregation Defends Obama's Ex-Pastor," *The Washington Post*, March 18, 2008, http://www.washingtonpost.com/wp-dyn/content/article/2008/03/17/AR2008031702796_pf.html (accessed February 15, 2009).

(17) Jeremiah Wright, "Interview: Rev. Jeremiah Wright," *Religion & Ethics Newsweekly*, August 17, 2007, http://www.pbs.org/wnet/religionandethics/wwk1051/interview4.html (accessed February 15,

2009).

アメリカには、2008年時点で、1,300ほどのメガチャーチ（megachurch）と呼ばれる教会が存在する。メガチャーチとは、礼拝への参加者が2,000人を超える教会を指し、次のような特徴がある。第1に、教会は一般的に超教派的で、数千から1万人以上を収容できるロックコンサート会場のように作られている。第2に、牧師はテレビやラジオを通して視聴者にも礼拝模様を放送する。第3に、教会内には食堂、日用品店、書店、託児所などの設備も揃っている。第4に、書店では礼拝を撮影したＤＶＤ、音声ＣＤ、牧師が書いた本などが売られる。第5に、郊外に位置する場合が多い。第6に、参加者には比較的高い学歴と収入のある者が多い。第5と第6の点から、メガチャーチに通う人の多くは中産階級であるということができる。

アメリカ最大といわれるメガチャーチは、テキサス州にあるジョエル・オースティン（白人）のもので、週5回の礼拝には人種・民族を問わず4万人を超える人が集まり、700万人がテレビ視聴する。従業員は300人おり、5,000人のボランティアを擁する。年間に何百万ドルものやり取りがあり、牧師はかなりの規模の企業のＣＥＯと変わらない。

すべてのメガチャーチにあてはまるわけではないが、メガチャーチがしばしば説く福音は、一般的に「繁栄の福音」（prosperity gospel）と呼ばれるものである。その基本的メッセージは、神は人間が現世において富、成功、健康を獲得できることを欲しているというものである。したがって、「繁栄の福音」を説く牧師は、現世で神の恵みが得られることに焦点をあて、人間の罪の問題や、中絶や同性婚その他論争点の多い社会的、政治的問題についてはほとんど語らない。2006年の『タイム』誌の世論調査では、教派や教会の規模を問わず、アメリカのキリスト教徒の17%が「繁栄の福音」運動に共感しているとされた。

メガチャーチや「繁栄の福音」は白人社会においてより顕著に認められるが、黒人教会にも認められる。「繁栄の福音」を説く代表的な黒人牧師のなかには、ジョージアに拠点を置くクレフロ・ダラー（Creflo Dollar）や、ロサンゼルスに拠点を置くフレデリック・Ｋ・Ｃ・プライス（Frederick K. C. Price）などがいる。

1990年代ごろから黒人教会において「繁栄の福音」が影響力を持ちはじめたことに対し、黒人教会の預言者的役割を重視する人々の間からは懸念が表明されるにいたっている。なぜなら、「繁栄の福音」とは、神は「富める者とともにある」といっているのであり、これは黒人キリスト教信仰の核心に位置してきた、神は「貧しく虐げられた者とともにある」とする福音理解の対極に位置することになるからである。

たとえば、政治学者フレデリック・ハリスは、「繁栄の福音」の擡頭によって、黒人教会の福音のメッセージが「コミュニティのエンパワーメントから個人の繁栄に移ってしまった」と指摘する。そして、さらにこう続ける。「これ〔繁栄の福音〕は、個人が上昇すればコミュニティ全体も上昇するという考え方である。これは奴隷制、南部再建、そして公民権運動において黒人教会が保持してきた使命からの完全な方向転換である」。また、知識人マイケル・エリック・ダイソンは、「繁栄の福音」は、黒人キリスト教徒の間で貧困を「病理」とみなす傾向を強めると指摘する。ダイソンはこういう。「公民権運動がいったことは、あなたは兄弟姉妹に対して責任があるということだった。一緒に連れて行かなければならないのだと。繁栄の福音がいっていることは、兄弟姉妹に責任は自分自身にあるということである。そして、彼らがすべきことは、神に適切に祈ることであって、そうすれば恵みを与えてくださるということになるのだ」。

「繁栄の福音」に共感する黒人が概して中産階級である点に着目するならば、次のような懸念が生じる。すなわち、黒人教会における「繁栄の福音」の擡頭は、黒人社会内における中産階級と貧困層との二極化をいっそう拡大させ、さらにはインナーシティの黒人若者を自己責任や「病理」という語でいっそう孤立させる力として作用するのではないか。

以上の議論については、以下を参照。Scott Thumma and Warren Bird, “Not Who You Think They Are: 2009 Profile of the People Who Attend America's Megachurches,” Hartford Institute for Religion Research,http://hirr.hartsem.edu/megachurch/megachurch_attender_report.htm (accessed November 9, 2010); David Van Biema and Jeff Chu, “Does God Want You to Be Rich?” *Time*, September 10, 2006, 48; Ira J. Hadnot,“Politics toned down at black churches,” *The Dallas Morning News*, July 31, 2004 Saturday Second Edition (Section: Religion), 1G; Tom Krattenmaker, “Why Christians should seek MLK's dream,” *USA Today*, January 21, 2008, Monday, Final Edition (Section: News), 11A.

(18) Jeremiah Wright, “Confusing God and Government (April 13, 2003),” *The Black Past org.*, http://www.blackpast.org/?q=2008-rev-jeremiah-wright-confusing-god-and-government (accessed February 11, 2009).

(19) Barbara Bradley Hagetry, “A Closer Look at Black Liberation Theology (March 18, 2008),” *NPR.org.*, http://www.npr.org/templates/

story/story.php?storyID=88552254 (accessed February 15, 2009).
(20) Barack Obama, "A More Perfect Union (March 18, 2008)," *American Rhetoric*. http://www.americanrhetoric.com/speeches/barackobamaperfectunion.htm (accessed February 23, 2010); 三浦俊章編訳『オバマ演説集』(岩波新書、2010年)、22-44頁。
(21) オバマを特徴づける語として、ほかに「統一者」(uniter)、「調停者」(reconsiliator) も考えられるが、ここでは研究者マンスフィールドの視点を参考に、オバマを「治癒者」(healer) と特徴づける。オバマは、2004年7月27日の民主党全国党大会で基調演説を行なった。オバマを演壇に紹介したのは、イリノイ州選出の民主党上院議員ディック・ダービン (Dick Durbin) だった。その際、ダービンはオバマを、「われわれの国の亀裂を治癒する (heal) 手助けができる男」と会場に紹介した。以下を参照。Mansfield, *The Faith of Barack Obama*, xiii-xiv, 129-131. ちなみに、マンスフィールドは同書のなかで、キングも「治癒者」に数えている。筆者はキングの「治癒者」としての側面を否定しないが、キングの思想と活動を特徴づけるにあたっては、「預言者」としての側面がより強調されるべきであると考える。
(22) 松岡『アメリカ政治とマイノリティ』、50頁; *Rawson, Running for Freedom*, 126-127, 154, 162.
(23) 大類久恵「公的歴史としての『M・L・キング』—キング祝日制定過程および記念祝賀で描かれたキング像—」『史境』第44号 (2000年)、74-93頁; 黒﨑真「米国におけるキング牧師連邦祝日制定と非暴力という遺産」『神田外語大学紀要』第21号 (2009年)、477-499頁。
(24) Barack Obama, "Address at Ebenezer Baptist Church (January 20, 2008)." *American Rhetoric*, http://www.americanrhetoric.com/speeches/barackobama/barackobamaebenezerbaptist.htm (accessed February 23, 2010).
(25) Barack Obama, "Obama's Acceptance Speech (August 28, 2008)," *NPR.org.*, http://www.npr.org/templates/story/story.php?storyID=94087570 (accessed February 15, 2009).
(26) Barack Obama, "Remarks in Fort Wayne, Indiana: 'Remembering Dr. Martin Luther King, Jr.' (April 4, 2008)," *The American Presidency Project*, http://www.presidency. ucsb.edu/ws/index.php.?pid=76996 (accessed January 19, 2010).
(27) Barack Obama, "Address Accepting the Nobel Peace Prize in Oslo, Norway (December 10, 2009)," *The American Presidency Project*, http://

www.presidency.ucsb.edu/ws/index.php.?pid=86978 (accessed February 25, 2010);『オバマ演説集』、224-225 頁。

(28) Barack Obama, "Remarks at a Church Service Honoring Martin Luther King, Jr. (January 17, 2010)," *The American Presidency Project*, http://www.presidency.ucsb.edu/ws/index.php.?pid=87399] (accessed February 19, 2010).

(29) このキングの説教のオリジナルは未入手だが、同様の内容の説教をキングは別の機会にも行なっている。内容についてはそれを参照した。Martin Luther, King, Jr., "Facing the Challenge of a New Age (April 1957)," in *ATOH*, 135-144.

(30) 以下に引用がある。梶原寿『約束の地をめざして―― M・L・キングと公民権運動』(新教出版社、1989 年)、187 頁。

(31) Obama, "Remarks at a Church Service Honoring Martin Luther King, Jr."

(32) Obama, *Dreams from My Father*, 133-135, 170, 193-194, 274; オバマ『マイ・ドリーム』、158-160、205、235-236、338 頁; Barack Obama, *The Audacity of Hope: Thoughts on Reclaiming the American Dream* (New York: Three Rivers Press, 2006), 232-233, 242-244; バラク・オバマ、棚橋志行訳『合衆国再生――大いなる希望を抱いて』(ダイヤモンド社、2007 年)、260-262、272-275 頁。

(33)「ポスト・レイシャル社会」論については、以下の批判的論考が有益である。武井寛「『ポスト人種社会』論の課題――2008 年大統領選挙とバラク・オバマ」『アメリカ史研究』第 35 号 (2009 年)、80-96 頁。

(34) Errin Haines, "Worshippers urged not to 'sanitize' King's legacy (January 18, 2010)," *The Washington Post*, http://www.washingtonpost.com/wp-dyn/content/article/2010/01/18/ AR2010011801973_ pf.html (accessed January 19, 2010).

写真・図　出典

【p.28】
猿谷要、槐一男編著『写真記録アメリカの歴史　世界最大の多元文化国家その真実　新しい共和国の誕生　～1815』（ほるぷ出版、1998年）、49頁をもとに再作成

【p.35】
James Ciment, *Atlas of African-American History* (New York: Checkmark Books, 2001), 29.

【p.55】
ジョナサン・アール、古川哲史・朴珣英訳『地図でみるアフリカ系アメリカ人の歴史――大西洋奴隷貿易から20世紀まで』（明石書店、2011年）、57頁をもとに再作成

【p.64】
John Antrobus, "The Plantation Burial (1860)," http://commons.wikimedia.org/wiki/File:John_Antrobus_-_Plantation_Burial.jpg [accessed: September 12, 2014]

【p.97】
ジョナサン・アール、古川哲史・朴珣英訳『地図でみるアフリカ系アメリカ人の歴史――大西洋奴隷貿易から20世紀まで』（明石書店、2011年）、100頁をもとに再作成

【p.103】
筆者撮影（2006年8月）

【p.112】
梶原寿『マーティン=L=キング』（清水書院、1991年）、14頁をもとに再作成

【p.123】
“Church Delegates from 41 States Urge Passing of Rights Bill,” *The Interchurch News* 5, no.10, June-July, 1964, 1.

【p.168】
National Urban League, *The State of Black America 2007: Portrait of the Black Male* (Silver Spring, MD: Beckham Publications Group, Inc., 2007), 214. をもとに再作成

【p.194】
“The Great Migration (1915-1960),” Online Encyclopedia of Significant People and Places in African American History, *BlackPast.org* http://www.blackpast.org/aah/great-migration-1915-1960 [accessed September 17, 2014]

【p.203】
筆者撮影（2004 年 8 月）

【p.218】
筆者撮影（2004 年 8 月）

【p.235】
筆者撮影（2004 年 8 月）

【p.237】
筆者撮影（2004 年 8 月）

【p.288】
“Shakur, Tupac (1971-1996),” *BlacPast.org*, http://www.blackpast.org/aah/shakur-tupac-1971-1996 [accessed September 17, 2014]

【p.298】
筆者撮影（2014 年 9 月）